A DEADLY INDIFFERENCE
by Marshall Jevons

소설로 읽는 경제학 ❸
무차별곡선 위의 살인자

마셜 제번스 지음
형선호 옮김

초판1쇄 / 2001. 9. 11
초판3쇄 / 2007. 2. 1

발행처 / 북&월드
발행인 / 신성모

등록번호 / 제10-2073호
등록일자 / 2000. 11. 23

서울특별시 마포구 동교동 153-18 2층
전화 326-1013 / 팩스 322-9434
이메일 : gochr@hanmail.net

ISBN 89-951908-4-1 03320

소설로 읽는 경제학 3

무차별곡선 위의 살인자

소설로 읽는 경제학

무차별곡선 위의 살인자

마셜 제번스 지음 | 형선호 옮김

A Deadly Indifference **3**

등장인물

· 헨리 스피어맨 : 하버드 대 경제학 교수. 살인사건을
　　　　　　　　　주도적으로 해결해나가는 주인공.

· 니겔 하트 : 비숍 칼리지의 학장. 첫번째 살인사건의 희생자.

· 돌로레스 태너 : 연극배우. 두 번째 살인사건의 희생자.

· 모리스 페인 : '페인재단'을 운영하며, 앨프레드 마셜을
　　　　　　　기리기 위해 그가 살았던 '베일리얼
　　　　　　　크로프트'를 매입하고 싶어한다.

· 스티브 파이스 : 캠 강에서 너벅선을 젓는 사공. 경찰에 의해
　　　　　　　　돌로레스 태너를 살해한 범인으로 지목된다.

· 그레고리 셰퍼드 : 고서적상. 니겔 하트를 살해한 용의자
　　　　　　　　　선상에 오른다.

· 챈들러 헤일 : 아내 올리비아 헤일을 사이에 두고 니겔
　　　　　　　하트와 삼각관계를 이룬다.

· 자레드 맥도널드 : 케임브리지 대학의 경제학 교수로 니겔
　　　　　　　　　하트와 이념적으로 대립한다.

· 워런 손 : 케임브리지 대학의 고참 수위. 뛰어난 기억력의
　　　　　소유자로 사건 해결에 단서를 제공한다.

이 책은 마셜 제번스의 세 번째 소설이지만, 이 책의 시대 배경은 처음의 두 권보다 더 앞서 있다. 이 책에 실린 이야기는 1960년대 중반을 무대로 하고 있다. 그러나 이 책에 등장하는 헨리 스피어맨은 더 젊지 않다. 애거사 크리스티의 허큘 포아르와 달리 헨리 스피어맨은 나이를 먹지 않는다. 그는 렉스 스타우트의 소설 속의 네로 울프처럼 시간을 초월한다. 그래서 이 책의 저자는 굳이 성가신 일을 하지 않고도 이야기를 풀어나갈 수 있다.

■ 차례

밤의 숲 속에서 밝게 빛나는 호랑이여,
너는 어떤 불멸의 손이나 눈을
그 무서운 대칭으로 남길 수 있느냐?

– 윌리엄 블레이크, 「경험의 노래」 중에서

비합리성 속에 미스터리가 있다

위대한 탐정에게는 누구나 자신의 활동 무대가 있다. 코넌 도일의 셜록 홈스에게는 그것이 에드워드 시대 잉글랜드의 거리와 저택들이다. 애거사 크리스티의 미스 마플의 경우에는 그것이 영국의 시골 마을이다. 조르주 심농의 메그레 경감에게는 그것이 파리의 신작로이다. 이들 탐정들은 그런 곳을 지리적으로만 아는 것이 아니다. 이들은 그 곳의 기관들과 사람들에 대해서도 잘 안다. 이들은 자신들의 활동 무대에서 상황이 어떻게 돌아가는지, 그리고 사람들은 어떻게 행동하는지 이해한다.

이 책의 경제학자 탐정인 헨리 스피어맨은 활동 무대

가 사뭇 다르다. 그것은 어느 특정한 시간이나 공간에 구애받지 않는다.

스피어맨의 활동 무대는 합리적인 인간들, 즉 특정한 목표를 달성하는 두 가지 길을 선택할 수 있을 때 늘 비용(cost)이 적게 드는 길을 선택하는 인간들의 머릿속에 있다. 그런 인간들이 어떻게 행동하는지 이해하고, 모든 인간들은 그런 측면에서 합리적이라는 가정하에, 스피어맨은 사건을 풀어나간다.

우리의 탐정은 경제학자이다. 그는 합리적인 행동과 효용 극대화의 행동을 믿는 사람이다. 그리고 자신도 늘 그런 식으로 생각하고, 얘기하고, 행동한다. 뿐만아니라, 이 책의 저자인 마셜 제번스(Marshall Jevons)도 경제학자이다. 그래서 스피어맨이 자신의 생각을 경제학적으로 적절하게 설명하는 것을 게을리 할 때는 저자 자신이 그 일을 한다.

스피어맨은 (그리고 저자는) 사건을 풀어나가는 과정에서, 합리성(rationality)의 변종인 여러 경제학적 개념들을 소개한다. 이를테면 이런 것들이다. 합리적인 인간은 소득을 벌어들이는 일과 여가 사이에서 어떤 선택을 하는가? 그들은 책을 팔 때 최적의 가격을 어떻게 정하는가? 왜 사람들은 다른 사람들과 특정한 관계를 유지하는가? 공급되는 제품의 양과 팔리는 제품의 양은 어떻게 균형을 이루는가? 서로 다른 사람들의 효용(utility)을 비교하는 것은 왜 불가능한가?

하지만 이 모든 것은 살인사건이 일어났는데 범인을 모른다는 사실에 비하면 별것이 아니다. 스피어맨은 아주 간단한 경제학적 명제들을 치밀하게 적용시키고 날카로운 관찰력을 사용해 범인을 알아낸다. 이 소설의 요체는 미스터리가 있다는 데 있다. 다시 말해, 누군가 투명하지 않은 방식으로 행동하고 있는데, 그것이 누구인지 우리는 알지 못한다. 스피어맨은 누군가 비합리적으로 '보이는' 방식, 자신의 목표를 달성하는 최저 비용의 방식이 아닌 방식으로 행동하는 것을 볼 때, 그 사람에게 무언가 미스터리가 있음을 안다. 그 사람에게는 겉으로 드러나지 않은 어떤 목표나 비용이 있는 것이다. 그리고 스피어맨은 비합리적으로 보이는 행동을 충분히 관찰할 때 그 사람이 노리는 것이 무엇인지 추론할 수 있다.

이 소설의 대단원을 훼손시키지 않으면서, 나는 이 책에 나오지 않은 우습지만 간단한 예를 보여줄 수 있다. 가령 당신이 어느 호텔의 식당에서 아침을 먹고 있는데, 각각의 사람들은 똑같이 보이는 도넛 2개를 선택할 수 있다 하자. 그런데 하나는 가격이 50센트이고 다른 하나는 1달

11

러이다. 그럼에도 어떤 사람은 가격이 1달러인 도넛을 선택한다. 그렇다면 당신은 그 사람에게 50센트와 1달러짜리의 도넛은 같은 것이 아니라고 추론할 수 있다. 이번에는 이런 상황을 가정해보자. 즉, 그 사람은 당신들이 묵고 있는 그 호텔에서 조간 신문 모두를 사기도 했다. 합리적인 인간이라면 모두가 아니라 한 부만 있어도 되는데 말이다. 그런데 알고보니 그 신문들의 1면에 한 인디언 인형의 이마에 있던 루비가 사라졌다는 기사가 나와 있었다. 그렇다면 당신은 그 1달러짜리 도넛에 그 인디언 인형의 루비가 들어 있다고 추론할 수 있다.

이 책은 경제학의 개론 수업에서 보충 교재로 많이 사용되고 있다. 이 책은 초보자들이 경제학에 대해 호기심을 느끼도록 만든다. 이 책은 강의자들이 보다 공식적인 강의에 학생들을 참여시키는 계기를 제공한다. 이 책을 읽는 전문적인 경제학자들은 친숙한 개념들이 익숙하지 않은 상황에서 사용되는 것을 보며 즐거움을 얻을 수 있다. 한편 경제학에 대해서 잘 모르는 사람들은 경제학이 무엇이고 경제학자들이 무슨 생각을 하는지 통찰력을 얻을 수 있다.

하지만 이 책은 경제학 교과서가 아니다. 그리고 당신은 이 책을 읽음으로써 경제학에 대해 많은 것을 알 수도 없다. 그것은 코넌 도일의 추리소설을 읽는다고 담뱃가루의 화학적 성분에 대해, 혹은 애거사 크리스티의 소설을 읽는다고 독살과 해부학에 대해 많은 것을 알 수는 없는 것과 같다. 이 책은 단지 경제학에 대해서 맛배기만 보여줄 뿐이다.

이 소설은 탐정소설의 모든 요소를 담고 있는 훌륭한 소설이다. 누군가가 사람을 죽였는데, 우리는 그것이 누군지 알 수가 없다. 사람이 죽은 것은 안된 일이지만, 그렇다고 호기심을 억제할 수는 없다. 의심이 가는 사람들은 여럿 있다. 당연히 단서들도 있는데, 그것들은 수많은 상황과 사건들 속에 감추어져 있다. 상당한 추리력과 논리력, 그리고 열성이 있는 독자라면 저자보다 앞서 범인을 찾아낼 수도 있다. 하지만 그런 독자는 극히 드물 것이다. 주인공인 탐정이 대단한 관찰력과 분석력, 그리고 용기로써 범인을 지목할 때, 독자들은 주인공과 저자의 주장에 공감하면서 고개를 끄덕일 것이다. 당신이 경제학자가 아니더라도 그 모든 이야기를 즐길 수 있다.

이 책에는 범인에 대한 미스터리 외에도 책 자체에 대한 미스터리가 있다. 이 책의 저자는 처음부터 다음과 같은 점을 분명히 하고 있다. "이 책은 픽션이며, 이 책에 등장하는 모든 인물과 사건들은 가상적인 것이다. 혹시라도 실제적인 인물과 닮은 데가 있다면, 그것은 전적으로 우연의 일치이다." 하지만 그런 경고의 말은 책의 내용이 현실과 너무 비슷해서 그런 말을 하지 않으면 독자들이 현실로 받아들일 수도 있을 때에만 필요하다. 따라서 우리는 이 책에서 어떤 부분이 독자들로 하여금 픽션이 아니라고 생각할 수도 있게 만드는지 알아볼 필요가 있다.

첫번째 미스터리는 이 책의 저자 '마셜 제번스'의 정체에 관한 것이다. 상황적인 증거로 볼 때 그는 경제학자임에 틀림이 없다. 하지만 경제학자 중에 그런 이름을 가진 사람은 없다. 앨프레드 마셜(Alfred Marshall)은 위대한 경제학자였고 윌리엄 제번스(William Jevons) 역시 그러했다. 하지만 한 사람은 1924년에 죽었고 다른 한 사람은 1882년에 죽었다. 따라서 우리는 이 책이 1978년에 처음 출간되었으므로, 앨프레드 마셜과 윌리엄 제번스의 합작품은 아니라고 결론 내릴 수 있다.

그런 미스터리는 이제 해결이 되었다. 두 사람의 저자는 윌리엄 브라이트와 케네스 엘징거이다. 엘징거는 버지니아 대학의 경제학 교수이고, 브라이트는 (전에 버지니아에서 일하다가) 샌 안토니오에 있는 트리니티 대학의 경제학 교수로 재직하고 있다. 브라이트와 엘징거는 뛰어난 경제학자로서, 우수한 경제학 논문과 강의 실적을 쌓고 있다. 뿐만아니라 두 사람은 경제학자들 중에서 상상력과 창의력이 뛰어난 사람들이다.

브라이트와 엘징거는 '재미삼아' 탐정소설을 썼다고 얘기한다. 이런 생각은 경제학자들에게 어려움을 야기시킨다. 그 모든 경제학자들 중에서 왜 하필 이들만이 탐정소설을 썼는지 당신이 묻는다면, 그들만이 탐정소설을 쓰면서 자신들의 가용(可用)한 시간에서 더 많은 효용을 얻었기 때문이라고 경제학자들은 답할 것이다. 하지만 이것은 쉬운 얘기를 어렵게 하는 것에 불과하다.

그보다 더 깊은 미스터리는 헨리 스피어맨이 누구인가 하는 것이다. 많은 독자들은 그가 밀턴 프리드먼이라고 즉시 결론을 내리곤 했다. 그들이 그렇게 생각하는 이유는 스피어맨이 훌륭한 경제학자이고, 키가 작고, '대머리가 까졌기' 때문이다. 하지만 스피어맨은 여러 중요한 측면에서 프리드먼이 아니다. 스피어맨은 하버드에서 가르치고, 그의 아내는 경제학자가 아니며, 그녀의 이름은 '피지'라는 희한한 이름이다. 2만 명쯤 되는 미국의 경제학자들 중에서, 뛰어난 경제학자이고 키가 작고 '대머리가 까진' 사람은 여럿 있을 것이다. 따라서 스피어맨의 진짜 모델이 있다 해도, 그 사람의 정체는 (적어도 나에게는) 여전히 미스터리이다.

마지막으로 헨리 스피어맨이라는 등장 인물과 그를 둘러싼 세계가 얼마만큼 사실이고 얼마만큼 허구인지, 그리고 저자들은 우리가 그것에 대해 어떻게 생각하기를 원하는지에 대한 문제가 있다. 코넌 도일과 애거사 크리스티는 자신들의 탐정 세계가 완전히 현실적인 세계라고 주장하지 않았을 것이다. 하지만 스피어맨과 저자들이 묘사하는 완전한 경제적 합리성의 세계가 어느 정도까지 현실적인 세계인지는 여전히 경제학자들에게 논란의 대상이다.

이 '소설로 읽는 경제학' 시리즈 1권에 다음과 같은 이야기가 나온다. 즉, 춤을 좋아하지 않는 한 여자가 왜 춤을 좋아하는 자기 남편과 춤을 추는가? 혹자는 그녀가 자기 남편을 사랑하기 때문이라고 얘기한다. 스피어맨은 이에 대해 보다 '합리적인 경제학적(rational economic)' 설명을 하는데, 그것은 두 사람이 상호의존적인 효용함수(utility functions)를 가지고 있기 때문이고, 그녀는 남편의 즐거움에서 즐거움을 얻기 때문이라는 것이다. 우리는 그런 식으로 말하는 사람이 있는지, 그리고 그런 설명이 그 여자가 자기 남편을 사랑한다는 말보다 더 정확한 것인지 궁금할 수밖에 없다. 재미삼아 이 책을 쓴 저자들은 경제학을 제물삼아 재미를 보고 있는 건 아닐까?

어느 경제학자가 (아마 J. M. 클라크일 터인데) 언젠가 냉소적으로 이렇게 말한 적이 있다. "비열정적 합리성에 대한 합리적 열정(rational passion for dispassionate rationality)." 정도를 넘어선 합리성은 쓸데없는 짓일 수도 있고, 저자들의 표현을 빌리면 삶에서 '재미'를 앗아가는 것일 수도 있다. 현실적인 세계에 비합리성이 숨어 있다는 사실은 스피어맨에게 문제를 야기시킨다. 그는 누군가 비합리적으로 보이는 행동을 할 때 거기에는 반드시 숨은 합리성이 있다고 믿으며, 그것이 무엇인지 알아냄으로써 미스터리를 해결하려고 한다. 그런 비합리성이 정말로 비합리적인 것이라면(프로이트의 예에서 보듯이, 시가는 결국 시가에 불과한 것이라면) 스피어맨의 사건 해결 방식은 먹혀들지 않을 것이다.

따라서 이 책에는 풀어야 할 수수께끼가 두 가지 있다. 하나는 누가 사람들을 죽였는가이다. 다른 하나는 이야기가 전개되는 합리적인 경제학의 세계가 현실적인 세계와 얼마나 닮았는가이다. 두 번째 수수께끼는 첫번째 수수께끼의 즐거움을 (줄이는 것이 아니라) 높인다.

허버트 스타인

인간은 끊임없이 재화를 생산하고, 소비한다.
우리의 일상 생활 자체가 경제 그 자체라고 해도 과언이 아니다.
특히 경제 문제가 가장 큰 화두로 등장하고 있는 요즘,
'경제 마인드'를 갖는 것이 무엇보다도 중요해지고 있다.
본문 속에서 글씨가 흐리게 처리된 부분에 주목하면,
하버드 대 경제학과 교수처럼 일상 생활을
'경제 마인드'로 바라볼 수 있는
안목을 키울 수 있을 것이다.

벤담의 유해

$19$65년 런던. 마호가니 상자 안의 외로운 주인은 유리관 너머로 두 방문객을 무심히 바라보았다. 바쁘게 강의실로 향하는 학생들은 그 상자 안의 사람에게 관심을 보이지 않았다. 그리고 상자 안의 주인도 그들에게 관심을 보이지 않았다. 그에게는 좋은 구실이 있었다. 그는 죽은 사람이었다. "정말로 벤저민 프랭클린처럼 생겼네." 헨리 스피어맨은 아내에게 그렇게 말하면서, 그 갈색의 나무상자를 더 잘 보기 위해 뒤로 물러섰다.

피지와 헨리 스피어맨이 열심히 보고 있는 그 시체는 영국의 법률가이자 철학자인 제레미 벤담의 유해였다. 그의 모습이 벤저민 프랭클린과 닮았다는 사실은 다소 충격적인 일이었다. 영국의 유명한 경제학자 데이비드 리카도 역시 벤담이 살아 있을 때 그 얘기를 한 적이 있었다. 리카도는 이탈리아에서 휴가를 보내다가 어느 조각품 가게에서 프랭클린의 흉상을 우연히 보았을 때, 다음과 같은 내용의 편지를 고향으로 보냈다. "이 흉상은 동시에 두 사람을 나타내기 때문에 하나의 값으로 둘을 살 수 있다." 그리고 리카도는 그 흉상을 샀다.

이 섬뜩한 유해를 보기 위해 스피어맨 부부는 보스턴에서 곧바로 자신들의 목적지인 케임브리지로 가지 않았다. 대신 두 사람은 그 4월의 아침에 잠시 시간을 내 런던에 있는 유니버시티 칼리지에 가기로 결정했다. 어쨌든 벤담의 유해는 경제학자들이 보지 않고는 배길 수 없는 것이었다. 벤담은 그것을 오토 아이콘(Auto-Icon)이라 불렀다.

제레미 벤담은 유서에서 자신의 몸을 친구인 사우스우드 스미스에게 주어 영구히 보존케 하라고 적었다. 그의 지시는 분명했다. "내가 죽으면 내 유골을 내가 사색할 때 종종 앉는 그 의자에 앉히도록 하라. 그 유골에는 내가 자주 입는 검은색 양복을 입히도록 하라." 스피어맨 부부는 이동식 봉분(封墳)의 문에 붙어 있는 그 유서를 읽었다.

많은 학생들이 그 옆을 바쁘게 스쳐 지나갔다. 헨리 스피어맨은 벤담의 유골에 대한 학생들의 완벽한 무관심 (indifference : 무차별)에 흥미를 느꼈다. 차라리 그 벽에 박제된 사슴이 걸려 있었다면 학생들의 관심을 더 끌 수 있었을 것이다.

짓궂은 미소가 피지 스피어맨의 입가에 스쳤다. 그녀는 비꼬듯이 이렇게 읊조렸다. "저 사람은 원래의 의도를 이루지 못하고 있는 것 같아."

"그런 기대 자체가 무리 아니었을까요? 애초에 너무 엉뚱한 생각을 했으니까요." 그 냉소적인 말은 처음에 스피어맨 부부를 놀라게 했다. 피지와 헨리가 모르는 다른 한 쌍의 부부가 그들 뒤에서 벤담의 오토 아이콘을 관찰하고 있었다. 그 말을 한 젊은 여자는 엷은 자주색의 원피스와 그에 어울리는 모자를 쓰고 있었다.

스피어맨의 얼굴이 금방 밝아졌다. 그는 그런 기회를 놓치지 않았다. "하지만 벤담 같은 효용주의자에게는 그렇게 엉뚱한 생각도 아니죠." 스피어맨이 미소를 지으며 말했다. "평생 동안 '최대 다수의 최대 행복'이라는 원칙하에 살았던 사람으로서는 그런 생각을 할 수도 있는 거죠. 어쨌거나 죽은 사람을 묻거나 태우는 것보다 더 잘 이용할 수 있는 방법이 있으니까요. 벤담은 누구든지 위대한 업적을 남긴 사람은 모두 박제해서 영원히 전시해야 한다고 생각했죠. 그러면 공동묘지의 비석보다 더 많은 영감을 후세에게 줄 수 있으니까요." 헨리 스피어맨이 몸을 돌려 두 사람을 맞으면서 활짝 웃었다.

"그런 일이라면 동상으로 충분하지 않을까요? 그러면 적어도 저렇게 낡은 옷을 입고 있을 필요는 없잖아요." 이번에는 젊은 여자의 옆에 서 있는 신사가 말했다. 그 남자의 옷과 차림새는 벤담의 남루함에 대한 못마땅한 심사를 잘 나타내고 있었다. 그 사람은 가문의 문장이 새겨진 짙푸른 블레이저(blazer)를 입어도 전혀 경박해 보이지 않는 그런 사람이었다.

사실 상자 속에 들어간 지 수십 년이 지난 벤담의 의상은 낡아 있었다. 바지에는 좀이 슬었고, 밀짚모자와 장갑은 학자가 아닌 정원사의 것처럼 보였다. 다만 조끼와 수를 놓은 옷깃만이 영국인 학자라는 느낌을 주었다. 한때 유행했던 그의 산책용 지팡이는 무릎을 가로질러 대각선으로 놓여 있었다.

스피어맨은 손을 저으며 유리문 뒤에 있는 사람에게 대꾸했다. "동상으로는 충분치가 않죠. 벤담은 사람들이 있는 그대로의 자신을 보기를 원했죠. 자신이 옆에 있으면 제자들이 영감을 얻을 수 있을 거라고 생각했죠. 그래서 안쪽의 상자에 바퀴가 달려 있어요. 벤담의 제자들은 그의 사상에 대해 토론할 때 그냥 저 오토 아이콘을 회의실로 밀고 가죠. 바로 벤담이 유서에서 얘기한 대로 말입니다."

피지가 당황하는 표정을 지었다. "제 남편을 용서해주시기 바랍니다. 직업이 대학 교수라 툭하면 강의를 하는 버릇이 있답니다. 직업의식이 너무 지나친 거죠." 피지가 두 사람에게 그렇게 말하며 짐짓 사과한다는 표정을 지었다. 그녀가 볼 때 벤담의 유해는 영감과 전혀 상관이 없었다. 그것은 아무리 훌륭한 사람도 결국에는 죽어서 뼈만 남는다는 증거일 뿐이었다.

"용서라뇨, 당치도 않은 말씀!" 더 나이 든 신사가 피지와 헨리 스피어맨에게 말했다. "그런 정보를 얻게 되어 오히려 기쁘군요. 이 전시물에 대해서 내 사업상 동료로부터 얘기를 들었지만, 이것이 도대체 무엇인지는 전혀 이해할 수 없었어요. 그런데 이제는 이해가 가는군요. 고맙습니다. 그런데 두 분은……?"

"전 헨리 스피어맨이고, 이쪽은 제 아내인 피지입니다."

"만나서 정말로 반갑습니다. 제 이름은 그레이엄 칼턴입니다. 그리고 이쪽은 제 친구인 아디스 혼입니다. 우리는 칼리지 근처에 살고 있죠. 그래서 직접 벤담의 유해를 보러 왔습니다. 이 사람의 생각에는 일리가 있지 않습니까? 그리고 밀랍인형 박물관들도 그렇구요."

"무슨 뜻인지요?" 헨리가 물었다.

"'튀소 밀랍관' 같은 곳의 성공을 말하는 겁니다. 사람들은 돈을 내고 죽은 사람의 밀랍인형을 봅니다. 누군가가 이 사람도 그 곳으로 데려가야 할 것 같군요. 그러면 적어도 관심은 얻을 테니 말입니다."

"거기서는 벤담이 헨리 8세나 엘리자베스 테일러와 경쟁하느라 애를 먹을 거야." 아디스가 경쾌하게 말했다. "이 사람은 이 곳 칼리지에 엄청난 공헌을 했지만, 그럼에도 학생들의 관심을 전혀 얻지 못하고 있잖아. 게다가 이 곳에는 입장료조차 없는데 말이야."

그레이엄 칼턴이 손목시계를 보고나서 여자친구를 바라보았다. "아디스, 이제는 갈 때가 된 것 같아." 그리고 스피어맨 부부를 보며 말했다. "교수님, 강의에 감사드립니다. 두 분을 만나서 정말로 즐거웠습니다. 영국에서 즐거운 시간 보내시기 바랍니다." 이윽고 두 사람은 출구 쪽으로 걸어가기 시작했다.

유니버시티 칼리지에 위치한 이 곳은 한때는 붐볐지만 지금은 거의 비어 있었다. 유니버시티 칼리지의 다음 학기 강의가 시작되었기 때문이었다. 그 곳의 젊은 학자들은 벤담의 오토 아이콘에서 어떤 영감도 받지 못하고 공부를 할 것이 분명했다.

상호의존적인 효용함수, 사랑

리버풀 역에서 떠나는 기차는 정시에 출발해 점점 더 속도를 내며 교외로 빠져 나가기 시작했다. 덜컹거리는 기차의 소리가 조용히 들리는 가운데 열차는 속도를 높여갔다. 이윽고 열차의 속도는 런던 근교 에드먼턴의 10번 국도에서 가장 빠르게 달리는 자동차들의 속도와 비슷해졌다. 도회적인 풍경 대신에 이스트 앵글리아의 푸른 농토와 대지들이 나타났다.

쌩! 반대편에서 달려오던 기차가 스피어맨 부부가 앉아 있는 열차의 창문 옆을 순식간에 지나갔다. 그 기차의 빠른 속도가 공기를 흔들면서 두 사람의 귀청을 울렸다.

"표 좀 보여주세요." 머리가 지저분한 50대쯤 되어 보이는 통통한 사나이가 복도를 따라 표를 검사하고 있었다.

"케임브리지 역에 도착하면 좀 알려주시겠어요?" 헨리 스피어맨이 사나이에게 부탁했다.

"오, 그건 어렵지 않습니다. 제가 얘기하지 않아도 쉽게 알 수 있습니다. 케임브리지는 종착역이니 말입니다. 그러니 마음 푹 놓고 여행을 즐기시기 바랍니다."

헨리 스피어맨은 몸을 뒤로 젖히며 편안한 자세를 취했다. 헨리와 피지는 영국의 철도가 정거장에서 오래 머물지 않는다는 사실을 알고 있었다. 따라서 행선지가 종착역이라면, 역마다 표지판을 보거나 승무원의 안내방송에 귀를 기울일 필요가 없었다. 피지가 핸드백 안을 들여다보면서 물었다. "헨리, 케임브리지에 도착하면 우리의 일정은 어떻게 되는 거지?"

헨리 스피어맨은 작은 키에 반짝이는 회색 눈과 대머리의 사나이였다. 아내인 피지는 명랑하고 가슴이 풍만하며 호기심이 많은 여자였다. 헨리는 하버드 대학교에서 경제학을 가르치는 교수였다. 그리고 피지는 학구적인 가정에서 자란 여성이었다. 두 사람은 컬럼비아 대학교에서 학부생으로 공부할 때 만났는데, 그 곳에서 헨리는 박사학위를 받았다. 하버드 대학교의 교수가 된 후에 헨리의 명성은 빠르게 높아갔다. 그는 학문적으로 깊이와 재치가 있었으며, 가장 일상적인 활동들에 경제학 이론을 새롭게 적용시키는 것으로 유명했다.

스피어맨은 창문 쪽에서 몸을 돌려 상의 주머니에서 작은 수첩을 꺼냈다. "어디 보자… 케임브리지에는 오늘 10시경에 도착하겠군. 그러면 호텔에 투숙한 후에 가볍게 식사를 하고, 오후 시간은 모두 우리들만의 시간이야. 그냥 관광객들처럼 케임브리지 주위를 둘러보는 게 좋겠군. 오늘 이후에는 그렇게 할 시간이 얼마나 될지 나도 잘 모르겠어. 내일은 아침 9시에 마셜의 저택에서 모리스 페인과 덩컨 스링을 만날 거야. 당신도 함께 갔으면 좋겠어. 그 후에는 자레드가 우리에게 점심을 대접할 거야."

스피어맨은 잠시 멈추었다가 다시 말을 이었다. "점심을 먹은 후에 오후에는 자레드의 동료 몇 사람과 차를 마시게 될 거야. 그때는 당신 혼자만의 시간이지. 모리스 페인은 당신에게 그 지역을 구경시켜주고 싶어해. 그는 전쟁 중에 이 곳에 있었는데 예전의 그 장소들을 방문하고 싶어하지. 어쨌든 당신은 내가 강의를 하는 동안 옆에 있고 싶지 않을 거야. 대개는 이미 들은 내용이니까. 내 강의는 늦은 오후에 있을 예정이니까, 나중에 이 호텔에서 다시 만나 칵테일 파티에 갈 준비를 하자구. 경제학과의 일부 교수들이 나를 위해 특별히 열어주는 파티거든. 파티가 끝나면 우리 둘이서 늦은 저녁을 먹게 될 거야. 여기 이 호텔에서 먹게 되겠지."

"금요일의 일정은 다소 불투명해. 스링과의 협상이 어떻게 되느냐에 따라 달라지지. 주말에는 특별히 계획된 것이 없어. 월요일에는 법적 절차라든가 그 밖에 세부사항을 처리해야 할 거야. 그 집을 사는 계약을 끝내고 화요일에는 돌아갔으면 좋겠어."

열차의 속도가 눈에 띄게 줄어 두 사람은 창문 밖을 내다보았다. 기차가 어느 정거장에 도착하는 가운데 '오들리엔드'란 표지판이 보였다. 스피어맨은 열차 시간표에서 런던-케임브리지 칸을 찾으려고 애썼다. "앞으로 15분만 더가면 그 곳에 도착하게 돼."

헨리와 피지는 주위를 둘러보았다. 두 사람은 출근시간이 지난 아침나절에 케임브리지로 가는 한가로운 기차를 타고 있었다. 그들이 탄 객차에는 이제 한 사람밖에 남아 있지 않았다. 턱이 각진 그 젊은 남자는 맨 뒤쪽에 앉아 머리를 뒤로 젖힌 채 코를 골며 자고 있었다. 기차가 다시 속도를 내며 달리기 시작하자 그 소리 때문에 젊은 남자의 코고는 소리는 들리지 않았다. 스피어맨 부부와 달리 그 젊은 남자는 멀리 뻗어 있는 농토와 대지에 무관심했다.

피지 스피어맨은 전에 읽다 만 도로시 세이어즈의 책을 다시 펼쳤다. 헨리 스피어맨은 그녀의 맞은편에 앉아 생각에 잠겼다. 그는 케임브리지에서 해야 할 자신의 임무를 골똘히 생각했다. 자신이 살 집을 사는 것과 누군가를 위해 그렇게 큰 집을 사는 것은 전혀 다른 일이었다. 재단이 헨리에게 처음 그 얘기를 꺼냈을 때, 헨리는 거절의 뜻을 밝히면서 그 분야에 경험이 많은 누군가가 그 일을 맡기를 바랐다. 하지만 그러다가 다시 요청이 들어왔다. 헨리 스피어맨이 추천했던 워크 교수는 처음에 그 제의를 받아들였지만 곧 병이 나고 말았다. 스피어맨은 재단의 두 번째 요청을 거절할 수가 없었다.

우선 먼저 아내와 함께 가도 좋다는 조건이 제시되었다. 피지는 그 곳에 가고 싶어 안달이었다. "그냥 받아들여." 피지가 말했었다. "함께 케임브리지에 가본 적이 없잖아. 그 곳에 가면 아주 즐거운 시간을 보낼 수 있을 거야. '킹스 칼리지 예배당'이랑 '탄식의 다리'도 보고 말이야. 당신은 오랜 친구인 자레드 맥도널드를 볼 수 있잖아. 그리고 우리는 런던에서 벤담의 그 전시물을 볼 수도 있어. 당신은 늘 그것을 보고 싶어했잖아. 어쨌든 우리에겐 아주 멋진 휴가가 될 거야."

피지가 함께 오지 않았다면, 헨리는 계약을 제대로 할

수 있을지 덜 확신했을 것이다. 피지는 부동산을 보는 예리한 눈이 있었다. 피지는 주택을 있는 그대로의 모습으로 볼 수 있었다. 그녀는 또 그것의 변화 가능성도 볼 줄 알았다. 그리고 사람들에 대한 아내의 직감은 아주 뛰어났다. 헨리는 자신의 직감보다 피지의 그것이 더 낫다는 점을 인정했다.

이와 같은 피지의 능력은 특히 이미 사용한 적이 있는 물건을 살 때 아주 유용했다. 이미 사용한 적이 있는 물건의 경우, 주인은 그것을 속속들이 알지만 원매자(願買者)는 그렇지 못하다. 경제학자로서 헨리 스피어맨은 다음과 같은 점을 알고 있었다. 즉, 시장경제의 한 가지 문제는 특정한 제품의 경우 종종 구매자들이 판매자들보다 더 적은 정보를 가지고 있다는 점이다. 그 결과 고품질의 물건은 시장에 나오는 경우가 드물다. 잘 사용한 제품, 이를테면 중고 자동차 같은 물건의 주인들은 시장에서 아무에게나 팔기보다 친구들에게 팔고 싶어한다. 시장에서는 잘 사용한 물건이든 그렇지 않은 물건이든 같은 품질의 제품으로 취급받기 때문이다. 피지로 인해 헨리는 그 집의 주인에 비해 상대적으로 열세인 자신의 정보력을 벌충할 수 있을 것이었다.

기차 안에서 책을 읽는 그녀를 보며, 헨리는 피지와 결

혼한 것이 얼마나 행운인지 생각했다. 헨리가 볼 때 피지
는 15년 전에 결혼했을 때의 모습과 거의 달라진 것이 없
었다. 예전의 그 밤색 머리, 예전의 그 날씬한 몸매, 예의
그 부드러운 갈색 눈. 오래전에 헨리를 매료시킨 그 모든
것은 아직도 그를 매료시키고 있었다. 다만 눈 주위의 미
세한 주름들과 조금 더 엄숙해진 턱 모양만이 그녀의 성숙
함을 보여주고 있었다. 아내는 자신보다 키가 컸다. 그리
고 그녀의 아버지는 두 사람이 사귈 때 그 점을 잊지 않고
지적했다. 하지만 피지가 그 사실을 염두에 두었다 해도
그녀는 단 한 번도 내색하지 않았다.

　　두 사람의 데이트는 일반적인 그것과 달랐다. 피지는
늘 다음과 같은 점을 궁금하게 여겼다. 경제학을 전공한
사람들과 사귀는 다른 사람들도 같은 상황에 처해 있을까?
헨리의 특이한 점은 남자가 데이트 비용을 내는 사회적 전
통과 선물 및 이전 지불(transfer payment)에 관한 경제학
이론과 관련된 것이었다.

　　헨리 스피어맨은 경제학자로서 다음과 같은 점을 알고
있었다. 즉, 어떤 사람이 현금으로 1백 달러를 받거나 그에
상응하는 물건을 받을 때, 그 사람은 물건 대신 현금으로
받아 자신이 원하는 상품이나 서비스를 구매하는 것이 더
유리하다. 왜냐하면 그렇게 할 때 그 사람은 자신의 경제

적인 만족, 스피어맨이 효용(utility)이라 부르는 그것을 최대화할 수 있기 때문이다.

경제학에서 소비자 이론은 각자가 어떤 것을 더 많이 구매하고 다른 것을 더 적게 구매함으로써 자신의 효용을 극대화시킨다는 가정에 기반한다. 이와 같은 원칙은 선물이나 정부의 이전 지불에도 적용시킬 수 있는데, 이 경우에도 수혜자만이 자신에게 최대한의 만족을 주는 것이 무엇인지 알기 때문이다. 이런 이유로 많은 경제학자들은 정부가 가난한 사람들에게 현금으로 직접 도와주는 것이 더 낫다고 생각한다.

헨리 스피어맨은 피지에게 구애할 때 이와 같은 경제 원칙을 적용시켰다. 가령 피지에게 함께 영화를 보러 가자고 한 다음 헨리는 그에 상응하는 비용을 현금으로 받을 것인지, 그녀에게 선택권을 주었다. 그는 피지에게 그런 선택권을 분명하게 제시하면서, 다음과 같은 두 가지 논거를 들었다.

첫째, 헨리는 피지가 그 돈을 받아 그냥 가버릴 수도 있음을 잘 알고 있었다. 피지는 헨리와의 데이트가 아닌, 다른 일련의 상품과 서비스를 선택하면 더 큰 만족을 얻을 수도 있었다. 둘째, 헨리는 자신이 정말로 피지를 사랑한다면, 설사 그녀와 함께 데이트를 하지 못한다 하더라도, 그녀가 최대한의 행복을 얻을 수 있도록 도와야 한다고 생각했다. 그는 상대방의 만족을 최우선으로 생각하며 그 사람에게 현금을 주는 것이 진정한 사랑의 표현이라고 생각했다.

헨리는 결혼하기 전에 피지에게 다음과 같은 얘기를 한 번 이상 한 적이 있었다. 즉, 경제학자로서 그가 생각하는 사랑은 상호의존적인 효용함수의 문제이다(네가 기쁘면 나도 기쁘다—옮긴이). 상호의존적인 효용함수는 사랑의 요체이다. 사랑하는 사람은 상대방에게 즐거움을 줌으로써 즐거움을 얻는다. 사랑에 관한 그 모든 노랫말 중에서, 헨리 스피어맨은 그런 식으로 사랑을 표현한 가사를 본 적이 없었다. 하지만 그것은 멋들어진 노랫말에 그렇게 괴상한 말을 집어넣는 것이 어렵기 때문일 것이라고 그는 생각했다.

딱 한 번 피지는 헨리의 현금 제의를 받아들였다. 하지만 그것은 호기심 때문이었고, 피지는 애인의 경제 논리가 어떤 행동으로 이어지는지 보고 싶었다. 헨리는 피지에게 저녁식사와 연극 관람의 비용에 해당되는 12달러를 현금으로 주었다. 그 경우를 제외하곤 피지는 늘 현금을 거부하고 헨리와의 데이트를 선택했다. 헨리는 피지가 현금을 거절한 게 절대로 비이성적인 결정은 아니라고 생각했다. 헨리가 볼 때 그것은 피지의 효용함수가 자신의 효용함수와 관련되어 있다는 뜻이었다. 다시 말해 두 사람은 사랑에 빠진 것이었다.

"여기는 케임브리지, 여기는 케임브리지!" 승무원의 안내방송이 기관차의 감속(減速)과 함께 들려왔다. "모두 내리세요! 이 곳이 종착역입니다."

스피어맨 부부는 자리에서 일어나 짐을 챙겼다. 피지는 선반에서 작은 가방 두 개를 내렸다. 그 동안에 헨리는 좌석 밑에서 커다란 가방을 꺼냈다. 두 사람은 짐을 들고 객차의 출구 쪽으로 걸어갔다.

헨리와 피지는 기차에서 내려 이탈리아풍의 역사로 들어섰다. 그리고 개찰구를 빠져 나와 반대편의 택시 정류장으로 향했다. 길게 늘어선 택시들 가운데 한 택시에 오른 후, 두 사람은 마침내 케임브리지에 있는 호텔에 도착했다.

캠 강 너벅선에서의 사고

모리스 페인은 다시 영국에 오게 된 것에 기분이 좋았다. 무엇보다 그는 예의 바른 사람들을 좋아했는데, 예의는 미국에서 점차 찾아보기 힘든 것이었다. 다음으로는 예측 가능성이 있었다. 영국에서는 열차, 우편서비스, 그리고 맥주의 맛을 믿을 수 있었다. 그것들은 언제나 훌륭했다. 반면에 시카고의 대중교통은 엉망이었고, 우편서비스는 가관이었으며, 대부분의 맥주는 제 맛이 나질 않았다. 영국에서는 어딜 가든지 직원들이 친절한 것 같았다.

"숙박계를 기입해주시겠습니까?" 빨간 머리에 주근깨

가 있는 친절한 젊은 남자가 블루보어 호텔 접수계에 서서 모리스 페인에게 말했다. 그가 입은 호텔 제복은 단정해 보였다.

안경을 쓴 키 큰 신사 페인은 세심하게 숙박계의 빈칸을 채웠다. 접수계 직원이 내용을 훑어본 후에 그에게 말했다. "이번이 처음 방문이신가요?"

"그렇소. 사실은 이 곳 케임브리지에 처음 온 거라오. 하지만 런던에 대해서는 조금 알고 있소. 1차대전 중에 나는 이스트 앵글리아에서 복무했었소. 하지만 그때는 무척 바빴고, 그래서 이 곳을 방문할 시간을 낼 수 없었소."

"이번에는 이 곳에서 즐거운 시간을 보내시기 바랍니다. 객실까지 안내해드릴까요?"

"그랬으면 좋겠소. 아 참, 그런데 케임브리지… 그러니까 미국에 있는 케임브리지에서 온 스피어맨 부부는 이미 투숙을 했나요?"

"아직은 투숙하지 않았습니다. 하지만 오늘 오시기로 예약되어 있습니다."

"그렇다면 메모를 남기고 싶소." 페인이 말했다.

"그러시죠." 접수계 직원은 모리스 페인 앞에 호텔의 메모지를 놓았다. 페인은 케임브리지에 무사히 도착했으며 예정대로 내일 스피어맨 부부와 합류할 것이라고 적었다. 그리고 "그런 후에 베일리얼 크로프트를 처음으로 함께 보는 시간을 갖기로 합시다. 스링은 아침 9시에 우리를 만나는 것으로 알고 있습니다"라고 덧붙여 썼다.

"이 메모를 스피어맨 교수에게 전해주면 고맙겠소." 페인은 그렇게 말한 다음 메모를 봉투 속에 넣고 봉했다.

모리스 페인은 이 곳에서 헨리 스피어맨과 그의 아내인 피지를 만나기로 되어 있었다. 그리고 두 사람은 그가 이 곳 영국에서 하게 될 비즈니스를 도와줄 것이었다.

로비 한켠에 있는 계단을 터벅터벅 걸어 올라가며, 페인은 호텔 직원의 안내를 받아 2층에 있는 객실로 향했다. 그가 묵을 객실에서는 트리니티 거리가 내려다보였다. 페인은 창문 쪽으로 걸어가 분주한 거리를 내려다보았다.

"방이 마음에 드십니까?"

"아주 마음에 듭니다." 페인은 그렇게 말하면서, 짐을 들고 온 호텔 직원에게 팁을 주었다. 그는 탐문하듯이 작은 객실 주위를 둘러보았다. 그 방의 아늑한 분위기는 페인이 생각하던 영국식 분위기였다. 객실은 차분히 안정된 가운데 편안한 느낌을 주었다. 그는 상의를 벗고 침대에 몸을 던졌다. 그는 대개 여행할 때 그런 식으로 침대를 확인하곤 했다. 하지만 이번에는 런던에서 밤새 비행기로 날아와 아침 일찍 히스로 공항에서 케임브리지까지 버스를 타고 오느라 피곤했기 때문이었다.

잠시 낮잠을 잔 후 피곤이 풀린 페인은 가방을 정리하고, 샤워를 하고, 평상복으로 갈아입었다. 해야 할 일이 있었지만, 우선은 관광객으로서 잠시 시간을 보내고 싶었다. 그는 먼저 캠 강을 거슬러 올라가 이 강의 이름이 유래된 그 오래된 대학촌, 즉 케임브리지에 가보기로 했다. 캠이 없는 케임브리지는 담쟁이넝쿨(ivy)이 없는 예일 대나 마찬가지였다.

모리스 페인은 호텔 접수계에서 지도를 가지고 너벅선(너비가 넓은 옛날의 나무배-옮긴이)을 빌려주는 곳까지 천천히 걸어갔다. 작은 배와 사공을 빌린 후 그는 조심스럽게 배에 올라탔다. 배 위에서 페인은 길게 다리를 뻗은 다음, 양손을 뒷머리에 깍지 낀 채 이 도시가 주는 아주 오래된 즐거움을 감상했다.

강에는 관광객을 태운 너벅선들이 아주 많아서, 사공은 부두를 떠나자마자 그 사이를 헤집고 나가느라 바빴다. 페인은 그 젊은 남자가 바닥이 납작한 배를 장대로 저으면서 선미(船尾)에서 능숙하게 균형을 유지하는 데 감탄했다.

너벅선은 장대를 이용해 추진력을 얻고 방향을 통제했다. 너벅선에는 노도 없었고 방향키도 없었으며, 대부분의 사람들은 두세 번 시도한 후에야 겨우 배를 움직일 수 있었다. 재미삼아 처음으로 배를 저어보는 관광객들은 때로 자신들의 배가 맴도는 바람에 놀라곤 했다.

하지만 강에 빠지는 사람은 없었다. 캠은 깊이가 얕은 강이었고, 혹시라도 문제가 생기면 사공들이 즉시 달려와 도움을 주었다.

"원하신다면 주변의 경치를 설명해드릴까요? 배를 타고 가면서 얘기를 듣는 겁니다." 건장한 체격의 젊은 사공은 배가 어느 정도 전진하자 자진해서 말했다. "하지만 조용히 있고 싶으시다면 그렇게 하겠습니다. 하지만 노래는 어쩔 수가 없습니다."

그 말에 페인이 깊은 상념에서 깨어나 사공에게 대꾸했다. "그것을 요약해서 말해줄 수 있겠소? 미국에서 말하는 '리더스 다이제스트' 식으로 말이오."

"그렇게 하겠습니다. 때로는 손님들이 그냥 경치만 구경하고 싶어하죠. 그럴 때는 저도 얘기를 하지 않습니다. 그리고 기분이 나쁘지도 않습니다. 사실 똑같은 얘기를 매번 반복하는 것도 지겨울 때가 있으니까요. 이 곳에서 일하는 사람이면 누구나 그렇게 말할 겁니다."

"그렇다고 관심이 없다는 말은 아니오. 사실 나는 그런 얘기를 무척 듣고 싶었다오. 하지만 지금은 처리해야 할 부동산 업무가 있어서 그 생각에 골몰할 때가 있다오. 절

대로 당신 때문이 아니오. 사실 당신의 배를 젓는 솜씨는
훌륭하고, 나는 지금 즐거운 시간을 보내고 있소. 그런데
이름이 뭐요?"

"제 이름은 스티브 파입스입니다. 그냥 스티브라 부르
시기 바랍니다."

"어디서 오셨소?"

"그랜체스터라는 마을에서 가까운 곳에 삽니다."

모리스 페인은 미국의 중서부 출신이었다. 그리고 대
학은 소위 말하는 '명문대학'을 나왔다. 케임브리지 대학
교는 그가 졸업한 모교와 비교할 수 없는 학교일 뿐 아니
라 문화적으로도 전혀 다른 학교였다. 미네소타 대학교는
수천 명의 학생들을 입학시켜 균질의 졸업생을 배출했다.
페인이 지금 너벅선에서 바라보고 있는 케임브리지는 학
생들을 수천이 아닌 수백 단위로 입학시켰다. 이 곳의 교
육과정은 거의 개인교수 방식으로 진행되었다. 강의들은
부수적인 것으로 자발적으로 참석하게 되어 있었다.

이 화사한 이른 봄날의 오후에 캠과 그 주변에 있는 모
든 사람들은 축제적인 분위기를 즐기는 것 같았다. 페인은
그런 모습을 지켜보면서 강가와 다른 너벅선들에 탄 승객
들을 관찰했다. 종종 그는 친구들로부터 휴식은 그의 강점
이 아니라는 얘기를 들었다.

페인은 가족이 운영하는 사업을 위해 열심히 일했다. 아버지에게서 회사를 물려받는 것은 쉬운 일이 아니었다. 그는 가족이 소유한 많은 기업들이 다음 세대에서 실패하며, 창업주의 자식들은 늘 비난을 짊어지고 산다는 점을 알고 있었다. 사업이 성공하면 가족의 사업을 물려받은 후계자들은 창업주의 덕을 보았을 뿐이라고 생각되어졌다. 반대로 사업이 성공하지 못하면 누구도 그런 실패가 경제적 상황의 변화 때문이라고 얘기하지 않았다.

그래서 페인은 다른 사람들에게 자연스럽게 여겨지는 것, 그러니까 여유를 갖고 즐거운 시간을 보내는 데에도 의식적으로 노력해야만 했다. 하지만 페인은 그런 노력을 하기로 결심했다.

페인의 그런 노력은 소기의 성과를 달성하는 것 같았다. 너벅선이 실버 스트리트 다리 밑을 지나 백스에 접근하고 있을 때, 페인은 편안해지는 것을 느꼈다. 이제는 기분이 느긋해지는 것을 느끼며 페인은 킹스 칼리지가 시야에 들어오는 것을 보았다.

사업에 대한 생각이 점차 희미해져가면서 페인의 눈은 킹스 칼리지의 예배당에 집중되었다. 주변의 건물들에 비해 그 예배당은 엄청나게 컸다. 멀리서도 페인은 그 예배당의 장엄함과 웅장함을 볼 수 있었다. 정교한 조각들이 새겨진 고딕식 첨탑들, 오랜 전통의 상징들, 종루 주위의 수많은 장식들이 시선을 끌어당겼다. 페인은 대개 멋진 건축물에 감동받지 않았지만, 이 광경만큼은 잊지 못할 것이었다.

너벅선은 클레어 다리 밑을 지나 트리니티 칼리지 앞의 돌출부를 돌아갔다. 파입스가 주변의 건물들을 간단하게 설명하며, 너벅선 관광코스의 반환점인 매그덜런 칼리지 쪽으로 배를 몰았다.

전방에서 페인은 너무나도 인상적인 구조물을 보았다. 캠의 양안에 위치한 대학의 건물들을 연결시키는 폐쇄형의 대리석 다리가 그것이었다.

"지금 보시는 것은 '탄식의 다리'로서 베네치아의 그것에서 이름을 따온 것입니다. 하지만 케임브리지에서는 이것이 진짜라고 생각합니다. 저 다리는 세인트 존스 칼리지의 일부입니다." 파입스가 얘기했다.

페인은 그 다리의 창문들에 십자형 금속막대들이 설치되어 있는 것을 보았다. 그가 파입스에게 묻자 젊은 사공은 친절하게 대답했다. "저 막대들은 다리가 건설된 지 몇 년 후에 외부와 차단시키려고 설치한 것입니다. 당시만 해도 이 곳의 모든 대학들에는 문을 닫는 시간이 있었고, 대학 당국은 학부생들이 출입 시간 이후에 세인트 존스 칼리지에 들어가는 것을 막고 싶어했죠."

늦은 오후의 햇살이 강물에 반사되어 캠의 서안에 늘어선 꽃들을 밝게 비추었다. 잘 가꾸어진 잔디밭에는 소풍을 나온 사람들이 점점이 박혀 있었다. 젊은 사공이 우아한 아치의 중심 쪽으로 향하며 너벅선을 '탄식의 다리' 밑으로 이동시켰다. 그 후 그는 강의 동쪽 편에 솟아 있는 세인트 존스 칼리지의 벽으로 배를 접근시켰다. 페인은 너벅선의 선수 좌석에서 몸을 뒤로 젖히며 뒤쪽의 사공과 방금 지나온 광경을 바라보았다. 근처의 나무들에서 지빠귀들이 지저귀고 있었다.

다음에 일어난 일은 순식간에 일어난 일이어서, 페인은 나중에 그 사건을 설명할 때 중요한 세부사항들을 혼동했다. 그가 맨 처음 기억한 것은 귀가 찢어지는 듯한 엄청난 소음을 들었다는 것이었다. 페인은 너벅선의 발판과 긴 의자가 자신의 발 밑에서 박살나는 것을 보았다. 반짝이는 물체가 그의 시선을 끌었지만, 너무 놀란 페인은 그것이 무엇이었는지 기억하지 못했다.

스티브 파입스가 갑자기 무릎을 꿇으면서 왼손으로 너벅선의 측면을 잡아 균형을 유지하려 했다. 그 와중에서도 그의 오른손은 여전히 장대를 잡고 있었고, 젊은 사공은 본능적으로 세인트 존스 칼리지의 벽을 올려다보았다. 여전히 위쪽을 바라보면서 파입스는 있는 힘을 다해 장대를 저어 너벅선을 한쪽으로 몰고 나갔다. 그는 자신의 배가 위험에서 벗어나도록 안간힘을 썼다. 파입스는 그것이 무엇인지 확신하지 못했지만, 3층의 열린 창문 안에서 무언가가 움직이는 것을 보았다고 느꼈다. 처음에 그것은 그 곳에 있었다. 그러다 그 곳에서 사라졌다. 나중에 파입스는 그것이 그 곳에 있었는지조차 확신할 수 없었다.

솔트마시 여사의 두 하숙인

"어제는 많이 바빴나요?" 솔트마시 여사가 커피잔 세트를 젊은 하숙인 앞에 놓으며 물었다. 방금 걸러낸 커피와 뜨거운 핫케이크의 향기가 아침 식탁을 가득 채웠다. 그가 대답하기도 전에 솔트마시 여사가 다시 말했다. "이제 이것 좀 먹어보고 타거트 씨네서 사온 핫케이크보다 못한지 알아보구려. 도대체 무엇 때문에 괜찮은 핫케이크조차 제대로 먹을 수 없는 건지 알 수가 없네. 내가 타거트 씨에게 이제는 이전과 다른 방식으로 빵을 굽느냐고 물었더니, 아니라고 말하면서 빵은 늘 같은 식으로 굽고 있다고 말하더군. 하지만 내가 속을 줄 알고." 솔트마시 여사는 두 잔의 커피를 따르고난 뒤 자리에 앉았다.

"여사님의 핫케이크 맛은 최고예요." 스티브 파입스는 자신이 먹는 핫케이크의 어느쪽에 버터를 발라야 하는지 알고 있었다. 그는 솔트마시 여사의 집에서 하숙을 한 지 2년이 되었다. 일주일에 1파운드를 내고, 3시간 동안 잡일을 해주며, 2시간 정도 여주인의 수다를 들어주는 대가로 그는 괜찮은 방과 하루를 시작할 아침식사를 제공받았다.

"어제는 바빴지만 돈은 벌지 못했어요. 오후 내내 배 주인과 경찰에게 내 배가 어떻게 박살났는지 설명하느라 시간을 보냈죠."

솔트마시 여사는 커피를 마시기 위해 커피잔을 자신의 입으로 가져가다가 도중에 멈추었다. "그래요? 나는 또… 그런데 누가 배를 박살냈수? 술에 취한 사공들이 그랬나? 요즘에는 잠시 즐기려고 밖에 나가면 목숨이 위태롭다니까. 나는 늘 물 근처에 가는 것은 위험하다고 생각했지. 사람들이 점잖게 행동할 때도 말이야. 다행히도 머리에 구멍이 나서 인생이 끝장나지는 않았으니 운이 좋았구려."

스티브 파입스는 머리를 뒤로 젖히면서 기분 좋게 웃었다. "술에 취한 사공들은 많지만, 그렇다고 문제가 생기지는 않아요. 어제 일어난 사건은 한 번도 본 적이 없는 거예요. 일이 끝나고나서야 어떻게 된 영문인지 알 수 있었죠. 하지만 '정말로' 어떤 일이 일어난 건지는 확실하게 알 수가 없었어요. 내가 아는 것이라곤 쇠로 만든 아령이 내 승객을 거의 죽일 뻔했다는 것뿐이죠. 그리고 다행히도 그분이 맞지는 않았기 때문에, 하마터면 내 너벅선이 가라앉을 뻔했죠. 왓슨 씨는 당연히 기분이 좋지 않았지만, 나는 그 분에게 승객이 죽어서 소송을 당하는 것보다는 배가 가라앉는 게 낫다고 얘기했죠."

"도대체 왜 아령이 그 곳에 떨어진단 말이오?" 솔트마시 여사의 커피잔은 여전히 그 곳에 있었다.

"처음에 나는 그것이 세인트 존스 칼리지의 어느 창문에서 떨어진 줄 알았어요. 하지만 위를 올려다보고나서도 정말로 그런 것인지는 확신할 수 없었어요. 적어도 나는 무엇을 보았다고는 확신할 수가 없었어요."

"어쨌든 나는 생각할 시간이 없었으니까요. 처음에 나는 그것이 내 승객에게 떨어진 것이라고 생각했으니까요. 실제로 거의 그랬죠. 겨우 5센티미터 차이로 빗나갔다니까요. 그 분의 얼굴은 백짓장처럼 하얗게 질렸죠. 하지만 내가 올려다보니 그 분에게는 생채기 하나도 생기지 않았어요. 우리는 서둘러서 부두로 돌아왔죠. 배에 물이 새는 바람에 그렇게 하는 데 무척 애를 먹었어요. 왓슨 씨가 경찰에 전화를 했고, 나는 결국 전후사정을 설명할 수밖에 없었죠. 경찰이 사람을 세인트 존스에 보내 주위를 둘러보게 했지만, 누가 그랬는지 알아내지는 못했어요."

"그걸 어떻게 알아내겠수?" 솔트마시 여사가 말했다. "창문 밖으로 아령을 던진 사람이 내가 그랬다고 고백을 하겠소? 전쟁 전의 일인데, 전에 내가 알던 어느 여자는 자신이 자는 침실 창문에서 축제용 유리화병을 떨어뜨렸지. 그 여자의 남편이 길길이 뛰었다우. 하지만 청소를 하다보면 그런 것이 창문 밖으로 떨어지는 일도 있지. 아차 하는 순간에 떨어지는 거지. 하지만 아령이라니! 도대체 이해가 가질 않는구만. 바보가 아니고서야 어떻게 그런 짓을 한단 말이야?"

스티브 파입스와 솔트마시 여사는 잠시 조용히 앉아 커피를 마시며 핫케이크를 먹었다. 솔트마시 여사의 다른 하숙생은 아직도 2층에서 내려오지 않았다.

"나는 태너 양이 일어난 것을 알 수 있어. 위층에서 물 흐르는 소리가 들리면 일어난 거지. 빨리 좀 내려왔으면 좋겠구만. 오늘 아침에 시내에 나가 살 물건이 있거든. 이든 릴리에서 세일을 하는데… 길이 막히기 전에 빨리 가서 물건을 사야 하거든." 솔트마시 여사는 잠시 멈추었다가 다시 말을 이었다.

"올 봄에 이 곳에 온 사람들보다 더 많은 사람들을 어떻게 케임브리지까지 실어 나르는지 알 수가 없네. 나는 이제 쇼핑 카트를 끌고 시드니 거리까지도 올라가기가 어려운데. 젊은 엄마들은 꼬맹이들을 데리고 어떻게 그렇게 할 수 있을까? 어느 누구도 조그만 공간조차 양보하려 하지 않아. 그리고 감히 보도에서 내려설 수도 없지. 자전거에 치이지 않으면 버스에라도 치이기 십상이니까."

"그러면 제가 너벅선으로 데려다드릴까요?" 스티브가 말했다. "그 곳도 밀리기는 하지만 시내만큼은 아니죠."

"아니, 괜찮수. 차라리 시내가 더 안전할 것 같아. 게다가 나는 내가 아는 사람을 강에서 보고 싶지 않아. 지난번에 잉글랜드에서 온 사람을 마지막으로 배에 태우고 간 것이 언제였는지 얘기했잖수? 아마 그렇게 오래되지는 않았을 거야. 요즘에는 잉글랜드에서 돈이 있는 사람은 모두가 일본 사람 아니면 독일 사람이야. 아니면 프랑스 사람이거나 미국 사람이지. 나는 일전에 디긴스 여사에게 영국이 2차대전에서 정말로 이긴 것인지 물었다오."

스티브 파입스는 여주인의 말을 세심하게 들으면서 첫번째 잔의 커피를 모두 마셨다.

"한 잔 더 마시겠수?" 솔트마시 여사가 젊은 하숙생에게 물었다. 스티브 파입스가 고개를 끄덕였다.

파입스는 그랜체스터 근처의 이 작은 오두막집에서 이른 아침의 즐거운 시간을 보냈다. 몇 분만 있으면 그는 자전거를 타고 케임브리지에 가서 그 모든 재미를 맛볼 것이었다. 하지만 잠시 후에는 다시 영국 시골의 고요함 속으로 돌아올 것이었다. 솔트마시 여사의 집은 그랜체스터 바로 남쪽의 작은 전원 마을에 있었다. 그리고 19세기 식 이 농촌 마을은 캠 강 근처에 자리잡고 있었다. 스티브 파입스는 도시와 농촌, 양쪽의 즐거움을 마음껏 즐기고 있었다.

그리고 파입스만이 그런 축복에 감사하는 사람은 아니 었다. 새로 솔트마시 여사의 하숙생이 된 돌로레스 태너 역시 그랜체스터의 절묘한 위치에 만족해하는 것 같았다.

"솔트마시 여사님, 이 곳의 잠자리는 너무나도 편안해 요. 그래서 또 늦잠을 잤지 뭐예요. 아침식사에 너무 늦었 나요?"

"빨리 자리에 앉아요. 금방 핫케이크를 데울 테니까. 커피는 충분히 있고, 그 동안에 스티브와 얘기를 나눠요."

"스티브, 나 때문에 이 곳에 있을 필요는 없어요. 가려 던 참이었다면 어서 가세요." 돌로레스 태너는 탁자 앞에 자리를 잡고나서 뜨거운 커피에 우유를 붓기 시작했다.

"아직도 몇 분이 남았어요. 부두에는 조금 늦게 나갈 생각이에요. 그리고 당신은 어제 어땠는지 얘기를 듣고 싶군요."

돌로레스 태너는 커피를 마시면서 스티브의 말에 대꾸했다. "그래요? 알았어요. 어제는 그런 대로 괜찮았지만, 확실하게 말하기는 어려워요. 내 말이 무슨 뜻인지 알겠어요?"

"그러면 그 배역을 맡게 될 것 같은가요? 내가 궁금한 것은 그것이에요."

"나는 누구보다 대본을 잘 이해해요. 나는 그 역할에 내가 적임자라고 생각해요. 하지만 배역 담당자도 그렇게 생각하는지는 모르겠어요. 그 점이 바로 이 일에서 가장 짜증나는 부분이에요. 내가 맡는 역할은 내가 전혀 원하지 않는 것이고, 내가 맡지 못하는 역할은 정말로 원하는 것이죠."

"어제는 어떤 역할을 맡고 싶었나요?"

"이브요. 퀸스 극장에서 버나드 쇼의 연극을 다시 공연할 예정이에요. 나는 꼭 이브의 역할을 맡고 싶어요."

"당신이 그 역을 맡으면 나는 사탄이 될 수도 있겠죠." 스티브는 눈짓으로 자신의 말이 농담임을 나타냈다.

"미안해요, 스티브. 그 역은 남성이 맡을 수 없어요. 사탄인 뱀은 여성으로 등장하니까요. 게다가 시기도 이미 놓쳤어요. 사탄의 역은 이미 캐스팅이 끝났어요. 어제 극장에서 그것을 알게 되었어요."

"여기 핫케이크 대령이요. 아주 따끈따끈하지." 솔트마시 여사가 다시 탁자에 앉으면서 핫케이크가 담긴 빵 바구니를 올려놓았다. "그리고 버터는 바로 앞에 있어요. 스티브, 착한 아이처럼 돌로레스에게 잼을 건네줄래요?"

솔트마시 여사는 의자를 끌어당기며 다시 커피를 잔에 따랐다. "정말로 예쁜 실내복이군요! 옷감이 무언가요? 플란넬 같지는 않은데. 하지만 여전히 편안해 보이는군요."

"사실은 알파카로 만든 옷이에요. 다소 사치스럽게 보일 수도 있겠지만, 극장에서는 대중을 위해 의상을 입죠. 우리는 늘 의상을 입고 사람들을 만나요. 막간에 분장실에 누가 들어올지 알 수가 없거든요."

아침 햇살 속에서, 솔트마시 여사의 시선을 사로잡은 그 검은색의 빛나는 실내복은 젊은 여배우의 뒤로 묶은 긴 금발머리와 잘 어울렸다. 돌로레스의 머리는 그녀의 매력 포인트였고, 돌로레스도 그 점을 잘 알고 있었다. 그래서 그녀는 머리를 가꾸는 데 많은 시간을 할애했다. 가장 좋은 샴푸로 머리를 감았고, 가장 비싼 컨디셔너로 마무리를 했으며, 가장 부드러운 빗으로 조심스럽게 빗었다.

돌로레스 태너는 외모도 거의 완벽한 수준이었다. 그것은 영국의 극장에서 무대에 오르고자 하는 젊은 여성들겐 필수적인 조건이었다. 그녀는 자신의 외모를 관리하기 위해 수십 가지의 비누와 로션, 그리고 오일 등을 사용했다. 반면에 그녀의 몸매는 다소 평범해 보였다. 그것은 영화보다는 연극에 더 불리한 조건이었다.

"이제 우리와 함께 지낸 지 2주일이 지났는데, 이 작은 마을이 집처럼 편안한 느낌이 들기 시작하나요? 물론 런던과는 비교가 되지 않겠지만……." 솔트마시 여사는 그렇게 물으면서 탁자보에 떨어진 핫케이크 조각을 조심스럽게 치웠다.

"이 곳에 도착하던 날부터 집처럼 편안한 기분을 느꼈어요. 바로 내가 찾던 곳이라는 생각이 들었죠. 여사님은 제 인생에서 구세주나 다름없어요. 런던에서의 생활은 너무 복잡해지고 있어요. 언젠가는 그 곳으로 돌아가야 하지만, 지금은 이 곳에 머물고 싶어요. 생각을 할 수 있는 곳이 필요해요. 런던에서는 그렇게 할 수가 없어요. 늘 일만 해야 하고, 일이 끝나면 똑같은 사람들과 함께 지내야만 하니까요."

"여기서는 산책도 할 수 있고, 맑은 공기도 마실 수 있고, 사람들을 의식하지 않아도 돼요. 나는 다시 아이가 된 기분이에요. 그렇지만… 그렇지만 런던에서 완전히 멀어질 수는 없어요. 스티브에게도 얘기했지만, 어제는 배역을 맡기 위해 런던에서 오디션을 봤어요. 런던은 기차만 타면 쉽게 갈 수 있는 곳이지만, 여기서는 먼 세상이기도 해요."

"당연히 언젠가는 갈 수밖에 없겠죠. 나도 그것은 알고 있어요. 어제 오디션을 본 그 역할을 맡게 되면 어쩔 수가 없어요. 스티브와 여사님과도 함께 있고 싶지만, 언젠가는 갈 수밖에 없어요. 그것이 연극배우의 현실이에요. 어쩌면 유일한 현실이죠."

솔트마시 여사의 얼굴은 새 하숙인을 잃을지도 모른다는 생각에 슬픈 기색을 띠었다. 그녀는 2차대전 중에 과부가 되어 약간의 연금을 받았지만, 하숙을 쳐서 나오는 가외의 소득이 있어야만 남편과 함께 살았던 그 집을 유지할 수 있었다. 그녀는 또 함께 지낼 사람도 필요했다. 혼자서 아침식사를 하는 것은 외로운 일이었다. 그녀는 젊은 하숙인들에게 아침식사를 제공하는 것이 전혀 귀찮지 않다고 생각했다. "젊은 사람들과 함께 지내니 나도 젊어지는 것 같다오." 그녀는 종종 이웃 사람들에게 그렇게 말했다.

스티브 파입스도 돌로레스 태너의 이사 가능성에 대해

나름대로 염두에 두고 있었다. 그는 그녀에게서 매력을 느꼈고 그녀와 함께 있는 것이 즐거웠다. 파입스가 볼 때 태너의 삶은 멋진 것이었다. 그가 아는 다른 여자들의 삶과는 전혀 달랐다. 그는 이기적인 마음에서 태너가 머물기를 바랐지만, 그의 타고난 착한 천성은 태너가 그 역을 맡기를 바랐다.

스티브 파입스는 자리에서 일어나 냅킨을 탁자에 올려놓았다. 그리고 잠시 탁자를 내려다보았다. "당신이 그 역을 맡는다면 나는 기분이 좋을 겁니다. 설사 내가 당신의 공연을 볼 수 없다 해도 말입니다."

"오, 하지만 나는 당신이 공연에 오기를 원해요. 나는 당신에게 표를 얻어줄 수 있어요. 그리고 여사님두요. 나는 두 분 모두 개막공연에 참석하기를 원해요."

"그러면 재밌겠네. 스티브, 그렇지 않수? 태너 양이 공연하는 걸 보는 것 말이우. 게다가 개막공연이라니? 내 친구들이 모두 부러워하겠네." 솔트마시 여사의 얼굴은 태너 양의 제의에 다시 밝아졌다.

"여기 케임브리지에서 공연을 한다면, 나는 분명히 관객 속에 있을 겁니다. 우리는 공연이 끝난 후 얘기도 나눌 수 있을 겁니다. 하지만 런던에서라면 당신을 만날 시간은 없을 것 같군요."

스티브 파입스의 수줍어하는 목소리는 돌로레스 태너에게 다소 의외였다. 하지만 솔트마시 여사는 그것을 이해했다.

앨프레드 마셜의 베일리얼 크로프트

세 사람은 그 집의 동쪽 편으로 들어가는 자갈 진입로에 함께 서 있었다. 그들 앞에 높이 솟아 있는 그 벽돌집은 지붕이 경사진 앤 여왕 시대의 건축물이었다. 경사진 지붕의 양쪽 편에는 각각 큰 굴뚝과 그것들을 둘러싼 굴뚝 장식이 있었다. 그리고 그 집의 왼쪽으로는 아래층의 응접실에 붙은 작은 돌출 창문이 보였다.

자신이 서 있는 곳에서 스피어맨은 2층 베란다의 세부적인 목재의 짜임새를 볼 수 있었다. 베란다의 문은 스피어맨이 알고 있는 앨프레드 마셜의 서재로 이어지고 있었다. 스피어맨처럼 미시경제학이 경제학의 핵심이라고 믿는 경제학자들은 그 집을 볼 때 무한한 감회에 젖지 않을 수가 없었다. 마셜은 미시경제학의 아버지였다.

바로 이 집이 베일리얼 크로프트로구나, 스피어맨은 생각했다. 그는 마셜의 『경제학 원리(Principles of Economics)』를 읽은 후부터 그 집이 어떻게 생겼을까 궁금하게 여긴 적이 많았다. 수천 명에 달하는 교수들은 자신들의 저서 서문에 자신들의 본거지 주소를 적었다. 그런데 마셜은 자신의 저서 서문에 자신의 집 주소를 적어놓았다. 스피어맨은 아직도 마셜의 저서 서문에 적힌 그의 집 주소를 떠올릴 수 있었다.

베일리얼 크로프트
케임브리지 매딩글리 로드 6번지

앨프레드 마셜은 옥스퍼드에서 케임브리지로 옮길 때 상당히 주저했다. 그래서 마셜은 자신의 새 집에 베일리얼(옥스퍼드 대학의 칼리지 중의 하나—옮긴이)이란 이름을 붙여 옥스퍼드를 떠나는 충격을 완화시키고자 했다. 그리고 '크로프트'라는 말은 새로 이사 온 집의 넓고 푸른 정원에서 비롯된 것이었다.

"약간 일찍 도착했구만." 헨리 스피어맨이 두 사람의

동반자에게 말했다. "지금 들어가도 괜찮을까 모르겠네."

"약속한 시간은 몇 시죠?" 피지가 물었다.

"오전 9시입니다." 모리스 페인이 대답했다.

"그러면 이제 5분밖에 남지 않았군요. 그러면 지금 들어가도 괜찮을 것 같은데요."

그들이 망설이고 있을 때, 누군가 집에서 나오며 반갑게 인사했다. "그 재—재단에서 오신 분들이라면 어서 올라오세요. 기다리고 있었습니다." 덩컨 스링이 스피어맨 부부와 모리스 페인을 따뜻하게 맞으며 손짓했다.

60대 후반의 호리호리한 영국 사람인 스링은 태터솔 (두세 가지 색의 체크무늬—옮긴이) 셔츠와 회색의 모직 바지를 입고 있었다. 그의 친절함은 늘 딱딱한 서신만 교환하던 페인의 경계심을 누그러뜨렸다. 직접 보니 스링은 부드러운 미소와 다정한 태도로 사람들을 편안하게 해주었다.

사람들은 흔히 영국인들은 무뚝뚝하다고 얘기한다. 하지만 그것은 틀린 생각이다. 다만 그들은 예의 바를 뿐이다. 그들이 무뚝뚝한 것은 상황이 그렇게 요구할 때뿐이다. 그 밖의 다른 상황에선 영국인들은 전혀 다른 태도를 보인다. 영국 사람들에겐 어느 나라 사람들보다 그와 같은 태도의 변화가 자연스러운 것이었다. 덩컨 스링은 잘 모르는 사람들에게 보내는 사업상의 서신은 격식을 갖춰야 한

다고 생각했다. 하지만 그는 또 얼굴을 맞대고 하는 우호
적 협상에서는 편안한 분위기가 필요하다고 생각했다.

좁은 복도를 따라 걸어가며, 스링은 손님들을 아래층
의 응접실로 안내했다. "여기서 편-편안하게 계십시오. 집
을 보여드리기 전에 커-커피를 드시겠습니까?"

"예, 커피면 좋겠어요." 피지가 말했다.

"저도 커피를 주세요." 페인이 얘기했다.

"저는 됐습니다." 스피어맨이 손을 저으며 괜찮다는 시
늉을 했다. 그는 아직도 영국식 커피에 익숙하지 않았다.
그가 볼 때 영국식 커피는 녹인 마분지의 맛이 나는 것 같
았다. 그러나 영국의 차는 맛이 아주 뛰어났다.

"우유와 설-설탕을 드릴까요?" 스링이 물었다.

스링은 말을 더듬는 사람이었다. 하지만 그럼에도 불
편한 느낌은 주지 않았다. 오히려 그는 정반대의 느낌을
주었다. 그의 말더듬은 마치 그의 긴 은발처럼 그의 개성
을 나타내는 것 같았다. 스링이 응접실에서 나가 부엌으로
간 후에, 손님들은 자리에 앉아 주위를 둘러보았다.

탄탄함에서 비롯되는 안정감을 주는 방들이 있는데,
베일리얼 크로프트의 응접실이 바로 그런 곳이었다. 집의
외부는 튼튼한 벽돌로 지어져 있었고, 안쪽은 회반죽을 단
단하게 바른 다음 갖가지 치장을 해놓았다. 그 방은 널찍

하면서도 크다는 느낌은 주지 않았다. 헨리 스피어맨은 덩 컨 스링이 아내와 함께 가족이나 친구들과 즐거운 시간을 보냈던 이 곳이 작은 규모의 연회나 그룹 토론에 적당할 것이라고 생각했다.

스링이 두 잔의 커피, 약간의 설탕, 그리고 우유를 갖고 돌아왔다. 그는 그것들을 유리가 덮인 탁자에 내려놓았다. 피지와 페인에게 커피를 대접한 후에, 스링은 나무로 만든 흔들의자를 끌어당겼다.

"아주 예쁜 방이네요." 피지가 주인에게 말했다. "잘 꾸며져 있어서 전에 누가 살았던 느낌을 주네요."

"사실은 전에 누가 살았던 곳입니다. 30년 간 아내와 함께 살면서 아―아이들 넷을 키웠죠. 그리고 당연히 마셜 부부도 이 곳에서 거의 40년을 같이 살며 사―사람들과 교유했죠. 그가 살던 시대에 옥스퍼드와 케임브리지의 경제학자들은 거의 빠짐없이 적어도 한―한 번쯤은 이 곳에 왔을 겁니다."

"나는 이 방에서 전―전에 살았던 사람들 때문에 고―고통을 당할 수도 있―있었을 겁니다. 하지만 다행히도 나는 경제학자가 아니기 때문에 그 유―유명한 사람들로부터 짓―짓눌림을 당할 필요가 없었습니다. 그렇지만 거의 매주 누군가가 나에게 나보다 더 중―중요한 사람들이 이 곳에 살았음을 상기시켜줍니다."

"어떤 식으로 말입니까?" 헨리 스피어맨이 물었다.

"오, 별의별 방식이 다 있죠. 지나가던 사람들이 문―문
을 두드리면서 앨프레드 마셜의 서재나 베―베란다를 볼
수 있느냐고 묻곤 합니다. 또 어떤 사람들은 그―그냥 집
주위를 걸으면서 안을 들―들여다보거나 정원을 밟아보곤
합니다. 마치 이 곳이 공―공 장―장소인 것처럼 말입니다.
그리고 많은 이들은 사―사―사진을 찍고 싶어합니다. 어떤
사람들은 이 주소로 편―편지를 보내 내가 주인이 아니라
관―관리인인 듯이 얘기합니다. 도처에서 편지들이 옵니
다. 지난달에는 일본에서도 2통이 왔습니다. 전에 내―내
아내는 지금은 이것이 우리 집이고 우리와 마셜 부부와는
아무 관계도 없다고 회신을 보내곤 했습니다. 심지어 사라
의 안부를 묻는 사람들도 있었는데, 이제 우리는 그녀가
마셜 부부의 하녀였음을 알게 되었습니다."

"그럼, 이 집을 샀을 때 가구들도 함께 인수했나요?"
페인이 물었다.

"아닙니다. 우리가 산 것은 이 집과 대지뿐입니다."

페인이 다시 물었다. "마셜의 개인적인 소지품은 어떻
습니까? 어떤 서류나 서신, 자료, 혹은 개인적으로 작성한
메모 같은 것은 없습니까? 그런 것들은 금전적인 가치가

없다 해도 우리 재단에 흥미로운 것일 수 있습니다. 당시에 사용되던 것들 중에서 우리가 방문객들을 위해 이 집에 특별히 전시할 만한 것들이 있습니까?"

"아마 없을 겁니다." 스링이 대답했다. "물론 마셜 부부가 남긴 것들은 있었습니다. 아내와 나는 마셜이 어머니에게 보낸 편지, 그가 사용한 것으로 보이는 녹슨 면도기, 그리고 일부 낡은 사진들까지 발견했습니다. 우리는 그 모두를 '마셜 도서관'에 보냈습니다. 우리는 그런 것들을 이곳에 두고 싶지 않았습니다. 아 참, 이제서야 생각나는데, 아내는 다락방에서 마셜 가족이 남긴 옷가지들도 발견했습니다. 내 기억으로는 그것들을 자선단체에 보냈을 겁니다."

스링이 목소리의 톤을 바꾸었다. "그렇다고 오해는 하지 마십시오." 그가 다시 말했다. "베-베일리얼 크로프트는 관광객들이 구경하는 킹스 칼리지 예배당이 아닙니다. 하지만 당신들이 존-존경하는 마-마셜을 따르는 사람들이 있습니다. 우리 가족은 그것을 너무도 잘 알고 있습니다."

"사실은 그렇게 따르는 사람들이 있기 때문에 우리가 이 곳에 온 것입니다." 헨리 스피어맨이 소파 앞쪽으로 옮겨 앉으며 말했다. "당신도 일부 방문객들을 통해 알게 되

었을 터인데, 많은 이들은 앨프레드 마셜이 현대 경제학에
많은 업적을 남겼다고 생각합니다. 그래서 페인 씨의 재단
이 이 집을 보존하고 싶어하는 것인데, 그것은 호기심의
차원에서 사진을 찍기 위해서가 아니라 마셜을 영원히 기
념하기 위해서입니다."

"그래요. 나도 그 사람이 훌륭한 사람임은 압니다. 나
는 세인트 존-존스 칼리지의 명예교우인데, 그 곳에도 마
셜의 초상화가 걸려 있습니다. 세인트 존스의 명예교우들
가운데 초상화가 걸리는 사람은 그리 많지 않습니다. 따라
서 마셜은 분명히 특별한 사람일 것입니다."

스피어맨은 덩컨 스링이 자신의 말더듬을 효과적으로
통제한다고 생각했다. 스링은 마치 자신의 말 가운데 특정
한 부분을 강조하듯이 중간중간에 매듭을 지었다. 스피어
맨은 그가 학생들을 사로잡으며 강의하는 모습을 상상했
다. 스링은 자신의 단점을 장점으로 바꾼 사람 같았다. 스
피어맨은 스링을 보면서 앤터니 디질리오라는 친구를 떠
올렸다. 그 친구는 어렸을 때 소아마비에 걸려 한쪽 발을
절게 되었다. 그러나 디질리오는 나중에 하버드 경영대학
원의 학장이 되었다.

전에 그는 스피어맨과 함께 있을 때, 장애에도 불구하
고 어떻게 그런 성공을 거둘 수 있었는지 질문을 받은 적

이 있었다. 그런데 디질리오의 대답은 모두를 놀라게 했다. 그는 소아마비 때문에 장애가 되기는커녕 오히려 사람들의 관심과 애정을 받았다고 했다. 어렸을 때 그는 소아마비였기 때문에 또래 아이들과 함께 놀지 못했다. 디질리오는 자신이 자학에 빠지지만 않으면 어른들이 무엇이든 자신을 돕고 싶어한다는 것을 알게 되었다. 디질리오가 화학을 공부하고 싶었을 때, 유명한 화학자가 자진해서 그를 가르치겠다고 나섰다. 수영을 배우고 싶었을 때 그는 자전거를 타고 지역의 수영장에 갈 수가 없었다. 그러자 마을에 사는 가장 유명한 강사가 그에게 수영을 가르치겠다고 자원했다. 한번은 인근 도시에 사는 미술사학자가 디질리오에게 워싱턴 시의 화랑들을 보여주겠다고 제의했다. 그 사람은 디질리오가 유화에 관심이 있다는 얘기를 듣고나서 그런 제안을 한 것이었다. 스피어맨은 스링도 그런 방식으로 지금의 학문적 지위에 오르게 되었을 거라고 생각했다.

덩컨 스링은 피지 스피어맨과 모리스 페인이 커피를 다 마실 때까지 기다렸다가 세 사람에게 얘기했다. "이제는 집을 구─구경할 때가 된 것 같─같습니다."

스링은 차근차근 손님들을 위층과 아래층으로, 그 오래된 집의 안과 밖으로 안내했다. 그는 자신이 사는 집의 구석구석을 보여주었다. 잘 보존된 찬장과 옷장들은 건축가인 존 스티븐슨이 마셜을 위해 그 집을 지은 후로 거의 변하지 않았다.

스링은 손님들을 위층에 있는 마셜의 서재와 그 앞에 있는 목재 발코니로 안내했다. 정면에 위치한 마셜의 서재와 목재 발코니는 이 집을 특별히 돋보이게 했다. 모든 방들을 세심하게 관찰하는 가운데 스링은 집의 구석구석을 자세하게 설명했다.

이어서 네 사람은 밖으로 나가 정원을 구경했다. 정원은 사방이 키 큰 관목들로 둘러싸여 있었다. 스링은 특히 야외에서 일하기를 좋아했던 마셜이 햇볕을 받도록 고안한 회전식 의자가 있던 자리를 설명할 때 가장 흥분했다.

"마셜이 그런 장치를 고안해낸 것에 나는 놀라지 않습니다." 헨리 스피어맨이 말했다. "사실 마셜은 일부 가장 중요한 업적을 야외에서 달성했죠." 피지는 전에 남편으로부터 마셜이 이탈리아에서 휴가를 보낼 때 시칠리아의 호텔 지붕 위에 앉았다는 얘기를 들은 적이 있었다. 지붕 위에서 마셜은 갑자기 한 아이디어가 떠올랐고, 이것은 나중에 경제학의 기본적인 개념이 되었다. 마셜은 그것을 탄력성(elasticity)이라 불렀다. 마셜의 아내로 전에는 학생이었고 때로는 동료였던 메리는 나중에 집필한 회고록에서 남편이 "그것을 발견한 후 아주 기뻐했다"고 적었다.

"기─기뻐했다구요? 내가 아는 마셜은 그런 사람이 아닌 것 같은데요. 물론 나는 마셜을 직접 만난 적은 없습니다. 하지만 내가 사진으로 본 마셜은 무뚝뚝하고 근엄한 사람으로서, 중국 사람들이 쓰는 그 작은 모자를 쓰고 날카로운 눈으로 앉아 있었습니다."

"어쩌면 그것이 맞을 수도 있습니다." 헨리 스피어맨이 말했다. "나도 마셜이 사교적이었다는 얘기는 들은 적이 없습니다. 하지만 그 탄력성의 발견은 특별한 경우였습니다. 마셜은 그 개념의 중요성을 알았을 것이고, 그래서 기쁨을 감출 수가 없었을 것입니다."

스링은 짐짓 관심이 있다는 표정을 지었고, 네 사람은 다시 집 안으로 걸음을 옮기기 시작했다. "당신은 탄력성의 발견이 얼마나 중요한 것이라고 평가합니까?" 스링이 물었다. "그것은 또다른 케임브리지 교수인 다윈의 진화론만큼이나 중요한 것입니까?"

"아닙니다. 그렇게까지 대단한 것은 아닙니다. 경제학에서 다윈의 진화론에 필적할 만한 것은 케임브리지가 아닌 옥스퍼드 대학의 그 사람, 그러니까 애덤 스미스가 얘기한 그 '보이지 않는 손(the invisible hand)' 뿐입니다."

스피어맨이 걸음을 멈추자 네 사람도 잠시 그 자리에

섰다. "그렇다고 오해는 하지 마십시오. 경제학에서 탄력성의 발견은 생물학에서 크릭과 왓슨이 발견한 DNA의 이중 나선구조와 맞먹는 것입니다. 그것을 사용해 경제학자들은 가격 변화에 따른 수입의 변동을 그래프로 나타낼 수 있었습니다. 한 가지 예를 들면, 그런 개념이 없을 때, 영국의 재무부는 세금 수입이 얼마나 될지 짐작할 수가 없습니다."

다시 안으로 들어가 네 사람은 지하실을 구경했다. 마지막으로 간 곳은 다락방이었는데, 그 곳에서 스피어맨은 지붕의 상태를 스링에게 꼬치꼬치 캐물었고 페인은 서까래와 바닥을 자세하게 조사했다.

다락방에서 돌아온 후 덩컨 스링은 다시 흔들의자에 몸을 묻었고 미국에서 온 손님들은 전에 앉았던 의자에 앉았다. 헨리 스피어맨은 서류가방 속에서 서류들을 뒤진 다음 말했다. "내가 볼 때 집의 상태는 아주 좋은 것 같습니다. 하지만 나는 전문가가 아닙니다. 나는 전구도 제대로 갈아 끼우지 못하는데, 그 점은 인내심이 강한 제 아내가 잘 알고 있습니다. 나는 벽난로와 전선 같은 것들에 대해 왈가왈부할 위치에 서 있지 않습니다."

"헨리, 나는 그 점에 대해서 그렇게 걱정하지 않습니다. 집의 그런 부분들은 전문가에게 감정을 맡기면 됩니다." 페인이 말했다. "내가 볼 때 이 집은 전체적으로 우리 재단의 목적에 부합합니다. 집의 상태에 대해서는 우리들 보다 당신의 부인이 더 높은 안목을 갖고 있을 겁니다." 페인이 피지 쪽으로 시선을 돌렸다.

피지가 남편과 페인에게 고개를 끄덕여 보였다. "이 집의 상태는 아주 좋은 것 같아요. 그건 다락방과 지하실을 보면 금방 알 수 있죠. 그렇게 구석진 곳까지 잘 보존된 집은 다른 곳도 좋을 수밖에 없어요."

모리스 페인은 다시 덩컨 스링에게 말했다. "당신은 우리가 찾고 있는 것을 갖고 있는 것 같습니다. 이제 남은 문제는 당신이 베일리얼 크로프트와 작별을 하는 데 우리 재단이 얼마를 지불하면 되느냐입니다. 물론 나는 최종적인 결정을 내리기 전에 스피어맨 교수와 협의를 하고 다시 당신을 만날 것입니다."

"베일리얼 크로프트와 작–작별하는 것은 나에게 쉽지 않은 일입니다. 나는 이 집에 애착을 느낍니다. 하지만 작년에 아내가 죽은 후로 이 집에서 사는 것이 힘–힘들었습니다. 기–기억나는 것이 너무 많아서 말입니다. 자식들은 내가 칼–칼리지 근처의 어딘가에 편안한 곳을 찾아야 한다고 말합니다. 아직은 그런 곳을 찾지 못했습니다. 그래서 한동안은 이 곳에 더 살아야 합니다. 하지만 좋은 조건을 제시한다면 받아들일 생각입니다."

"전에 서신을 주고받을 때도 암시했듯이, 이 집에 큰 관심이 있는 사—사람은 또 있습니다. 비숍 칼리지의 학장인 니겔 하트 말입니다. 솔직하게 말한다면, 나는 이 집이 이 곳 출신인 사람에게 넘어가는 것이 더 낫다고 생각합니다. 그렇다고 절—절대로 영국인과 미국인을 차—차별하는 것은 아닙니다. 하지만 나는 하—하트를 오랫동안 알고 지냈습니다."

"하트는 곧 있으면 은—은퇴를 하는데 이 집이 자신에게 가장 맞는 집이라고 생각합니다. 물론 아직까지 가격에 대해서는 얘—얘기하지 않았습니다. 내 아이들은 집 값으로 1만8천 파운드를 받—받으면 적당하다고 얘기합니다. 내가 볼 때도 그런 것 같습니다. 같은 매딩글리 로드의 저—저 아래에 있는 집은 이 집만큼 상태가 좋지 않—않은데도 얼마 전에 1만6천 파운드에 팔—팔렸습니다."

"물론 나는 경제학자가 아닙니다. 하지만 그 가격이면 적당할까요?" 스링이 헨리 스피어맨을 쳐다보며 대답을 요구했다.

"앨프레드 마셜이라도 자기 집의 적당한 가격이 얼마인지는 알 수 없을 겁니다. 하지만 '올바른' 가격, 다시 말해 판매자와 구매자 모두 만족할 수 있는 가격이 얼마인지는 얘기할 수 있을 겁니다."

헨리 스피어맨은 잠시 말을 멈추었다. "이 거래를 가능케 하는 가격은 다양하게 나올 수 있습니다. 그리고 그 모든 것은 어느 정도 우리의 협상 기술에 달려 있습니다."

"나는 협−협상을 그렇게 잘하지는 못합니다. 하지만 내가 제시한 그 가격은 거의 확정적입니다. 나는 그 가격에서 그렇게 크게 양−양보할 생각이 없습니다." 스링이 말했다.

"하지만 당신은 그럴 수 있습니다." 스피어맨은 그렇게 말한 다음 스링을 보면서 미소를 지었다. 피지조차도 남편의 강한 확신에 놀라는 표정을 지었다.

"당신이 왜 그렇게 말하는지 나는 알 수가 없습니다. 하지만 내가 말한 그 가격은 정말로 확−확정적입니다." 스링이 말했다. "나는 1만8천 파운드에서 양보할 생−생각이 없습니다."

"하지만 내가 당신에게 1만9천 파운드를 지급하겠다고 말한다면, 그때도 당신은 그 가격을 고집하겠습니까?"

스링은 처음에 어리둥절한 표정을 짓다가 곧 입가에 부드러운 미소를 지었다. "아, 이제는 무슨 말인지 알겠습니다. 거기서 1천 파운드만 더 부르면 내 확고한 결−결심은 무너지겠지요."

"그렇다면 이제 당신은 우리가 처한 문제를 알 수 있을 겁니다." 스피어맨이 말했다. 아직도 그는 스링에게 환한 미소를 짓고 있었다. "가격을 높일 때 당신의 결심이 흔들릴 수 있다면, 가격을 낮출 때 당신의 결심이 흔들리지 않는다고 누가 보장할 수 있을까요?"

스피어맨은 이제 자리에서 일어나 갈 준비를 하면서 페인에게 말했다. "모리스, 우리가 가기 전에 어제 거의 죽을 뻔했던 얘기를 스링 씨에게 들려주는 게 어떻겠소?"

덩컨 스링이 모리스 페인을 보면서 말했다. "거의 죽을 뻔했다구요? 아, 말하지 않아도 알-알 것 같군요." 스링은 이제 즐거운 표정을 지었다. "영국에 오는 미국인들에게는 늘상 그런 일이 일어나죠. 그런데 당신도 그런 일을 당한 건 아니겠죠? 그런가요? 당신은 길을 건-건너기 위해 기다리고 있었죠. 그래서 당신은 왼쪽을 살폈죠. 그쪽에서는 자동차들이 오지 않았죠. 그래서 당신은 길을 건-건너도 좋다고 생각했죠. 이윽고 당신은 보-보도에서 내려섰죠. 그런데 갑자기 다른 쪽 방향에서 버스가 달려오며 당신을 치일 뻔했던 거죠!" 스링이 만족스런 표정으로 양손을 펼쳐 보였다. "내가 바로 맞췄나요?"

"유감스럽게도 맞추지 못했습니다." 헨리 스피어맨이 말했다. "모리스, 이제는 어떤 일을 당했는지 얘기하는 게 어떤가요?"

"어제 나는 너벅선을 타는 것이 그렇게 안전한 것은 아님을 알게 되었습니다."

"왜요?"

"캠 강에서 세인트 존스 칼리지의 모퉁이가 튀어나와 있는 곳을 아십니까? 어제 나는 너벅선과 사공을 빌려서 캠 강을 거슬러 올라갔죠. 그런데 바로 그 지점을 지날 때 위에서 떨어진 아령이 나를 죽일 뻔했습니다."

"아—아령이라구요!!!" 스링이 믿을 수 없다는 표정으로 물었다.

"그렇습니다. 무게가 25파운드나 되는 아령이었습니다. 물론 나는 처음에 그것이 배에 떨어졌을 때 도대체 어떻게 된 영문인지 알 수가 없었습니다. 나는 너벅선의 앞쪽에 앉아 뒤에서 장대를 젓는 사공을 보고 있었습니다. 바로 전에 나는 '탄식의 다리'를 보려고 기다리고 있었습니다. 물론 나는 위를 쳐다볼 생각은 하지 않았죠. 그냥 편안하게 앉아 있었는데, 갑자기 무언가가 쿵! 하고 떨어지는 것이었습니다. 정말이지, 십 년 감수했습니다. 그 아령은 내 앞의 너벅선 의자를 완전히 박살냈습니다. 다행히도 바닥은 망가지지 않아서 배가 가라앉지는 않았습니다. 아령이 조금만 더 무거웠다면 분명히 그렇게 되었을 것입니다. 사방에 조각난 판자들이 널려 있었습니다."

페인이 눈을 크게 뜨면서 계속해서 말했다. "나는 아령을 집어서 사공에게 주었습니다. 젊은 사공은 위에 있는 건물에서 떨어졌다는 것을 본능적으로 알았습니다. 그는 즉시 배를 건물에서 멀리 저어갔습니다. 나는 너무 놀라서 경황이 없었습니다. 사실 나는 처음에 우리가 폭격이라도 당한 줄 알았습니다. 그 무거운 아령이 5센티미터만 뒤로 떨어졌다면, 나는 오늘 여기에서 베일리얼 크로프트를 보고 있지 못했을 겁니다."

"큰일날 뻔했군요!" 스링이 소리쳤다. "정말로 끔찍한 일이었군요! 경찰에는 알렸나요?"

"예, 사공이 알렸습니다. 보험금을 타려면 알릴 수밖에 없다고 하더군요."

"그러면 대학 당국에는요? 그러니까 세-세인트 존스 칼리지 말입니다. 그 곳의 학부생들은 요즘에 너무나도 철이 없습니다. 내가 그 곳에 다닐 때만 해도 그런 일은 퇴학감이었습니다. 물론 우리도 장-장난을 치기는 했습니다. 그리고 강에서 가까운 곳의 기숙사에서 생활하던 학생들은 때로 물이나 베-베개 같은 것을 지나가는 사람들의 머-머리 위에 떨어뜨리곤 했습니다. 하지만 대개는 미리 경고의 신호를 보내면서 '여길 봐요!' 라고 외치곤 했습니다. 물론 그때는 이미 늦었지만, 어쨌든 사람들이 다치지는 않았습니다. 그냥 재미삼아 하는 장난에 불과했던 거죠."

"분명히 그것은 장난이 아닌 사고였습니다." 헨리 스피어맨은 말했다. "아무리 장난이 심한 학생이라도 누군가의 머리 근처에 아령을 떨어뜨리는 짓은 하지 않을 겁니다." 스피어맨의 목소리는 스링의 생각은 잘못된 것이라고 얘기하는 듯했다.

"하지만 그렇게밖에 생각할 수 없을까요?" 피지의 문제 제기에 모두가 그녀 쪽으로 얼굴을 돌렸다.

"그 밖에 또 어떻게 생각할 수 있단 말입니까?" 페인이 어리둥절한 표정으로 물었다.

피지는 그를 똑바로 쳐다보면서 즉시 대답을 하지 않았다.

아내가 무슨 생각을 하는지 알게 된 스피어맨은 작은 소리로 읊조렸다. "설마 그럴 리가."

"뭐가 설마란 말입니까?" 페인이 다그쳤다.

마침내 피지가 다소 굳은 표정으로 얘기했다. "누군가 당신을 의도적으로 공격한 것인지도 모르죠."

"누가 나를 공격한단 말입니까?" 페인은 껄껄 웃었다. 하지만 그것은 불안한 웃음이었다.

"어쩌면 당신의 베일리얼 크로프트 인수를 원치 않는 사람이 있는지도 모르죠."

험프티 덤프티 이론

"**존** 하버드는 케임브리지 출신이었죠. 그 분이 미국에 건너가서 세운 학교가 바로 하버드 대학교 입니다. 그래서 오늘 우리가 모실 연사분은 우리 학교와 관련되어 있습니다. 오늘 강의하실 분은 하버드 대학교의 교수일 뿐 아니라 경제학 분야에서 여러 상을 수상한 분이 기도 합니다."

"오늘 스피어맨 교수님이 강의하실 제목은 '공산주의 의 미래'입니다. 교수님의 강의를 경청하신 후에 기탄 없 이 토론에 임해주시기 바랍니다."

"오늘 이 자리에 스피어맨 교수님을 모신 것을 무한한

영광으로 생각합니다. 스피어맨 교수님은 우리 '경제학자 클럽'의 일반적인 진행 방식에 따르기로 동의하셨습니다. 따라서 30분 동안 강의를 하신 후 30분 동안 질문을 받을 것입니다."

그렇게 소개를 하고난 후에 '경제학자 클럽'의 학생 대표는 연단에서 물러나 자리에 앉았다.

지금 스피어맨이 있는 강의실은 케임브리지 대학교의 '다윈 극장'이었다. 이 대형 강의실에는 사람들이 꽉 차 있었다. 자리를 찾지 못한 학생들은 뒤쪽에 서 있거나 연 단까지 이어지는 좌우 양측의 복도에 그냥 앉아 있었다. 극장 뒤쪽의 벽에는 케임브리지 대학교의 오래된 서류들이 보관되어 있는 캐비닛들이 줄지어 있었다. 연무(煙霧) 같은 담배 연기가 타원형 천장의 채광창 안에 높이 걸려 있었다.

스피어맨은 연단에 서서 반원형의 좌석들을 올려다보 았다. 각각의 좌석 뒤에는 뒷줄에 앉은 학생들이 간이 책 상으로 사용할 수 있는 받침대가 붙어 있었다. 뒤쪽 벽에 줄지어 있는 캐비닛들 위로 보이는 것은 강의실에 흔히 걸려 있는 벽시계가 아니라 다윈의 얼굴이 새겨진 커다란 원형 조각이었다. 주로 학생들인 청중은 사회자가 헨리 스피어맨을 소개하자 잡담을 멈추고 그에게 시선을 집중

했다.

"오늘 강의의 주제인 '공산주의의 미래'는 결코 쉽지 않은 주제입니다." 마침내 헨리 스피어맨은 강의를 시작했다. "전에도 경제학자들은 미래가 어떻게 될 것인지 예측하려 했습니다. 윌리엄 제번스는 영국에서 석탄이 고갈되어 아주 비싼 에너지가 될 것이라고 말했습니다. 데이비드 리카도는 영국의 농민들이 노동 인구에서 점점 더 많은 비중을 차지하게 될 것이라고 예측했습니다. 애덤 스미스는 개인이 기업을 대신해 생산활동을 지배하게 될 것이라고 예측했습니다. 그러나 이 모든 예측은 빗나가고 말았습니다."

"제번스는 기술 변화로 인한 대체 에너지의 등장을 감안하지 못했습니다. 리카도는 과학과 공학이 농업에 활용될 것임을 알지 못했습니다. 또한 스미스는 금융시장과 합법적인 기관들이 대기업의 내부적인 통제를 가능케 한 것이라고 예상하지 못했습니다."

"이들은 모두 위대한 경제학자였지만, 이들의 그런 예측들은 모두 빗나갔습니다."

"나는 절대로 그들과 같은 반열에 있지 않습니다. 하지만 내가 하는 예측은 그들의 예측과 달리 현실로 나타날 것입니다."

"그렇다고 내가 그들보다 더 박식하기 때문은 아닙니다. 그것은 내가 그들보다 아는 것이 더 많기 때문은 아닙니다. 혹은 경제학이라는 사회과학이 그 동안 극적인 발전을 이루었기 때문도 아닙니다. 그 위대한 학자들의 실수는 절대로 그들의 잘못 때문이 아닙니다. 그들은 누구도 볼 수 없는 것을 보지 못했을 뿐입니다. 그것은 바로 모든 경제 시스템이 노출되어 있는, 무작위적으로 발생하는 외생적(exogeneus) 충격입니다."

"그러나 나의 예측은 그런 무작위적 사건들과 무관하게 일어나게 됩니다. 공산주의의 미래는 기술의 발전이나 퇴보로 인해 영향받지 않을 것입니다. 그것은 기후가 변화하거나 자연적인 재앙이 일어나도 같은 결과를 낳게 됩니다. 공산주의의 미래는 전쟁이나 평화, 혹은 지도자의 현명함이나 사악함에 의해서도 영향받지 않습니다. 중요한 것은 공산주의의 경제 시스템이 인간의 생산성을 높이고 그들의 욕구를 만족시켜 애덤 스미스가 말한 '상황의 개선'을 유도하느냐의 여부입니다. 그런데 공산주의는 절대로 그런 체제가 아닙니다. 따라서 공산주의의 미래는 암담할 수밖에 없습니다."

일단 그렇게 강의를 시작한 후에, 스피어맨은 한동안 말을 멈추고 청중을 둘러보았다. 예상했던 대로 청중은 스피어맨의 얘기에 긴장하는 표정들이었다. 그들은 마치 이렇게 말하는 것 같았다. "지금 제정신으로 하는 얘기요?"

스피어맨은 강의실의 그런 분위기 속에서 다시 얘기를 시작했다. 그는 케임브리지가 존 M. 케인스의 학문적 본거지였음을 알고 있었다. 오늘날 이 대학교는 아지트 찬다 바카르, 올리비아 헤일, 그리고 니겔 하트의 본거지였다. 이들 모두는 좌파 경제학자로서 정부의 통제와 간섭을 지지하는 사람들이었다. 그 중에서 일부는 카를 마르크스를 신봉하고 있었다. 그리고 나머지는 사회주의적이면서도 민주적인 복지국가를 선호했다.

당연히 이들은 케임브리지의 학생들에게 큰 영향을 끼치고 있었다. 젊은 사람들은 쉽게 영향을 받는다. 공산주의는 스스로 무너질 수밖에 없다는 스피어맨의 주장은 이들에게 받아들이기 어려운 것이었다. 하지만 스피어맨은 개의치 않고 강의를 계속했다. 그는 논쟁을 좋아했고 논쟁을 할 때 실력을 발휘했다.

"이제는 나에게 할당된 30분이 다된 것 같습니다. 따라서 결론을 내리도록 하겠습니다. 내가 한 얘기에 동의하지 않는 사람들도 많을 것입니다. 하지만 진실은 투표로써 입증되는 것이 아닙니다. 누가 옳고 그른지는 냉엄한 역사가 판단할 것입니다."

"오늘 나는 구체적인 예측을 하지 않았습니다. 공산주의가 정확하게 언제 무너질 것인지는 나도 모르기 때문입니다. 하지만 공산주의는 분명히 무너질 것이고, 여러분 중에서 일부는 내 의견에 동의하지 않을 것입니다. 그럼, 누가 먼저 돌을 던지시겠습니까?"

헨리 스피어맨은 연단 옆으로 비켜나 여유 있는 자세를 취했다. 그는 주최측에서 제공한 물컵을 손에 쥐었다. 그리고 한동안 컵을 꼭 쥔 채 물을 마신 후 여섯 번째 줄에서 손을 든 사람을 가리켰다. 그 사람은 니겔 하트였다.

"스피어맨 교수님, 미국은 공산주의가 무너질 것이라고 믿는 모양인데, 그렇다면 왜 당신들은 서유럽에 미사일과 수소폭탄을 배치하는 것입니까? 만일 소련과 미국이 전쟁을 해 그들이 승리한다면, 공산주의는 번창하고 자본주의는 몰락할 것입니다. 그렇게 되면 당신의 주장은 틀리지 않습니까?"

니겔 하트는 상당히 도발적으로 스피어맨에게 질문을 던졌다. 날카로운 질문을 듣자 사람들이 박수를 쳤다. 그 중에서 가장 큰 박수는 니겔 하트의 옆자리에 앉은 올리비아 헤일의 것이었다.

스피어맨은 고개를 힘차게 가로 저으면서 아이와 같은

미소를 지었다. "공산주의는 서구와의 전쟁에서 이길지라도 승리할 수 없습니다. 요컨대 공산주의는 자본주의가 존재하든 그렇지 않든 몰락할 수밖에 없습니다. 공산주의 사회는 그 곳의 인민들이 원하는 상품과 서비스를 제공하지 못합니다. 따라서 어떤 군사력도 그런 사회체제를 유지할 수 없습니다. 공산주의는 우리가 아는 인간 행동의 그 모든 동인(動因)을 무시하고 있습니다."

여기서 헨리 스피어맨은 잠시 말을 멈추었다. 하지만 질문을 받기 위해서가 아니었다. 그는 다시 얘기를 계속했다. "미국에서는 흔히 이런 말을 합니다. '망가지지 않았으면 고치지 말라.' 나는 거기에서 한 걸음 더 나아가 이렇게 말하고 싶습니다. '망가졌어도 때로는 고치지 말라.' 나는 이것을 '험프티 덤프티 이론(Humpty Dumpty Theorem, 험프티 덤프티는 미국에서 아이들이 재미삼아 부르는 노래, 이른바 〈너서리 리듬〉에 나오는 말로서, 담 위를 뒤뚱뒤뚱 걷다가 결국에는 떨어지고 마는 작고 뚱뚱한 가상의 인물을 가리킨다. 다음의 설명을 보면 좀더 분명하게 알 수 있을 것이다—옮긴이)'이라 부릅니다. 그럼, 이 말이 무슨 뜻인지 보기로 합시다."

"문제는 험프티 덤프티를 다시 짜 맞출 수 없다는 것이 아닙니다. 이는 전혀 문제가 되지 않습니다. 문제는 험프티 덤프티 그 자체의 기본 구조에 있습니다. 그는 애초에 그 담에 올라서지 말았어야 했습니다. 그는 그 곳에서 계속 기우뚱거리며 자신을 움직이는 중앙의 통제자(central planner)가 매번 과잉조정을 할 때마다 점점 더 균형(equilibrium)을 잃습니다. 그리고 마침내 벽에서 떨어져 박살이 나고 맙니다. 그 모든 왕의 말과 그 모든 왕의 부하, 혹은 기업이나 정부, 주요 재단조차 험프티 덤프티를 다시 짜 맞출 수도, 그를 다시 담에 올려놓을 수도 없습니다……."

이 부분에서 스피어맨은 잠시 얘기를 멈추고 청중에게서 등을 돌렸다. 그리고 높은 담 위에 큰 달걀을 올려놓는 시늉을 했다. 다시 청중에게 얼굴을 돌리며 그는 잠시 멈추었다.

이윽고 그는 작은 목소리로 단 한 단어를 말했다. "파삭!"

올리비아 헤일이 앉은 자리에서 일어났다. "스피어맨 교수님, 아이들의 노래와 연극 같은 것은 잠시 제쳐놓고, 이제는 경제학에 대해서 질문을 하고 싶습니다. 당신의 주장은 전적으로 자본주의가 공산주의보다 효율적이라고 가정합니다. 하지만 그것은 효율성을 이상하게 정의하는 것입니다. 효율성에 대한 보다 적절한 해석은 자원을 최대한 활용하고, 가장 낮은 비용으로 생산하고, 모든 소비자에게 두루두루 상품을 공급하는 것입니다. 하지만 우리가 즐기는 체제에서는⋯⋯." 올리비아는 '즐기는(enjoy)'이라는 단어에 힘을 주면서 냉소적으로 이렇게 덧붙였다. "우리가 그런 단어를 사용할 수 있다면 말입니다⋯⋯." 청중의 박수에 그녀는 잠시 말을 멈췄다가 얘기를 계속했다. "⋯자본과 노동 모두 최대한으로 활용하지 못하고, 고비용의 생산을 하며, 자본가들에게만 유리하도록 상품을 불균등하게 공급합니다. 자원이 희소한 이 세상에서 그런 낭비를 초래하는 체제는 생존의 가치가 거의 없습니다."

뒤쪽의 벽에 걸린 찰스 다윈의 얼굴 조각상을 가리키며 그녀는 다시 말했다. "우리는 여기서 찰스 다윈이 말한 적자 생존(survival of the fittest)을 상기하게 됩니다. 경제학은 효율자 생존(survival of the most efficient)을 가르치지 않습니까?"

헨리 스피어맨은 격렬하게 고개를 가로 저었다. "절대로 그렇지 않습니다. 나는 당신이 묘사하는 민간 시장경제(private market economy)를 받아들일 수 없습니다. 민간 시장경제는 소비자들이 가장 원하는 곳에 자원을 배분합니다. 그리고 소비자들은 모두 저마다 다릅니다. 당신이 낭비(waste)라고 보는 것을 나는 다양성의 비용(cost of variety)이라고 부릅니다. 소비자들의 취향은 저마다 다르기(differ) 때문에, 그들의 욕구를 충족시키기 위해 저마다 다른(differentiated) 상품이 생산되는 것입니다."

올리비아 헤일은 여전히 서서 스피어맨의 얘기를 듣고 있었다. "정말로 좋은 말씀이군요. 자본주의 체제에서 부자들은 재규어를 몰고 가난한 사람들은 자전거를 탑니다. 그리고 이 모든 것은 그들의 취향이 다르기 때문입니다."

"그것은 취향이 다르거나 소득이 다르거나 둘 모두 다르기 때문입니다." 스피어맨은 말했다. "내가 강조하고 싶은 것은, 시장경제에서 소득은 정적이지 않습니다. 수익도 발생하고 손실도 발생합니다. 우리 모두 부자가 가난해지고 가난한 사람들이 부자가 되는 예를 알고 있습니다."

올리비아 헤일은 청중에게 팔을 펼쳐 보이면서 스피어맨보다는 그들에게 얘기했다. "아, 그렇군요. 스피어맨 교수님이 칭찬하는 자본주의의 그 숭고한 평등은 내가 어렸을 때 배운 시구에 잘 묘사되어 있습니다. '비는 옳은 자들과 옳지 못한 자들에게 똑같이 떨어진다. 하지만 대개는 옳은 자들에게 떨어진다. 옳지 못한 자들은 옳은 자들의 우산을 갖고 있기 때문이다.'" 올리비아 헤일이 만족스런 표정을 짓는 가운데 학생들은 크게 웃으며 그녀에게 화답했다.

힘을 얻은 헤일은 스피어맨에게 다시 질문을 던졌다. "당신은 중국에 대해서 어떤 의견을 갖고 있습니까?"

"그 질문에 대한 답은 뉴욕에 관한 질문에 대한 답과 같습니다. 그 곳은 방문하기에는 멋진 곳이지만, 나는 그 곳에서 살고 싶은 생각이 없습니다."

"내가 듣고 싶은 대답은 그런 것이 아닙니다." 헤일이 말했다. "나는 좀더 진지한 대답을 듣고 싶습니다. 무슨 말인가 하면, 중국 여자들은 가게에 용기를 가지고 가 큰 통에서 콜드 크림을 받아 담습니다. 콜드 크림의 종류는 한 가지뿐이며, 부자이든 가난하든 똑같은 콜드 크림을 비교적 낮은 가격에 얻을 수 있습니다. 광고도 없고, 브랜드도 없고, 눈을 현혹시키는 포장도 없습니다. 이런 것들은 모두 비용을 증가시켜 부자들만 살 수 있는 가격을 초래합니다. 그래서 결국에는 부자들만 화장품을 바를 수 있습니다."

"이와 똑같은 얘기를 기본적인 의복과 기본적인 식료품에도 적용시킬 수 있습니다. 계획경제는 규모의 경제(economy of scale)를 활용합니다. 그래서 기본적인 상품과 서비스를 싸게 만들 뿐만 아니라 그것을 모두에게 공급합니다. 미래는 그런 체제가 되어야 하는 것입니다. 그렇지 않습니까?"

"전혀 그렇지 않습니다. 나는 당신의 주장에 동의할 수 없습니다. 물론 콜드 크림의 브랜드가 하나뿐이고 다른 대안이 없다면, 사람들은 얻을 수 있는 것을 원할 것입니다. 하지만 이것은 그들이 원하는 것을 얻는 것과 전혀 다릅니다. 당신과 내가 가장 근본적으로 다른 것은 소비자 욕구의 만족에 관한 부분입니다."

올리비아 헤일이 그 말에 반박하려 할 때, 스피어맨은 그녀에게서 시선을 돌리며 이렇게 얘기했다. "오른쪽에 계신 저 신사분의 질문을 받겠습니다." 그 젊은 남자는 델모어 바인이었다.

바인은 앉은 자세로 질문을 했지만, 그의 말은 모두가 들을 수 있었다. "제가 이해하지 못하는 부분이 있습니다. 내가 본 통계에 따르면, 소련의 국민 생산은 조만간에 미국의 국민 생산을 능가할 것이라고 합니다. 내 질문은 이것입니다. 즉, 이와 같은 통계는 오늘 당신이 제시한 분석과 어떻게 관련됩니까?"

스피어맨은 바인을 보면서 무겁게 고개를 끄덕였다. "당신이 하는 말은 전적으로 맞습니다. 나는 당신이 본 통계에 전혀 이의가 없습니다. 하지만 나는 두 종류의 통계가 있음을 지적하고 싶습니다. 하나는 실제 조사한 것이고 하나는 조작한 것입니다. 소련 경제의 통계와 관련해 조작된 것은 의미가 없습니다. 당신이 본 통계는 무의미한 것입니다."

"두 가지 예를 들어 보겠습니다. 공산주의에서 생산자의 성공은 자본주의와 달리 수익(profit)으로 측정되지 않습니다. 그리고 소비자의 만족도 기준이 아닙니다. 이런 기준들은 부르주아적이고 자본주의적인 기준이기 때문에 받아들여지지 않습니다. 대신 그 곳의 성공 기준은 아주 다릅니다. 이런 목표들은 중앙의 계획자들이 설정합니다. 때로는 그것이 무게이고, 때로는 그것이 제품의 수입니다. 성공의 기준이 제품의 무게라면, 생산자들은 당연히 아주 무거운 제품을 만들 것입니다. 그것이 제품의 수라면, 이번에는 아주 작거나 얇은 물건을 만들 것입니다. 그 결과 샹들리에는 천장에서 떨어지고 지붕 금속재는 바람에 날아갑니다. 그리고 못들은 압정만큼이나 크게 만들어집니다. 혹은 하나의 거대한 못이 만들어질 수도 있습니다. 그 밖에도 이런 예들은 많이 있습니다. 하지만 내가 지적하고 싶은 것은 다음과 같은 계획경제의 문제입니다. 즉, 계획경제하에서는 단순하게 GNP만 보아서는 삶이 더 나아지고 있는지 나빠지고 있는지 알 수가 없습니다."

헨리 스피어맨이 대답을 마치자, 학생 대표가 자리에

서 일어나 연단 위로 몸을 굽히며 말했다. "질문을 하나만 더 받기로 하겠습니다. 이제는 시간이 거의 다 되었습니다. 저 뒤에 계신 아널드 메츠거 씨에게 발언권을 드리겠습니다."

에마뉴엘 칼리지의 법학과 교수인 아널드 메츠거가 손으로 머리카락을 쓸어 넘기며 자리에서 일어났다. 그는 불안하게 손가락으로 머리카락을 만지작거렸다. "스피어맨 교수님, 저는 경제학자가 아닙니다. 하지만 당신의 논리는 설득력이 있는 것 같습니다. 그러나 내가 혼란을 느끼는 부분이 있습니다. 당신의 주장이 맞다고 가정할 때, 왜 대부분의 지식인들은 공산주의에 동정을 느끼는 것입니까? 적어도 영국에서는 당신과 견해가 같은 사람은 괴짜 취급을 받습니다."

"글쎄요, 그렇다면 영국에서 태어나지 않기를 잘했군요." 스피어맨은 읊조렸다.

그 말에 사람들이 웃음을 터뜨렸다. 스피어맨은 처음부터 비판적인 청중 앞에 설 것임을 알고 있었다. 그리고 오래전에 그는 유머가 적개심을 완화시키는 데 가장 좋은 수단임을 배웠다. 하지만 유머에는 위험도 뒤따랐다. 사람들이 웃지 않으면 분위기는 더 어색해진다. 대개 그의 도박은 성공을 거두었다. 강당 안의 청중들은 스피어맨의 농담에 웃음을 터뜨렸다.

이윽고 스피어맨은 진지한 표정으로 아널드 메츠거를 바라보았다. "지식인들에 대한 당신의 지적에 이상한 것은 전혀 없습니다. 인간에게 가장 분명한 것이 하나 있다면, 그것은 남들의 이익보다 자신의 이익을 우선시한다는 것입니다. 그리고 지식인들도 다른 사람들과 다르지 않습니다. 중앙에서 경제를 계획하는 사회에서는 누군가가 계획을 해야만 합니다. 지식인들은 자신들이 계획을 해야 한다고 생각합니다. 그들은 자본주의 경제에서 성공한 사업가들에게 주어지는 권위와 위상을 차지하게 됩니다. 예를 들어, 소련에서는 경제학 교수로서 중앙의 계획자가 되면 최고급 아파트, 시골의 별장, 그리고 운전사가 딸린 리무진을 얻게 됩니다. 고위 관리들은 특별 상점에 갈 수도 있고, 그러면 온갖 호사스런 수입품들을 사용할 수 있습니다. 이를테면 레블론 화장품 같은 것입니다. 그리고 중앙의 계획자들은 이런 수입품들을 너무나도 좋아합니다."

그 말을 마치고 헨리 스피어맨은 올리비아 헤일 쪽을 바라보았다. 두 사람의 눈이 강렬하게 마주쳤다. "이른바 소련의 특권계층이 가게에 빈 용기를 가지고 가 다른 사람들처럼 큰 통에서 콜드 크림을 받아 담는다고 믿는 사람이 있습니까? 헤일 박사님, 그들은 절대로 그렇게 하지 않습니다."

케임브리지의 좌우 이념

"모두 좌석 벨트를 매주세요. 오늘 밤은 길이 험할 것 같군요!" 자레드 맥도널드가 올리비아와 챈들러 헤일의 집으로 향하는 길에 앞장섰다. 그의 뒤를 스피어맨 부부가 따라갔다. 키가 크고 호리호리한 맥도널드는 천천히 성큼성큼 걸어갔다. 거기에 비하면 스피어맨 부부의 걸음은 종종걸음 같았다.

그 집의 문 앞에 도착하기 전 자레드 맥도널드는 뒤를 돌아보면서 〈이브의 모든 것〉에 나오는 베트 데이비스를 과장해 흉내냈다. 그가 흉내낸 베트 데이비스의 행동은 경박했지만 경고의 뜻도 담고 있었다. 그는 오후의 강의에 참석해 올리비아 헤일과 헨리 스피어맨 사이의 불꽃 튀는 논쟁을 보았다. 자레드는 헤일의 집에서 있을 '강의 후의 밤'에서 또다른 격론을 예상했다.

"헨리, 오늘 저녁에는 당신이 호수의 유일한 미끼는 아닐 거요." 자레드가 말했다. "나는 이런 일을 수도 없이 보았소. 내 동료들은 닥치는 대로 먹어치우는 습성이 있소. 그들은 또 서로를 잡아먹기도 하죠."

"그래도 우리는 놀라지 않을 거예요." 피지 스피어맨이 말했다. "나는 학문의 세계는 으레 그런 것이라고 믿게 되었죠."

"자레드, 걱정하지 말아요. 처음에는 상어 같던 학자들도 대개는 피라미가 되고 말죠." 헨리 스피어맨이 덧붙였다.

"그럴 수도 있겠죠. 하지만 조심하세요. 헤일의 거실에서 배회하는 백상어의 이빨에 물릴 수도 있으니까." 자레드가 말했다.

세 사람은 타고 온 맥도널드의 차를 주차시킨 곳에서 상당한 거리를 걸어왔다. 대학교 근처에 주차시키는 일은 늘 힘든 과정이었다. 먼 거리를 걷게 해서 미안하다고 스피어맨 부부에게 사과하며, 자레드는 바로 그들 앞에 주차되어 있는 니켈 하트의 자동차를 가리켰다. 그것은 학장이

라는 높은 지위에도 불구하고 니겔 하트 역시 그들과 다를
바 없다는 뜻이었다. 니겔 하트 역시 그들처럼 먼 길을 걸
을 수밖에 없었다.

자레드, 피지, 그리고 헨리가 방문하려는 그 2층짜리
벽돌집은 외관이 탄탄해 보였다. 망사르드 지붕 위의 세
창문이 삐죽이 나와 있었다. 문들과 창문틀은 달걀 껍질처
럼 하얀 색이었다. 지붕 꼭대기에는 말 모양의 풍향계가
달려 있었다. 조약돌이 깔린 원형의 진입로는 집으로 들어
가는 보도의 역할도 겸했다.

세 사람 중에서 어느 누가 문을 두드리기도 전에 챈들
러 헤일이 현관문을 열고 그들을 맞았다. "어서 오세요!"
자레드 맥도널드가 피지 스피어맨을 소개한 후에, 헤일은
짧은 복도를 따라 세 사람을 거실로 안내했다. 그 곳에는
이미 다른 사람들이 와 있었다.

"무엇을 드시겠습니까?" 헤일이 먼저 피지 스피어맨에
게 물었다. 피지는 포도주 한 잔을 달라고 얘기했다. 자레
드와 헨리는 진토닉을 마시겠다고 말했다. "곧 대령하겠습
니다. 그 동안에 자레드, 당신은 스피어맨 부부를 여기 계
신 분들에게 소개시켜드리는 친절을 베풀어주시겠소? 오
후 강의 때 거의 모두가 스피어맨 교수의 얘기를 들었지
만, 모두가 스피어맨 부부와 인사를 나누지는 않았으니 말

이오."

주위를 돌며 인사를 나눌 때, 피지는 친숙한 얼굴을 보았다고 생각했다. 그 친숙한 얼굴도 거의 동시에 그녀를 보았으며, 두 사람은 서로에게 다가갔다.

"세상은 좁다고 하더니, 정말로 좁은 세상이군요." 아디스 혼이 그렇게 소리치면서 뒤에 있는 동행자의 관심을 촉구했다. "그레이엄, 여기 누가 있는지 한번 봐요. 벤담의 유해를 보았던 그 미국인 부부를 기억해요?" 그레이엄 칼턴은 나누던 대화에서 빠져 나와 피지 스피어맨과 자신의 동행자에게 합류했다.

"여기서 다시 보다니 정말로 반갑군요." 그가 말했다. "모두가 얘기하는 그 연사분이 당신의 남편인가요? 며칠 전에 런던에서는 두 분의 성함을 정확하게 듣지 못했어요."

"저희는 스피어맨 부부랍니다. 나도 사람들의 이름은 잘 기억하지 못해요." 피지가 말했다. "두 분은 무슨 일로 이 곳에 오셨나요? 여기 케임브리지에서 강의를 하시나요?"

"아닙니다. 우리는 런던에 살아요." 아디스 혼이 대답했다. "그레이엄은 그 곳에서 연극을 연출하고, 나는 마실 베인 출판사에서 올리비아 헤일의 책을 담당해요. 그 분과 나는 친구가 되었고, 올리비아는 종종 이런 모임에 나를 초대해요. 당신은 남편과 함께 강연 여행을 하고 있나 보군요."

"꼭 그런 것은 아니에요." 피지가 말했다. "적어도 그것이 주된 목적은 아니에요. 우리는 여기 케임브리지에서 부동산과 관련된 사업에 관여하게 되었어요. 저희 남편은 시카고에 있는 페인재단에 자문을 해주고 있어요."

"페인이라구요? 시카고에 있는? 모리스 페인요?" 칼턴이 물었다. "전에 그 사람과 사업적인 거래를 한 적이 있을 겁니다."

"어머, 여기 그레고리 셰퍼드가 와 있네." 아디스가 말했다. "내가 케임브리지에 오는 걸 좋아하는 또 하나의 이유죠. 오늘 저녁에 당신과 당신의 남편이 셰퍼드 씨와 만나보기를 바라요. 그리고 케임브리지에 있는 셰퍼드 씨의 책방을 방문하면 좋을 거예요. 그 가게에는 역사와 사회과학 분야의 좋은 책들이 많아요." 아디스 혼이 거실의 먼 쪽을 똑바로 가리켰다. "저기 소파 뒤에 약간 통통한 사람이 보이죠? 저 분이 바로 셰퍼드 씨에요."

피지는 조심스럽게 곁눈질로 거실의 건너편을 바라보았다. 목이 굵고 가슴이 불거진 이중 턱의 사나이가 보였다. 피지는 그 사람이 셰퍼드라고 생각했다.

"그런데 저기 저 특이한 복장의 신사 분은 누구신가요? 네루 상의를 입고 있는 저 분 말입니다." 피지가 물었다.

"제가 잘 아는 분은 아니에요. 우리 출판사와 관련되어 있지 않으니까요. 저 분의 저술은 대개 책이 아닌 논문이죠. 하지만 케임브리지 대학의 주류 경제학자 중의 한 사람이죠. 이름이… 뭐라더라? 인도식 이름인데, 잘 생각이 나질 않는군요."

바로 그때 피지는 자레드 맥도널드가 남편을 문제의 그 사람에게 소개하는 것을 보았다. 피지는 실례한다고 말하고 남편이 있는 쪽으로 걸어갔다.

"아, 피지, 여기 계신 찬다바카르 박사님과 인사를 나누지." 헨리 스피어맨은 그 인도인 신사가 서 있는 쪽으로 손을 뻗었다.

"사람들은 나를 아지트라고 부르죠. 하지만 원하신다면 찬다바카르 박사라고 불러도 좋습니다." 그가 싱긋 웃으며 피지에게 말했다.

"긴 이름보다는 짧은 이름이 더 낫죠." 피지가 말했다.

"아지트와 나는 2년 전에 로테르담에서 같은 패널에 있었지." 헨리 스피어맨이 말했다. "아지트, 그 학술 모임을 기억합니까? 당신은 당신의 논문을 이해하지 못하는 일부 토론자들에게 정말로 친절함을 보였습니다."

"헨리, 당신은 분명히 내 논문을 이해했습니다. 하지만 그렇다고 논문의 내용에 동의하지는 않았습니다."

"논문의 내용을 이해하는 것과 그것에 동의하는 것은 별개의 문제입니다. 하지만 동의를 하든 그렇지 않든 먼저 논문의 내용을 이해해야 합니다. 그런데 당시 일부 토론자들은 논문의 내용조차 이해하지 못했습니다."

"그것은 오늘 오후에 하신 강의 내용보다 훨씬 더 듣기 좋은 말이군요." 올리비아 헤일이 헨리 스피어맨의 얘기를 듣고 그렇게 말하며 두 사람에게 다가왔다.

그녀를 보면서 스피어맨이 환하게 웃으며 말했다. "생각해보건대 칭찬의 말은 아닌 것 같군요."

"그래요. 당신을 칭찬하는 말은 아니었어요."

올리비아 헤일은 자신이 주관하는 사교적 모임에 멋진 복장으로 나타나야 한다고 믿는 그런 사람이 아니었다. 가령 오늘 저녁에 그녀가 입고 있는 옷은 별로 신경 쓰지 않은 듯한 블라우스와 평범한 바지, 그리고 샌들이었다. 숱이 적은 그녀의 회색 머리는 뒤로 묶여져 있었고, 그런 모습 때문에 마치 할머니처럼 보였다. 하지만 어수룩한 차림새와 달리 올리비아 헤일의 입담은 유명했다. 그녀의 신랄한 비판은 저명한 학자들조차 쩔쩔매게 만들었고 여성 학자를 무시하는 사람들에게 다른 생각을 갖게 했다.

"오늘 당신은 자본주의의 덕목에 대해서 너무나도 새롭고 순진한 방식으로 설교했습니다. 그것으로 보건대 당신은 자본주의의 논리적인 불가성을 입증하는 내 글을 읽지 않은 것이 분명합니다. 나는 자본주의가 현실적으로 불가능함을 입증했습니다. 하지만 당신의 부족한 교양을 탓하고 싶지는 않습니다. 어쨌거나 미국의 지적인 풍토는 너무나도 일방적이니 말입니다."

스피어맨이 반박을 하기도 전에 그녀가 다시 말을 이었다. "무모할 정도로 자본주의를 옹호하는 당신을 지켜보면서 나는 너무나도 지루했습니다. 정말이지, 오늘 오후에는 참을 수 없는 기분으로 당신의 강의를 들었습니다. 이제는 당신이 제대로 아는 것에 대해서 얘기하고 싶습니다. 당신은 최후의 승자가 자본주의인지 사회주의인지를 결정하는 데 가장 중요한 요인을 얘기한 적이 없습니다."

스피어맨은 여전히 미소를 짓고 있었다. "어떤 얘기를 하고 싶은 거죠?" 그가 물었다.

"물론 이자율 얘기죠."

여기서 올리비아 헤일은 케임브리지에서 너무나도 논쟁적인, 그래서 이 곳의 거의 모든 경제학자들을 두 그룹으로 나누는 주제로 옮겨갔다. 한 그룹은 올리비아 헤일, 니겔 하트, 그리고 아지트 찬다바카르 같은 사람들의 그룹으로 존 M. 케인스의 후계자들이었다. 그리고 이들은 이 자율이 통화 현상이라고 주장했다. 다른 그룹은 더 작고 케임브리지에서 비주류를 형성하는 그룹으로서, 이들은 아직도 앨프레드 마셜과 A. C. 피구의 가르침을 따르고 있었다. 고전 경제학의 대가인 두 사람은 이자율이 '실제적인' 현상이라고 주장했다. 그리고 자레드 맥도널드는 이 그룹에 속했다.

두 그룹 사이의 논쟁은 너무도 격렬하고 적대적이어서, 그것으로 야기된 양측의 대립은 케임브리지의 학문적 분위기에 악영향을 끼쳤다. 수십 년 동안 유지된 우정이 논쟁 때문에 박살나곤 했다. 학계 내의 정치 전략과 전술을 개발하고 자기 쪽에 유리한 지식인들을 끌어들이려는 시도에 많은 시간이 소비되었다.

그렇다면 한때 그렇게도 목가적이고 평화롭던 학문적 분위기에 그렇게도 적대적인 관계를 야기시킨 문제는 과연 무엇인가?

어찌 보면 우스운 얘기로 들릴 수도 있지만, 그것은 바로 우리가 돈에 지불하는 가격, 즉 이자율이 통화 공급량을 결정하는 중앙은행의 정책과 사람들이 보유하고자 하는 현금의 양에 의해서 결정되느냐의 여부였다. 이는 이른바 이자율의 통화이론으로서 케인스의 입장이었다.

하지만 한때 케임브리지에서 케인스를 가르쳤던 앨프레드 마셜은 이자율이 실제적인 현상이라고 주장했다. 그가 볼 때 이자율은 사람들이 저축해서 대출이 가능하게 된 소득의 부분과 다른 사람들이 원하는 차입의 양에 의해서 결정되는 것이었다(즉, 이는 수요와 공급의 법칙에 따른다—옮긴이). 이것이 '실제적인' 이론이라고 불리는 이유는 저축은 절약의 결과이며 절약에는 실제적인 비용이 따르기 때문이다. 다시 말해 오늘 상품을 소비하는 즐거움을 포기하고 나중에 이자를 얻는 즐거움을 누리기 위해 기다리는 것이다. 그리고 또 한 가지 이유는 차입자들, 특히 사업상의 차입자들은 그렇게 빌려서 사는 기계의 실제 생산성이 차입 비용을 제하고도 남을 만큼의 이자만을 지불하기 때문이다(이 역시 비용과 효용의 관점에 따른 것이다—옮긴이).

하지만 그와 같은 논쟁에는 또다른 요소도 있었다. 즉, 이념(ideology)이었다. 케인스의 제자들은 자신들의 사부가 죽고난 후에 극도의 좌파적인 성향을 띠었다. 그들은 이자율 이론에 대해서는 여전히 케인스의 입장을 따르면서 그의 추종자로 남았지만, 사회적인 병폐를 해결하는 도구로는 마르크스주의를 받아들였다. 케인스의 주장대로 이자율이 인위적인 것이라면, 마르크스주의자들이 볼 때 금리(배당) 생활자인 투자가, 은행가, 그리고 자본가들은 사라져야만 하는 계급이었다. 이와 같은 견해를 갖고 있는 사람들은 흔히 마르크스 · 케인스주의자(Marxo-Keyne-sians)라고 불렸다.

"그렇기 때문에 스피어맨 교수님, 이자율에 대한 이해는 우리의 토론을 결정짓는 데 아주 중요한 것입니다. 그런데 당신은 오후의 강연에서 그 점을 간과했습니다. 이자율이 영(0)에 접근하면 금융가나 은행가도 일을 해야만 먹고살 수가 있습니다."

올리비아 헤일이 곁눈질로 헨리 스피어맨을 바라보았다. 그녀는 어깨 너머로 작은 체구의 경제학자에게 말하며 결론을 내렸다. "그래요. 자본주의는 살아 남을 수도 있죠……. 하지만 그것이 자본주의일까요? 자본가들이 없는 자본주의 말입니다!"

"내가 할 얘기를 정확하게 하는군." 델모어 바인이 말했다. "올리비아 헤일이 칼을 갈고 있었어." 비숍 칼리지의 이 정교수는 헤일과 스피어맨의 대화를 엿듣고 있었다. 그리고 그녀의 공격에 기분이 좋았다. "마침내 올리비아가 스피어맨을 박살내는구나."

바인은 실내 바 근처에 옹기종기 모여 있던 네 사람의 손님들에게 얘기하고 있었다. 하지만 그의 얘기는 사람들에게 대화거리를 제공하지 못했다. 그래서 사람들은 관심을 보이지 않았고, 그는 곧 또다른 그룹을 찾아 자리를 이동했다. 델모어 바인은 모두가 자신의 얘기에 매료되는 것처럼 행동했다. 바로 이와 같은 허풍이 니겔 하트의 관심을 끌었고, 그는 이 젊은 정교수를 자신의 파벌에 끌어들이려고 애썼다.

사람들이 서로 어울리는 가운데, 스피어맨은 오늘 저녁 니겔 하트와 챈들러 헤일이 거의 얘기하지 않음을 알아차렸다. 그들은 같은 대화 그룹에 속하지 않으려고 세심하게 주위를 기울이기까지 했다. 하지만 그렇게 하기 위해 두 사람은 종종 눈길을 교환해야만 했다.

케임브리지 대학의 경제학 공동체의 구성원들은 챈들러 헤일이 올리비아 헤일과 니겔 하트의 오랜 관계를 참고 있음을 알고 있었다. 요즘 학계에서도 삼각관계는 그렇게 드문 일이 아니지만, 그 삼각관계에 있는 한 사람이 다른 사람을 자기 집에서도 용인하기란 쉽지 않았다.

챈들러 헤일은 케임브리지에서 자신이 행사하는 대부분의 임용 및 승진 권한을 아내에게 넘겨주었다. 대신에 그는 계속해서 연구에 몰두하고, 수시로 찬다바카르와 논문을 발표하고, 지저스 칼리지의 학생들을 지도하고, 매년 두 차례씩 통화와 이자에 관한 강의를 했다.

챈들러 헤일의 교수법은 독특했다. 헤일은 지난번 강

의의 내용을 검토하는 데 20분 정도를 할애했다. 그런 후에야 그는 그 날의 강의를 시작했다. 하지만 얼마 지나지 않아 헤일은 시간이 그렇게 많이 흐른 것을 알고 놀라곤 했다. 그래서 그는 남은 15분 정도를 다음번에 강의할 내용을 설명하는 데 보내곤 했다. 그 결과 헤일은 자신의 쉽지 않은 강의를 10분 만에 해치웠고, 그의 강의에 참석하는 학생들은 적었으며, 그의 강의실 밖에 주차된 자전거의 숫자도 손가락으로 꼽을 정도였다.

그 날 저녁 헨리는 시간이 지난 후 피지가 니겔 하트와 얘기하는 것을 보았다. 스피어맨은 하트의 연구 결과를 잘 알지 못했지만, 적어도 오늘 저녁의 파티에서는 그의 주장은 올리비아의 주장만큼 공격적이지 않았다. 하트는 스피어맨 부부에게 젊었을 때 하버드에서 1년 동안 연구원으로 일한 적이 있으며, 그래서 그때 알았던 교수들과 학생들이 무척 보고 싶다고 얘기했다.

"특히 켄 갤브레이스의 소식이 궁금하군요." 그는 스피어맨에게 물었다. "나는 그를 잘 아는 것처럼 '켄'이라고 부릅니다. 하지만 실제로는 그렇지가 못합니다. 하지만 갤브레이스 교수는 전에 나에게 켄이라고 부르도록 했습니다. 그 분은 하버드에서 가장 유명한 교수임에 분명합니다. 어떤 사람들은 그런 얘기에 화를 내겠지만 말입니다."

"나는 켄을 교수 모임과 그가 매년 6월 졸업 때마다 여는 파티에서만 볼 수 있습니다. 그래서 아쉽게도 최근의 근황을 알려드릴 수가 없습니다. 그렇지만 그 분의 명성에는 이의가 없습니다. 나는 마침내 『풍요로운 사회(The Affluent Society)』를 읽었습니다. 그 책에 대해 묻는 학생들이 너무 많아서 말입니다."

스피어맨은 화제를 바꿔 하트에게 요즘에는 어떤 일을 하고 있는지 물었다. 하지만 하트는 경제학 연구에 대해서는 말하고 싶지 않은 것 같았다. 스피어맨은 하트도 올리비아 헤일처럼 케임브리지에서 마르크스 · 케인스주의의 개념을 발전시키려고 애쓰는 이론가임을 알고 있었다. 하트는 누구보다 이 대학교의 마셜-피구 전통이 빨리 사라지기를 원하는 사람이었다.

니겔 하트는 올리비아 헤일처럼 자본주의가 불가능한 것임을 보여주는 데 헌신하고 있었다. 그들이 보기에 자본주의는 이미 현실 속에서도 불가능한 것임이 드러났고, 그들은 이론적으로도 그것을 입증하려 애쓰고 있었다. 하트는 이런 목적을 달성하기 위해 좌파적 거시경제학 이론을 널리 퍼뜨리는 전략과 전술을 찾아내려 기를 썼다. 학문의 세계에서 사상의 전파는 부분적으로 투입된 노동의 양과 비례한다고 하트는 생각했다. 그래서 그는 케임브리지의 주요 요직에 '자기 사람들'을 심고 싶어했다.

"델모어." 그 목소리는 거실 건너편의 올리비아의 것이었다. 그 곳에서 그녀는 아지트 찬다바카르와 함께 흰색 소파에 앉아 있었다. "이쪽으로 와서 아지트에게 당신이 스피어맨 교수의 강의에 대해 전에 했던 얘기를 들려줘요."

젊은 델모어 바인이 막 얘기를 시작했을 때, 자레드 맥도널드가 올리비아 헤일에게 다가가 질문을 던졌다. "올리비아, 파티가 언제 끝날지 얘기해줄 수 있습니까? 무례하게도 스피어맨 부부를 일찍 데려가고 싶은 생각은 없지만, 두 사람을 집에 데려가 가벼운 저녁을 먹게 해야 할 책임이 내게 있어서 말입니다."

"오, 자레드, 파티가 언제 끝날지는 나도 잘 몰라요." 올리비아가 소파에서 일어나며 말했다. "때로 이런 행사는 스스로 생명력을 얻죠. 하지만 당신이 미국인 손님들과 가야만 한다면, 챈들러와 나는 충분히 이해할 수 있어요. 그리고 스피어맨 부부를 모시고 온 것에 정말로 감사드려요." 올리비아 헤일은 맥도널드에게 애써 예의를 차렸다.

하지만 자레드 맥도널드는 감명받지 않았다. 그는 헤일, 하트, 그리고 찬다바카르의 3인조가 케임브리지의 인사권을 주무르는 동안에는 자신의 정교수 임용이 무망함을 잘 알고 있었다.

마르크스·케인스주의의 학문적 영향은 케임브리지의 분위기를 크게 바꾸어놓았다. 설사 마셜과 피구가 살아서 다시 돌아온다 해도 이 곳의 좌파적인 분위기에서 정교수가 되기는 힘들 것이었다.

그렇다고 신고전주의 경제학의 추종자들이 없는 것은 아니었다. 그런 학자들도 몇 명 있었다. 그리고 맥도널드를 포함한 일부는 이름을 날리고 있었다. 하지만 '힘의 균형'이라는 표현은 이 곳 케임브리지에 적용되지 않았다. 올리비아 헤일, 니겔 하트, 그리고 아지트 찬다바카르를 비롯한 좌파 학자들이 한데 뭉쳐 영향력을 발휘하는 동안에는 마르크스·케인스 학파가 케임브리지의 승진과 임용을 좌우할 것이었다.

그들이 다시 자동차를 세워둔 쪽으로 걸어가고 있을 때, 자레드 맥도널드가 헨리 스피어맨에게 물었다. "케임브리지 경제학과의 상황을 어떻게 보십니까?"

헨리 스피어맨은 잠시 침묵을 지키다가 무겁게 입을 열었다. "내가 볼 때는 다소 이상한 것 같습니다."

페인의 실망

모리스 페인은 경쾌한 걸음으로 블루보어 호텔의 입구에 들어섰다. 그가 객실로 올라가는 좁은 계단 쪽으로 걸어가고 있을 때, 접수계 직원이 그의 이름을 불렀다. "저기요, 페인 씨. 당신 앞으로 온 메모가 있는데요."

그 메모는 불과 5분 전에 봉투에 담겨 인편으로 도착한 것이다. 봉투 겉면에는 이렇게 적혀 있었다. "매딩글리로드 6번지, 베일리얼 크로프트." 페인은 그 글씨가 덩컨 스링의 것임을 알 수 있었다. 그는 왠지 걱정스런 마음이 들었다.

페인은 어제 스링의 집에서 나올 때 스피어맨을 포함

한 세 사람이 다시 만나 얘기할 것임을 암시했다. 그는 베일리얼 크로프트를 사고자 하는 또다른 사람이 있음을 이해했다. 바로 니겔 하트였다. 하지만 그는 낙관적으로 생각했다. 그래서 페인은 거래의 성사를 예상하며 필요한 서류를 준비해놓았다. 그는 스피어맨과 함께 내일 다시 스링을 만날 생각이었다.

그런데 왜 스링이 전갈을 보낸 것일까? 어쩌면 그 집이 자신의 것이 되었다는 좋은 소식을 전해주려는 것일 수도 있었다. 니겔 하트가 생각을 바꿨다는 소식일 수도 있었다. 하지만 이 시점에 스링이 보낸 전갈은 나쁜 소식일 수도 있었다. 그러니까 거래가 무산되었다는 소식일 수도 있었다. 그것은 끔찍한 결과일 것이었다.

마침내 페인은 봉투를 열고 그 안에 적힌 메모를 읽기 시작했다.

페인 씨에게,

상황이 급변해서 내일 예정한 만남은 필요 없게 되었습니다. 오늘 아침 나는 베일리얼 크로프트를 니겔 하트에게 팔기로 결정했습니다. 당신과 당신의 재단이 너무 실망하지 않을 것임을 믿어 의심치 않습니다. 사정은 이렇습니다.

니겔 하트는 봄에 비숍 칼리지의 학장에서 물러나 학장 관사를 떠나게 되어 있습니다. 그리고 당신도 아다시피, 나 역시 같은 시기에 교수직에서 은퇴할 예정입니다. 그래서 이 거래는 시간적으로 완벽합니다. 물론 당신은 이 집을 즉시 인수하고 싶어했습니다. 니겔 하트는 베일리얼 크로프트를 개인적인 용도로 쓸 예정이지만, 이 집을 하트 박사가 사용하면 당신이 바라는 케임브리지의 전통은 계속될 것입니다.

아 참, 그리고 나는 결국 처음의 확정된 가격에서 융통성을 발휘하는 사람임을 알게 되었습니다. 물론 위쪽으로 말입니다. 나는 처음에 제시했던 가격보다 5백 파운드를 더 받기로 했습니다. 그러니까 스피어맨 교수의 예측이 맞은 것입니다.

덩컨 스링.

모리스 페인은 메모를 다시 읽고난 후 한숨을 쉬었다. 그는 호텔의 공중전화가 있는 쪽으로 걸어갔다. 잠시 후 전화기에서 헨리 스피어맨의 목소리가 들렸다.

"헨리, 방금 좋지 않은 소식을 받았소. 스링이 그 집을 니겔 하트에게 팔기로 결정한 모양이오……. 물론 나는 실망을 금할 수가 없소. 내일이면 그 거래가 마무리될 것으로 생각하고 있었소……. 글쎄, 내가 보기에는 이미 늦은 것 같소. 스링은 마음을 정한 것 같소……. 아뇨, 인편으로 전달된 메모를 읽었소. 방금 호텔에서 받았소. 이 곳으로 오면 직접 읽을 수 있을 것이오. 나는 지금 로비에 있소……. 다음에 할 일 말이오? 당신과 피지는 보스턴으로 돌아가야 할 것 같소……. 그렇지 않소. 이건 누구의 잘못도 아니오. 그 동안의 도움에 정말로 감사하다는 말을 하고 싶소. 하지만 베일리얼 크로프트는 처음부터 내 것이 아니었던 것 같소. 그 너벅선 사고를 기억하오? 어쩌면 그것이 앞날을 예고한 것일 수도 있소."

"그러게 말이오. 피지가 그러지 않았소. 누군가 당신의 베일리얼 크로프트 인수를 원치 않는 모양이라고 말이오." 헨리 스피어맨은 모리스 페인을 위로할 목적으로 가벼운 농담을 했다.

"헨리, 당신의 배우자는 직감이 뛰어난 사람인 것 같소."

학장 관사에서의 파티

"매슈스를 블랑사르 옆에 앉히면 안 됩니다. 그러면 마찰이 너무 커져요. 매슈스를 버터필드 옆에 앉히고, 블랑사르는 배리 경 옆에 앉히세요. 그리고 질리언은 버사르 옆에 앉히는 게 좋겠어요. 그러면 주빈 식탁의 좌석 배치는 된 것 같군요."

비숍 칼리지의 학장인 니겔 하트는 칼리지의 총무인 핀과 함께 주요 인물들의 좌석 배치를 검토했다. 구내식당은 그 날 저녁의 음식과 음료를 준비하고 대접하는 역할을 맡았다. 그리고 오늘 저녁의 여흥은 만찬을 후원한 협회에서 담당했다. 그 모든 과정은 새로 학장에 취임할 사람이

관장할 것이었다. 하지만 손님들의 좌석 배치는 하트가 조정해야만 했다.

니겔 하트는 전형적인 학장이었다. 그는 경제학에서 케임브리지 대학교의 명성에 걸맞는 업적을 남겼고, 케임브리지 대학교의 전통인 사교활동에서도 두각을 나타냈다. 그는 자신이 거주하는 학장 관사를 즐거운 여흥과 사교적인 파티의 중심지로 만들었다. 그는 또 요즘 학장의 자질로 꼽히는 기금 모금에서도 남들보다 뛰어났다.

"학장님, 이제 관사에 있는 손님들을 연회장으로 모실까요?" 핀이 물었다.

"그럽시다. 우리는 이 곳에서 7시까지 칵테일을 마실 거니까, 그때쯤에 다시 와서 식사가 준비되었음을 알려주시오. 그러면 내가 사람들을 데리고 연회장으로 가 그 곳에서 기다리는 사람들과 합류할 테니까."

하트는 좌석 배치를 제대로 한 것에 안도감을 느꼈다. 누가 누구 옆에 앉는지는 아주 미묘한 사회적 계산을 염두에 둔 것이었다. 근엄한 교수도 자신의 식탁 동료에 대해선 민감하게 반응했다. 하트는 이런 임무가 싫었지만 어쨌든 세심하게 조정했다. 그는 손님들 사이의 불필요한 마찰을 줄이고 싶었다. 특히 그 때문에 좋은 포도주를 즐길 수 없다면 참기 어려울 것이었다.

성가신 일을 마친 후 하트는 늘 서재로 향했다. 그는 책을 너무나도 좋아했다. 그는 책에 관한 모든 것을 좋아했다. 그 느낌, 그 알싸한 냄새, 그리고 책의 모양까지……. 하트는 책에서 다른 어느것에서도 얻을 수 없는 안정감과 편안함을 느꼈다. 거기에다 포도주 한 잔과 좋은 시가까지 곁들이면 거의 천국이나 다름없었다.

비숍 칼리지에 있는 학장 관사의 서재는 그 건물의 동쪽 날개, 그러니까 17세기 후반에 새로 지어진 부분에 있었다. 고전적인 스타일의 서재는 미국에서 수입한 참나무 선반들로 이루어져 있었다. 남쪽과 서쪽 벽의 책장들은 높이가 4미터도 넘었고, 위쪽의 선반들은 그 곳에 고정된 이동식 사다리를 타고 올라가야만 했다. 서재의 동쪽 벽에는 전임 학장들의 초상화가 걸려 있었다. 그리고 그들을 승계한 현직 학장은 전임자들에 대해서 속속들이 알아야만 했다. 세월이 흐를수록 그와 같은 일은 점점 더 어려워졌다.

학장이 되기 전에 하트는 그 누구보다 책을 수집하는데 열심이었다. 그는 17~18세기의 수많은 경제학 서적들을 모았다. 하지만 그가 자랑으로 여기는 것은 지난 2백 년간 옥스퍼드 · 케임브리지의 경제학자들이 저술한 책들 중에서 그들의 서명이 들어 있는 5백 권 가량의 증정본 모음이었다. 그 밖에도 하트의 서재에는 수백 권에 달하는 다른 책들이 책장마다 빼곡이 들어 차 있었다.

그러나 5년 전 학장에 취임한 이후 하트의 그와 같은 열정은 줄어들 수밖에 없었다. 그 후로 하트가 수집한 좋은 책들은 몇 권에 불과했다. 그에게는 더 이상 고서적상의 카탈로그를 훑어보거나 중고서점에 가서 구경할 시간이 없었다. 그리고 그가 즐겼던 책 수집은 이제 비서가 도맡아 하고 있었다.

오늘 밤 하트는 특별히 한 권의 책을 찾아보고 싶었다. 그 안에 들어 있는 내용은 오늘 저녁의 토론에서 유용하게 사용될 것이었다. 하트는 서재를 대각선으로 가로질러 책들이 꽂혀 있는 곳으로 걸어갔다. 그리고 조심스럽게 사다리를 타고 올라가 선반에서 자신이 원하는 책을 꺼냈다. 그 책의 저자는 제레미 벤담이었다.

하트는 사다리에 선 채로 책장을 넘기며 자신이 찾는 부분을 펼쳤다. 그는 조용히 그 곳에 적힌 단어들을 읽었다. "자연은 인간이 두 주인의 지배를 받도록 했도다. 바로 고통(pain)과 즐거움(pleasure)이다."

* * *

"스피어맨 교수의 강의 내용이 옳다면, 우리는 히틀러

가 전쟁에서 이겼어도 영국인들의 삶은 크게 변하지 않았을 것이라고 결론 내릴 수 있습니다." 비숍 칼리지의 젊은 수학자인 맬컴 달렌바흐가 포도주를 한 모금 마시면서 말했다. 학장 관사에서 칵테일 파티가 열리고 있었다.

해부학 교수의 아내인 제롬 에이브람스 여사가 믿을 수 없다는 표정으로 그를 바라보았다. "지금 농담하시는 거죠?" 그녀가 말했다.

"농담이 아닙니다." 달렌바흐가 말했다. "당신도 스피어맨 교수의 강의를 들었습니다. 나는 강당에서 당신을 보았습니다. 그 분의 주장은 궁극적으로 불가피하게 그런 결론으로 이어집니다."

"이런 식으로 생각해보세요. 그 분은 소련이 결국에는 해체될 것이라고, 어쩌면 우리가 보는 앞에서 그럴 것이라고 말했습니다. 만일 히틀러가 영국을 점령했다면, 나치에게도 같은 일이 일어났을 겁니다. 왜냐하면 나치의 경제는 중앙의 통제가 심했기 때문입니다. 당신도 나치가 국가 사회주의를 뜻한다는 건 알고 있죠? 따라서 결국에는 영국인들의 삶도 별로 변하지 않았을 것입니다."

"그렇다면 유대인들의 삶도 별로 변하지 않았을 거란 말인가요?" 에이브람스 여사가 물었다. 얼굴에는 아직도 믿기 어렵다는 표정을 짓고 있었다.

"글쎄요, 그 부분이 문제이긴 합니다." 달렌바흐가 시인했다. 그는 잠시 생각에 잠겼다가 다시 말을 이었다. "하지만 그것 때문에 스피어맨 교수의 주요 논점에서 벗어날 수는 없습니다. 그 분은 이렇게 말했습니다. 중앙에서 계획하는 체제는 오래갈 수가 없기 때문에 그들과 서둘러서 싸울 필요는 없다. 올리비아 헤일은 스피어맨 교수의 그런 주장을 세심하게 생각해볼 필요가 있었습니다. 스피어맨 교수의 말은 냉전 체제가 전혀 불필요한 것이라고 얘기하는 것이나 마찬가지입니다." 맬컴 달렌바흐는 다시 자신의 논리를 전개할 수 있는 데 기분이 좋은 것 같았다.

하지만 에이브람스 여사는 여전히 달렌바흐의 논리를 받아들일 수 없었다. "스피어맨 교수의 말처럼 소비에트 체제는 오래가지 못할 수도 있습니다. 그러나 그 이전에 소련 사람들은 독일 사람들에 비하면 엉터리 경제를 운영하고 있습니다. 독일 사람들은 여러 가지 다양한 선박들을 만들었습니다. 그들은 네덜란드, 프랑스 그리고 영국을 베를린에서 아주 오랫동안 통제했습니다. 맬컴, 독일이 전쟁에서 이겼다면 당신은 지금 행진을 하고 있어야 할 겁니다." 에이브람스 여사는 경멸하는 듯한 표정으로 실내 바에서 자리를 떴다. 달렌바흐는 입맛을 다시며 자신의 논리가 어디에서 비약되었는지 궁금하게 생각했다.

학장 관사의 다른 곳에서 손님들은 더 부드러운 분위기 속에서 얘기를 나누었다. 그들 대부분은 '벤담협회'의 일원이었고, 이 협회는 학장의 파티가 끝나면 연회장에서 만찬을 가질 것이었다. 그러나 니겔 하트는 이번 행사에 회원이 아닌 몇몇 손님들을 초대해 학장으로서의 임무를 완수하고 싶어했다. 달렌바흐도 그렇게 해서 초대를 받은 사람이었다.

케임브리지 대학의 교수들은 자신들이 얼마나 자주 학장 관사에 초대를 받는지 확인하곤 했다. 니겔 하트는 처음 케임브리지 대학의 교수가 되었을 때 자신이 그와 같은 초대의 횟수에 얼마나 민감해했는지 회상했다. 이제 그는 비숍 칼리지의 젊은 학자들에게도 똑같은 친절을 베풀어 주고 싶었다.

그레고리 셰퍼드는 교수도 아니었고 '벤담협회'의 회원도 아니었지만 학장 관사의 따뜻한 분위기를 즐기고 있었다. 게다가 니겔 하트는 어떤 식으로든 사회적으로 셰퍼드에게 빚을 지고 있지 않았다. 하트가 그를 초대한 것은 셰퍼드가 그냥 좋아서였고 두 사람 모두 학창 시절에 케임브리지에서 같은 엘리트 그룹에 속했기 때문이었다. 아울러 하트는 책에 대한 셰퍼드의 지식을 높이 평가했고 그와 함께 책에 대해 얘기하는 것을 좋아했다.

그레고리 셰퍼드는 케임브리지에서 가장 유명한 고서적방을 운영했고, 하트가 가장 아끼는 책들 가운데 일부는 그가 운영하는 가게에서 구입한 것이었다. 셰퍼드는 종종 새로 들어온 책이 있을 때 하트에게 먼저 전화를 걸어 정보를 제공했다. 그리고 니겔 하트는 때로 다른 곳에서 정보를 얻은 책의 구매에 대해 셰퍼드의 조언을 듣곤했다.

"피구의 『복지 경제학(Economics of Welfare)』을 아주 깨끗한 사본으로 입수했군요. 나는 한동안 이 책을 볼수가 없었죠. 어디에서 이 책을 구했나요?" 셰퍼드와 하트는 서재의 동쪽 벽을 따라 한가롭게 걷고 있었는데, 그때 셰퍼드는 하트가 새로 입수한 피구의 그 책을 보게 되었다.

"사실은 초판의 복사본에 불과합니다. 하지만 사두는 것이 좋다고 생각했죠. 어디서 이 책을 구했는지 알면 놀랄 걸요."

"누군가의 다락방에서 구했나요?"

"아뇨. 사실은 너벅선에서 구했습니다."

"너벅선이라구요?" 셰퍼드는 하트가 농담을 하는 것이라고 생각했다.

"너벅선을 모는 젊은 사공이 내가 경제학 서적을 수집한다는 것을 알고 이 책 얘기를 했습니다. 누군가 전에 그것을 너벅선에 놓고 내렸는데 찾으러 오지 않았다고 하더군요. 그래서 젊은 사공은 내게 10파운드에 그것을 팔겠다고 했습니다."

"그 정도면 아주 좋은 가격이군요. 나라면 적어도 15파운드는 달라고 했을 텐데 말입니다." 셰퍼드가 하트에게 눈을 찡긋해 보였다.

스무 명쯤 되는 손님들이 대화를 계속하는 가운데, 칼리지의 총무인 핀이 사람들 사이를 다니면서 음료수와 과자를 제공했다. 니겔 하트는 그레고리 셰퍼드가 피구의 책을 보도록 내버려두고 다른 사람들과 대화를 나누기 시작했다.

올리비아 헤일이 늦게 도착해서는 소란스럽게 자신의 등장을 알렸다. "니겔, 니겔, 어디 있어요? 마침내 우리가 도착했어요." 어떤 사람들은 목소리만으로도 다른 사람들의 관심을 집중시킨다. 그리고 올리비아 헤일은 바로 그런 사람이었다.

니겔 하트는 방금 도착한 손님들이 기다리고 있는 서재 입구로 걸음을 옮겼다. "올리비아, 좋은 저녁이에요. 잘지냈어요? 챈들러, 당신을 보니 반갑군요." 하트가 예의를 차리며 얘기했다. "어서 안으로 들어와요. 아직까지는 한 잔 하면서 어울릴 시간이 남아 있죠."

올리비아 헤일의 남편은 케임브리지에서 더 높은 직위를 차지하고 있었지만, 그것은 케임브리지의 남녀 차별 때문이었다. 두 사람 모두 국제적으로 명성을 얻었지만, 올리비아는 결혼한 후에 곧 남편을 앞질렀다. 두 사람의 결혼생활은 케임브리지에서 많은 호기심과 토론의 주제가 되었다. 챈들러와 결혼할 당시 젊고 아름다운 여자였던 올리비아는 챈들러의 청혼을 받아들이기 전에 많은 남자들과 데이트를 했다. 그녀는 외모와 총기, 그리고 남성이 지배하는 경제학 분야에서 더해가는 학자로서의 명성 때문에 일찍부터 이름을 날리며 뭇남성들의 관심을 받았다. 그리고 챈들러와 결혼한 후에도 그런 상황은 변하지 않았다. 올리비아는 자신에게 치근대는 남자들을 물리치려는 어떤 노력도 하지 않았다. 그 결과 얼마 후 그녀와 챈들러의 결혼생활은 이름뿐인 결혼생활이 되었다.

두 사람은 여전히 함께 살면서 정기적으로 사교활동도 했지만, 그들은 갈수록 각자의 길을 걷기 시작했다.

그녀가 학자로서 첫발을 내딛었을 때부터 올리비아와 하트는 특정한 주제를 함께 연구했다. 두 사람이 연구한 주제는 사업 주기의 그 단기적인 변동성을 어떻게 해석하고 해결할 것인가의 문제였다. 그래서 두 사람은 함께 지내면서 같이 어울리는 시간이 많았다. 하지만 그것은 챈들러의 관심 분야가 아니었고, 그 결과 둘은 점점 더 자신의 연구 분야에만 몰두했다.

올리비아는 총무인 핀이 갖고 온 쟁반에서 샴페인 잔을 집어들었다. 그리고 주위를 둘러보다가 젊은 달렌바흐를 보게 되었다. 그녀는 즉시 그쪽으로 달려갔고, 챈들러는 하트와 함께 어색한 시간을 보내야만 했다.

* * *

그는 실제보다 더 커 보였다. 수위의 제복인 검은색 정장, 검은색 타이, 흰색 셔츠, 그리고 중산모는 지난 2년 간 약간 굽어진 워런 손의 작고 마른 체구를 시각적으로 8센티미터 가량 더 커 보이게 했다. 곱슬곱슬한 회색 머리는 거의 백색에 가까웠다. 그리고 안경은 이제 눈에 띄게 두꺼워져 있었다. 하지만 케임브리지의 수위로서 그는 여전히 날카롭고 세심했다.

비숍 칼리지의 고참 수위인 워런 손은 오늘 너무도 사무적이었다. 그리고 학생들은 그것을 알 수 있었다. 그는 학생들의 이름을 모두 외웠고 때로는 입학하는 첫날부터 그들의 이름을 알았다. 대개 그는 학생들이 우편물이나 메시지를 받기 위해 그 곳에 올 때 개인적으로 그들을 대했다.

그가 일하는 수위실은 비숍 칼리지로 들어가는 관문이었고 서로 만나고 싶어하는 학생들에겐 만남의 장소였다. 그는 향수병에 걸린 학생들을 마치 삼촌처럼 보살펴주었다. 많은 학생들은 비숍 칼리지의 조각들과 첨탑들에서 일반적인 영국 가정의 분위기를 느끼지 못했다. 손은 이 곳에서 압도당하고 소외감을 느끼는 학생들에게 자상한 친절을 베푸는 사람으로 알려져 있었다.

몇 년 전만 해도 손과 그의 직원들은 아주 어려운 임무를 맡았다. 당시만 해도 비숍 칼리지의 규칙은 엄격했기 때문에 수위들은 통금 시간을 지키는 역할을 했다. 따라서 학생들은 밤 11시 이후에 학교에 들어가려면 담을 넘어야만 했다. 기숙사에서 이성 친구들과 즐거운 시간을 보내려면 직원들에게 들키지 않아야만 했다.

하지만 그것은 지난 일이 되었다. 이제 워런 손은 학생들보다 관광객들의 행동이 더 걱정이었다. 케임브리지 대학교의 수위는 더 이상 수호천사가 아니었다. 그러나 아직도 중요한 개인적 특성들이 요구되었다.

워런 손의 업무 능력에는 다음과 같은 것들이 포함될

수 있었다.

　　구인 : 케임브리지 대학교의 칼리지에서 손님들을 맞
고 문지기의 역할을 할 수 있는 훌륭한 성품의 소유자.
친절하고 세심하고 도덕적인 사람. 전세계의 도처에서
온 다양한 연령의 학생들과 관광객들을 지도하고 안내할
수 있는 사람. 우리가 찾는 사람은 다음과 같은 일을 하
게 된다. 우편물의 분류와 처리, 학생들과 교수들에게 온
메시지 관리 · 소포 수취 · 공고문과 게시물 게재 · 칼리
지의 교통 통제 그리고 구내 경비. 아울러 다음과 같은
개인적 임무도 수행하게 된다. 향수병 치료 · 고민 상
담 · 일반적인 예의범절 지도 · 칼리지의 역사와 전통에
관한 이야기 들려주기 그리고 비숍 칼리지의 인물과 동
정에 관한 내부 정보 획득.

　　"손, 오늘은 왠지 긴장한 모습이군요." 톰 피켓이 상사
인 워런 손에게 말했다. 신참 수위로 2년 간 일한 피켓은
이제 손의 기분을 잘 파악했다.

　　"전에만 해도 일요일과 월요일은 한가했는데 말이야.
그때는 쉬면서 일할 시간도 있었는데. 하지만 이제는 그렇
지가 않아. 요즘에는 관광객들과 농담할 시간도 없어. 오

늘은 프랑스에서 아이들이 오고, 내일은 이탈리아에서 꼬맹이들이 오지. 그리고 학생들이 기숙사에서 또 너벅선에 장난을 치고 있어. 지난밤에는 자전거를 도둑 맞았다는 보고도 들어왔어. 제닝스는 아파서 야간 근무를 할 수 없다고 하고, 학장은 오늘 저녁의 행사에 만반의 준비를 하라고 얘기하지." 이 고참 수위는 대개 불평을 하지 않았다. 하지만 30년이 지난 지금 워런 손은 더 이상 참고 지내는 사람이 아니었다.

워런 손은 수위실에서 나와 학장 관사로 이어지는 보도를 걸어가기 시작했다. 그는 런던에서 큰 상자가 도착하는 즉시 하트에게 알리도록 지시를 받았다. 상자는 중간에 배달이 늦어졌고, 학장은 오늘 저녁의 행사에 사용할 상자가 도착하길 목이 빠지게 기다리고 있었다.

손은 학장 관사의 입구를 통과하면서 사람들의 목소리를 들을 수 있었다. "핀, 상자가 도착했소." 워런 손이 총무인 핀에게 말했다. "조금 늦었지만 드디어 도착했소."

"그러면 들어가서 직접 말하지 그래요? 하트가 아주 좋아할 거요." 핀이 말했다.

"그래도 되겠소?"

"그럼요."

마침내 워런 손은 니겔 하트의 서재로 들어갔다. 하트

는 서재의 남쪽 끝에서 대부분의 손님들을 모아놓고 얘기를 하고 있었다. 그는 손님들에게 무언가를 보여주고 있는 것 같았다. 손은 조금 더 다가섰지만 여전히 거리를 유지했다.

니겔 하트가 자신이 수집한 책들 중에서 하나를 뽐내듯이 보여주고 있었다. 손님들은 저마다 관심을 가지고 그 책을 구경했다.

"…마셜이 지은 『경제학 원리』에서 그의 서명이 들어 있는 책은 몇 권밖에 없습니다. 하지만 이 책에는 마셜의 서명이 들어 있습니다. 정말로 멋지지 않습니까? 이 책이야말로 경제학의 보석입니다. 피구는 이 책에 대해서 이렇게 말했습니다. '모든 것은 마셜의 책에 들어 있다.' 피구는 정말로 그렇게 믿었습니다. 그는 경제학의 어떤 문제든지 마셜의 『경제학 원리』를 보면 답이 나온다고 믿었습니다. 그리고 누구에게나 그런 얘기를 들려주곤 했습니다."

케임브리지에서 마셜을 숭배하는 사람은 누구든지 올리비아 헤일로부터 곱지 않은 시선을 받았다. 그리고 학장인 니겔 하트 역시 마찬가지였다. 그녀는 하트에게도 신랄한 독설을 아끼지 않았다.

"물론 모든 것은 마셜의 책에 들어 있죠." 그녀가 차갑게 쏘아붙였다. "시답잖은 모든 것은 말이죠. 한 잔의 차에는 6페니만 지불하면서 한 잔의 맥주에는 왜 1파운드 이상을 지불하는지 알고 싶다면 마셜에게 가야죠. 그것이 경제학의 모든 것이라면 말입니다. 하지만 가난한 사람들의 고통에 대해서 배우고 싶다면 마셜에게 가지 말아야 합니다. 그 사람은 정말로 중요한 것이 무엇인지 분간을 하지 못했어요. 마셜은 밀과 밀짚을 구분하지 못했어요."

"올리비아, 당신이 든 예는 자가당착이오. 마셜은 실제로 밀과 밀짚을 구분했소." 자레드 맥도널드가 하트에게서 넘겨받은 그 책의 책장을 넘기면서 말했다. 그리고 곧 그 부분을 찾아냈다. "여기 마셜이 한 얘기가 있소. 한번 들어보시오. '연계된 생산물의 경우를 생각해보자. 그러니까 나누어서는 쉽게 생산할 수 없는 것들이다. 이를테면 밀과 밀짚을 예로 들 수 있다. 이것들은 기원이 같기 때문에 서로 연계되어 있고, 그래서 수요와 공급도 연계되어 있는 경우가 많다.'"

"고맙군요, 자레드. 내 말이 바로 그 말이에요." 올리비아 헤일은 냉소적인 표정으로 대꾸했다. "마셜은 밀과 밀짚에 대해서 장황하게 얘기했지만, 그것이 도대체 무슨 상관이죠?"

"당신이 가난한 사람이라면 상관이 있죠." 맥도널드가

128

대답했다. 올리비아 헤일에게 맞서려면 상당한 용기가 필요했다. 그래서 사람들은 맥도널드의 도전에 큰 관심을 보였다. "밀짚에 대한 수요가 증가하면 밀가루의 가격은 떨어지게 됩니다. 그리고 그것은 빵의 가격을 떨어뜨리게 됩니다." 맥도널드는 이해가 느린 학생들에게 얘기하듯이 각각의 단어를 분명하게 말했다. "만일 당신이 빵만 먹고살 수밖에 없다면, 그때는 밀짚에 대한 수요에 관심을 가져야 합니다." 맥도널드는 그렇게 말한 후 책장을 덮고 마셜의 『경제학 원리』를 올리비아 헤일에게 건네주었다. 그 다음에 그는 방금 방으로 들어온 오늘 저녁의 초빙 강사가 있는 쪽으로 걸어갔다.

워런 손은 맥도널드의 곁을 지나 손님들이 있는 곳으로 조심스럽게 걸어갔다. 그리고 학장인 하트의 귀에 대고 속삭였다. "학장님, 방금 런던에서 상자가 도착했습니다."

"아, 그래요? 좋은 소식이군요. 손, 작년에 사용했던 그 절차를 따르기만 하면 됩니다." 니겔 하트는 그렇게 말한 후 다시 손님들에게 시선을 돌렸다.

"제레미벤담협회의 친구 여러분, 이제는 극장으로 가서 다른 사람들과 함께 연례 벤담 강연에 참석할 수 있게 되었음을 기쁘게 선언합니다. 강연이 끝나면 연회장에서 만찬이 있을 예정입니다. 달렌바흐에게 여러분을 강연장으로 안내해줄 것을 부탁했습니다. 나도 곧 따라가도록 하겠습니다."

제레미 벤담의 오토 아이콘

"강연이 벌써 끝났나요?" 행동이 느린 벤담협회 회원이 옥스퍼드에서 차를 몰고 그때서야 도착해 올리비아 헤일에게 물었다. 그녀는 극장의 문밖에 서서 담배를 피우고 있었다.

"오, 강의는 오래전에 끝났지만 그 여자는 아직도 얘기를 하고 있죠!"

그 옥스퍼드 사람은 헤일에게 약간 얼굴을 찡그린 후 문을 살짝 열고 살며시 안을 들여다보았다. 그는 살금살금 걸으며 조용히 뒷좌석에 앉았다. 자신의 느린 행동 때문에 그가 들은 것이라곤 이 말뿐이었다. "따라서 우리는 다시 벤담에게서 지혜를 구해 올바른 길을 찾는 데 도움을 받을 수 있습니다."

사람들이 정중하게 박수를 쳤다.

*   *   *

"아널드, 당신은 강의 내용을 어떻게 생각하나요?" 벤담협회의 회원 두 사람이 다른 사람들과 함께 저녁 만찬이 열리는 연회장으로 걸어가고 있었다.

"작년만큼은 좋은 내용이 아닌 것 같군요. 하지만 적어도 한 가지는 흥미로운 지적이었어요."

"어떤 얘기 말입니까?"

"사람들이 어떤 일에서 즐거움을 얻으려면 그것을 달성하는 데 따르는 고통을 피할 수 없다고 벤담이 얘기했다는 내용 말입니다. 그 여자는 벤담이 말하는 즐거움과 고통이 흔히 생각하는 것처럼 정반대의 개념이 아니라고 주장했죠. 다시 말해, 하나는 다른 하나의 필수적인 전제라는 것이죠. 사람들이 어떤 일에서 정말로 만족을 얻으려면 그것을 제대로 수행하는 데 따르는 고통을 피할 수 없다는 거죠. 내가 볼 때 그런 주장에는 상당한 일리가 있습니다."

아널드는 계속 걸으면서 그런 설명에 부합하는 예를

찾으려고 애를 썼다. 이윽고 그는 고개를 돌리며 얘기했다. "책을 쓰는 일이 쉽다면 책을 쓰는 기쁨은 느끼기 어렵죠." 적절한 예를 제시한 데 만족하면서 아널드 메츠거는 계속해서 걸어갔다. 그는 뒷짐을 지고 걸으면서 눈으로는 앞에 놓인 보도를 응시했다.

"말도 안 되는 소리에요. 그건 말도 안 되는 소리에요." 델모어 바인은 아널드 메츠거의 주장에 동의할 수 없었다. "그렇다면 학생들이 매를 맞아야만 더 즐겁게 공부를 할 수 있다는 말인가요?"

"그것도 나쁜 생각은 아닌 것 같군요." 메츠거가 대꾸했다.

"정말로 그렇게 생각한단 말입니까?" 바인은 정말로 놀라는 표정을 지으면서 물었다. "이제는 알 수 있을 것 같군요." 바인은 신이 나는지 팔을 좌우로 흔들었다. "'찰싹, 찰싹, 찰싹, 빨리 그걸 외우지 못해!' '오, 선생님, 감사합니다. 알파벳을 배우는 게 이렇게 신나는 줄 몰랐어요.'"

바인은 흉내를 잘 내는 재주가 있었다. 그 희한한 행동에서 아널드가 얻은 기쁨은 자신의 주장이 무시당하는 고통을 거의 보상해주었다.

*　　*　　*

비숍 칼리지의 연회장은 직원들이 말하는 중간 규모의 만찬을 위해 치장되었다. 각각의 손님 앞에는 은식기 10개가 놓여졌다. 큰 규모의 만찬은 은식기가 14개였고, 작은 규모의 만찬은 7개였다. 벤담협회의 만찬을 위한 55개의 식탁은 연회장의 절반 가량을 차지했다. 그래서 직원들은 충분한 공간 속에서 이동할 수 있었다.

한쪽에는 정교수들의 주빈 식탁이 마련되었다. 이 자리에는 하트의 칵테일 파티에 참석한 사람들 중에서 몇 사람이 앉게 되어 있었다. 학장인 하트 외에 이 그룹에 속하는 사람들은 벤담협회의 전·현직 임원, 오늘 저녁의 강사, 그리고 특별히 초대받은 손님들이었다. 이들이 앉는 주빈석은 옆으로 약간 비켜나 있어서, 나중에 그 식탁의 바로 오른쪽에 놓여질 큰 물건이 들어설 공간은 충분했다.

"아, 메뉴로군. 어디 보자. 오늘 저녁에는 어떤 즐거움을 얻을 수 있을까?" 그레고리 셰퍼드가 메뉴판을 펼쳤다. 그리고 만족스러운 표정으로 메뉴판을 훑어보았다. '훌륭해, 아주 훌륭해,' 그는 생각했다. 셰퍼드는 왼쪽에 있는 만찬 파트너에게 말했다. "첫번째 코스로 푸일리 푸메가 나오는 모양이군요. 정말로 멋진 식단이죠. 그렇지 않습니

까?"

"글쎄요, 나는 프랑스 요리에 대해선 별로 아는 게 없어서… 당신이 훌륭한 음식이라고 말한다면 훌륭한 음식이겠죠." 에이브람스 박사가 말했다.

에이브람스 박사의 옆에는 뉴남 칼리지의 사학자인 디나 듀허스트가 앉아 있었다. 그녀는 메뉴판을 보면서 거의 혼자말처럼 중얼거렸다. "프랑스 요리가 유명한 것은 사실 그 나라의 언어 때문이에요. 영어에는 그런 것을 표현할 단어가 없을 뿐이죠."

"가령 오늘 밤의 전채 요리를 한번 보세요." 그녀는 계속해서 말했다. "'테린 드 카유 오 아스페르제스.' 프랑스말로 하니까 훨씬 더 우아하게 들리지 않나요? 우리는 그냥 아스파라거스 수프라고 부르죠."

"우리 어머니가 아버지에게 오늘 밤의 만찬 요리는 '포피에트 드 솔 플로렌틴'이라고 말했는데, 나중에 나오는 것이 생선과 시금치 요리였다면, 우리 아버지는 어머니가 농담을 한 것이라고 생각했을 거예요."

"'소르베 오 셀러리 에 세르푀이.' 셀러리 셔벗을 프랑스 사람들은 이렇게 발음해요!"

"'필레 드 뵈프 아 라 벵자민.' 흠. 이건 영어로 뭐가 될까요? 우리는 그냥 야채가 곁들여진 쇠고기라고 말하죠."

"그리고 '머랭 오 프뤼이'도 있어요. 너무나 성스럽지 않아요? 하지만 실제로 우리가 먹는 것은 '푸르트(과일) 칵테일'이에요."

"프랑스 말에 '카나페'가 있죠. 우리의 상상력을 불러 일으키는 말이죠. 단 하나의 단어에도 리듬이 있으니 말이에요! 영어로 이것은 치즈 비스킷이에요."

"'프티 푸르 카페.' 이거야말로 프랑스어의 진수를 보여주죠. 하지만 실제로는? 식사가 끝난 후에 마시는 커피와 디저트예요." 듀허스트가 중얼거렸다.

손님들의 입맛이 얼마나 돋워졌는지는 몰라도, 어쨌든 음식은 제공되고 있었다. 식사 전에 학장님의 한 말씀이 없을 수가 없었다.

"누가 학장님을 본 사람이 있나요?" 벤담협회의 회장이 주빈석에 앉은 사람들에게 물었다. 학장인 하트의 좌석은 비어 있었다.

"칵테일 파티 후로는 보질 못했는데요. 제 강의에 참석했는지조차 확실히 모르겠어요." 오늘 저녁의 초빙 강사가 말했다.

"누가 가서 총무나 주방장에게 물어봐요." 협회의 회장이 지시했다. "이제는 식사를 시작해야 할 것 같습니다. 일부 회원들은 아주 먼 길을 달려 여기까지 왔으니 말입니다."

웨이터 중 한 사람이 지시를 받고 학장 관사로 하트를 찾으러 갔다. 돌아와서 그는 니겔 하트가 그 곳에 없다고 말했다. 총무인 핀은 니겔 하트가 만찬에 참석하기 위해 관사를 떠났다고 얘기했다. 그리고 수위실에서도 하트의 행방을 아는 사람은 없었다.

"아쉽지만 그냥 이대로 시작할 수밖에 없습니다." 마침내 회장이 얘기했다. "모두 자리에 앉으시기 바랍니다. 이제 제레미 벤담을 상자에서 꺼내시기 바랍니다."

케임브리지 대학교의 제레미벤담협회는 그의 친구들과 제자들이 조직한 것으로, 벤담의 유언에 따라 협회의 연례 만찬에 늘 그의 오토 아이콘을 동석시켰다. 이와 관련해서 벤담은 다음과 같은 유언을 남겼다.

혹시라도 내가 아는 친구들과 그 밖의 제자들이 최대 다수의 행복을 주창한 나를 기념해 어느 날에 만나게 된다면, 그들이 만나는 방에 내가 말한 그 상자를 갖다 놓고 그 내용물을 꺼내 그 곳에 모인 사람들과 함께 있도록 하길 바란다.

유니버시티 칼리지는 기꺼이 케임브리지 대학교에 협

조했고 매년 벤담의 유해가 담긴 그 큰 마호가니 상자를 케임브리지 대학교로 보냈다.

이윽고 협회의 회장은 사람들이 보는 앞에서 천으로 된 덮개를 걷고 벤담의 유해가 담긴 유리관을 공개했다. "여러분, 여러 해 전에 우리 협회의 설립자는 오늘 저녁 여러분과 함께 있기 위해 수고를 마다하지 않았습니다."

회장의 유머러스한 발언에 사람들이 웃는 가운데 천으로 된 덮개가 서서히 내려갔다.

처음에는 침묵뿐이었다.

다음에는 경악했다.

그리고 비명소리가 난무했다.

델모어 바인은 기절했다.

제레미 벤담의 의자에 앉아 있는 것은 니겔 하트였다. 그의 입가에서 핏방울이 떨어지고 있었다. 그 큰 밀짚모자 속에서 그의 두 눈은 허공을 응시했다.

죽음을 부른 무차별

여름비로 메사추세츠 케임브리지의 애플턴 거리에 있는 집들의 정원은 더욱 푸르름을 띠었다. 새로 깎은 잔디의 냄새가 스피어맨 부부의 빅토리아풍 집의 창문들을 통해서 풍겨왔다. 부엌에 있는 라디오에서 스티브와 아이디의 최근 인기곡이 흘러 나왔다.

너는 지금 클럽 21에서 점심을 먹으려 하지.
살이 찌는 샬럿 루스를 거절하고 무화과를 고르지.
그런데 갑자기 남자와 여자가 나타나지.
이제는 무언가 큰일이 일어날 것 같네.

"나라면 샬럿 루스(커스터드 혹은 크림을 넣은 케이크—옮긴이)를 먹겠다. 하지만 작사자는 양쪽의 음식 가격을 알려주지 않고 있어." 헨리 스피어맨이 막 뒷문으로 들어왔다. "노래 속의 두 가지 음식을 경제학 강의의 예로 사용할 수도 있겠는데. 내가 가르치는 학생들은 사과와 오렌지에 신물이 났을 거야."

"헨리, 당신이 가르치는 학생들은 샬럿 루스가 무엇인지도 모를 거야. 그리고 많은 학생들은 신선한 무화과 열매를 본 적이 없을 거야. 그냥 마른 무화과 열매만 보았을 테니까. 그러니 그냥 사과와 오렌지로 예를 드는 게 나을 거야."

"지금 내가 가르치는 학생들을 무시하는 거야?"

"아니, 다만 경험이 부족할 뿐이라고 얘기하는 거지. 당신이 가르치는 학생들은 대개 구내식당에서 식사를 하잖아. 그래서 살이 쪄도 괜찮을 경우에는 바나나 스플릿을 먹겠지. 그렇지 않으면 과일 칵테일을 먹을 테고. 하지만 그런 것들을 노래로 만들어보면 어때?"

"그래, 그것도 괜찮은 생각이야. 어디 한번 그렇게 해볼까?" 스피어맨이 손으로 턱을 괴고 눈을 감았다. 잠시 생각에 잠겼다가 다시 눈을 떴다.

"이건 어때?" 그리고 자신이 만든 가사를 읊조렸다.

너는 지금 구내식당에서 점심을 먹으려 하지.

살이 찌는 스플릿 대신에 과일 칵테일을 주문하지.

그런데 갑자기 남자와 여자가 나타나지.

이보다 더 좋을 순 없을 거야.

피지가 남편의 즉흥시에 깔깔대고 웃었다. "헨리, 사과
와 오렌지 대신에 당신의 그 디저트를 예로 들어도 괜찮을
것 같은데. 하지만 학생들을 위해서 그냥 강의만 해. 노래
는 부르지 말라구!"

"피지, 당신 말이 맞아. 노래를 부르면 요점 설명이 어
려우니까."

"여기서 말하는 요점이란?"

"바나나 스플릿과 과일 칵테일의 결합들 중에는 반드
시 무차별적인(indifferent) 결합이 있다는 거지. 그러니까
어느쪽을 취해도 상관없는 결합이지. 달콤한 바나나 스플
릿을 거절하고 한 그릇의 과일을 받아들이는 것은 마셜이
말한 '삶의 일상적인 생활'에서 상당히 심오한 행동이야.
그렇게 할 수 있는 사람은 선택(choice)의 수수께끼를 풀
었다고 봐야지. 요컨대 사람들은 어떻게 무차별을 극복하
고 선택하느냐? 그것은 이론적으로 설명이 쉽지 않을 거
야."

스피어맨은 잠시 멈추었다가 다시 말을 이었다. "두 가지 상품의 양을 어떻게 결합하든 같은 상품의 다른 결합과 비슷한 만족을 얻을 수 있어. 그래서 사람들이 그와 같은 결합을 어떻게 선택하는지, 다시 말해 무차별에서 벗어나는 결합을 어떻게 선택하는지 보여줄 수 있고, 이 부분에서 경제학은 아주 중요한 통찰력을 제공하지."

"하지만 오늘 저녁에 당신이 선택할 수 있는 것은," 피지가 헨리의 강의를 끝낼 목적으로 가볍게 말했다. "한 가지 종류의 디저트뿐이야. 보스턴 크림파이 말이야."

"그거면 충분해. 나에게 보스턴 크림파이는 절대로 무차별적이지 않아."

스피어맨 부부의 집에서 저녁식사는 대개 즐거운 시간이었다. 대부분의 행복한 부부처럼, 두 사람은 저녁식사 시간에 그 날 있었던 서로의 활동과 내일 하게 될 서로의 활동을 공유했다. 하지만 요 며칠 사이 그와 같은 즐거움은 집 안에 널린 사다리·방수포·줄톱 그리고 페인트 깡통들 때문에 방해를 받았다.

두 세대 전에 지어진 집에서 십수 년 동안을 산 후에, 스피어맨 부부는 약간의 집 개조가 필요하다고 느꼈다. 그래서 새로 지붕을 칠하고, 현관문을 고치고, 욕실을 개조하는 작업을 진행 중이었다.

"당신에게 묻고 싶은 것이 있어." 피지가 홍당무 소스를 남편에게 건네주며 말했다. 헨리는 절인 쇠고기와 양배추에 소스를 곁들이는 것을 좋아했다. "건축업자가 오늘 나에게 이런 말을 했어. 샤워대를 따로 설치하지만 않으면 욕실에 추가로 세면대를 설치할 수 있다고 말이야. 그러니까 욕조 위에 샤워기를 붙이면 세면대를 따로 쓸 수가 있는 거야. 당신 생각은 어때?"

"다시 말해서 별도의 샤워대와 하나의 세면대냐, 아니면 각각의 세면대와 하나의 샤워대이냐의 선택이군? 우리가 그런 맞바꿈(trade-off)을 할 수 있다는 건가?"

"그래. 덩컨 씨가 나에게 한 말이 바로 그거야. 그 분은 아주 세심하게 계획을 짜보았대."

"나는 어느쪽이 더 좋은지 잘 모르겠군." 헨리가 대답했다. "당신 생각은 어때?"

"글쎄, 나도 당신처럼 무차별적인 것 같은데."

"덩컨 씨가 각각의 경우에 견적을 뽑아주었나?"

"그랬어. 어딘가에 그것을 적어놓았어. 하지만 지금은 어느쪽의 비용이 더 적게 드는지 기억이 나질 않아."

전화벨 소리가 스피어맨 부부의 대화를 방해했다.

"내가 받을게, 헨리. 나한테 온 전화일 거야." 피지가 부엌으로 가서 응접실의 전화와 연결된 수화기를 들었다.

"헨리, 내가 잘못 생각했어. 당신에게 온 전화야. 장거리 전화인 것 같아."

헨리가 탁자에서 일어나 밖으로 나간 후에 아내로부터 수화기를 건네받았다.

"여보세요… 예, 그렇습니다. 제가 헨리입니다." 스피어맨은 수화기에서 들려오는 소리에 귀를 기울였다.

"뭐라구요?… 언제요?… 믿을 수가 없군요!… 당연히 우연의 일치겠죠. 그러니 너무 걱정하실 필요 없어요… 글쎄요, 아내와 얘기를 해보고나서 언제 떠날 수 있는지 알아보죠… 연락할 수 있는 전화번호가 어떻게 되죠? 아직도 블루보어 호텔에 묶고 있나요?… 아, 아버하우스로 옮기셨다구요. 알겠습니다. 이쪽 일이 마무리되는 대로 곧 연락드리겠습니다." 헨리 스피어맨은 수화기를 내려놓았다.

"여보, 무슨 일이에요?"

"모리스 페인의 전화야. 우리가 다시 케임브리지로 왔으면 좋겠대. 베일리얼 크로프트 계약이 원점으로 돌아갔나 봐. 니겔 하트가 죽었다는군. 타살이래. 니겔 하트가 죽든 말든 무차별적이지 않은 누군가가 있나 봐."

니겔 하트의 책

로건에서 히스로까지. 지하철을 타고 킹
스 크로스까지. 그리고 다시 열차로 케임브리지까지. 자레
드 맥도널드가 정거장에서 스피어맨 부부를 기다렸다 자
동차로 곧장 자신의 집까지 데려갔다. 헨리와 피지는 페인
의 갑작스런 전화를 받고나서 하루 동안 자신들의 계획을
수정했다.

그 날 저녁 그들은 대서양 횡단의 비행기를 타고 다음
날 아침 6시 반에 런던에 도착했다. 히스로 공항의 세관 검
사는 매우 느렸다. 세관원들은 세 번째 가방마다 반드시
열어보겠다고 작정한 것 같았다. 하지만 지하철은 막히지

않았고 두 사람은 즉시 급행 열차에 올라 케임브리지까지 올 수 있었다. 오전 10시경 스피어맨 부부는 밤 여행에 지칠 대로 지쳐 자레드의 거실에 앉아 있었다.

자레드 맥도널드는 빅토리아 로드의 북쪽에 위치한 작은 벽돌집에서 살고 있었다. 그 곳은 지저스 칼리지의 잔디밭과 연결된 '지저스 그린'에서 반 마일쯤 떨어진 곳이었다. 자레드 맥도널드의 집은 비슷한 기간 동안 케임브리지의 교수로 일한 사람들의 집보다는 좁았다. 하지만 맥도널드는 아직까지 독신으로 지냈고, 그래서 이 집은 그의 개인적인 욕구와 사회적인 요구에 비하면 충분히 넓었다.

"아뇨, 아뇨. 다른 곳에 가지 말고 이 곳에 머무시기 바랍니다. 지난번에 두 분을 호텔에서 머물게 한 것이 아직도 마음에 걸립니다. 이 곳에도 방은 충분히 있고 두 분이 하시는 일에 방해가 되지 않도록 하겠습니다. 지난번에 이 곳에 오셨을 때도 헤일 교수의 집에서 즐거운 시간을 보낸 것을 빼면 서로 만날 시간이 거의 없었습니다. 게다가 이 곳은 교통도 더 편리합니다."

사실 자레드 맥도널드의 말에는 일리가 있었다. 그래서 스피어맨 부부는 자레드의 요청을 못 이기는 척 받아들이기로 했다. 피지는 일반적인 주택의 편안함을 좋아했다.

스피어맨은 무엇보다 곁에 친구가 있다는 사실이 마음에 들었다.

"그럼, 그렇게 하는 걸로 얘기가 된 겁니다. 이제는 짐을 정리하고 방을 구경하시기 바랍니다." 자레드 맥도널드는 스피어맨 부부를 데리고 자기 집의 동쪽 끝으로 걸어갔다. 그 곳에는 바로 옆에 화장실이 딸린 작은 방이 있었다. 방안의 가구는 조용하고 우아한 분위기를 자아냈다. 문을 열면 바로 옆에 옷걸이가 있었고, 호도나무 스탠드를 가운데 두고 트윈 침대도 있었다. 그리고 스탠드 위에는 작은 독서용 전등이 있었다. 꽃을 수놓은 커튼을 걷어 올리면 창문으로 밝은 아침 햇살이 들어왔다. 트윈 침대의 맞은편에는 작은 책상과 등이 없는 의자가 놓여 있었다.

"내 침실은 위층에 있으니까 절대로 방해가 되지 않을 섭니다." 사레드 맥도널드가 말했디.

"두 분 모두 긴 여행으로 무척 피곤하실 겁니다." 맥도널드가 말했다. "나는 미국에서 돌아올 때마다 늘 녹초가 되곤 합니다. 그래서 두 분이 두어 시간 정도 낮잠을 자고 싶다 해도 이해할 수 있습니다. 하지만 그 끔찍한 얘기를 지금 듣고 싶으시다면, 강의는 오후에 있으니까 들려드릴 수 있습니다."

헨리 스피어맨이 말했다. "호기심은 고양이도 죽이지만, 나는 호기심을 풀지 못하면 잠을 자지 못합니다. 그러니 지금 낮잠을 자려 해도 소용이 없을 겁니다. 어쨌든 잠은 오지 않을 테니까요."

피지도 비슷한 생각이었다. "자레드, 나는 아무 데서나 잘 수 있고 비행기에서도 푹 잤어요. 그래서 낮잠을 자기보다는 빨리 그 이야기를 듣고 싶어요."

자레드 맥도널드는 다시 손님들을 거실로 안내한 후 그들을 소파에 앉혔다. 그 집의 거실은 독신자의 거실답게 그렇게 단정치는 못했지만 그런 대로 지낼 만한 수준은 되었다. 소파와 마주하는 곳의 벽에는 아치 모양의 벽난로가 있었다. 그리고 그 벽의 위쪽에는 뻐꾸기 시계가 걸려 있었다.

자레드 맥도널드는 자리에 앉아 니겔 하트의 죽음에 관한 이야기를 들려주기 시작했다. 그는 자신이 벤담협회의 회원은 아니지만 비숍 칼리지의 연회장에서 열린 그 협회의 연례 만찬에 초대를 받았다고 얘기했다. 그리고 케임브리지 대학교의 다른 모든 구성원들처럼 자레드도 그 끔찍한 이야기를 여러 차례 반복해서 들었다.

어딜 가나 사람들은 니겔 하트의 죽음에 관해서만 관심을 보였다. 그러나 스피어맨 부부가 가장 놀란 것은 니겔 하트의 시체가 발견된 그 마호가니 상자였다.

"어쩜 그렇게 될 수가 있죠?" 피지가 몸을 떨며 말했다. "남편과 저는 지난번에 런던에 왔을 때 그 안에 전시된 벤담의 유해를 보았어요. 불과 2주 전의 일이죠. 그런데 누군가 니겔 하트를 죽여 그 상자 속에 넣었단 말인가요?"

"약간은 다른 얘기입니다." 자레드 맥도널드가 말했다. "경찰의 설명에 따르면, 하트는 그 상자가 케임브리지의 창고에 있을 때 살해당했습니다. 그리고 그를 찌른 칼은 아직 발견되지 않았습니다."

"그러면 벤담은 어디 있나요?" 피지가 물었다.

"사실 그 얘기는 하고 싶지 않습니다. 살인자는 벤담의 유해를 상자에서 꺼낸 후 난도질을 했습니다. 제레미 벤담은 차고의 공구실에서 발견되었습니다."

스피어맨 부부는 잠시 그 끔찍한 얘기를 곱씹었다. 마침내 헨리가 자레드에게 물었다. "경찰에서는 단서를 잡았나요?"

"그 부분이 가장 당혹스런 부분입니다. 적어도 나에겐 말입니다. 바로 내가 용의자란 걸 믿을 수가 있습니까?"

"왜 당신이 의심을 받습니까?"

"내가 왜 의심을 받느냐구요? 나도 그 점이 궁금하니

다. 당신도 아다시피, 하트와 나는 최근에 일어난 경제학 교수들간의 싸움에서 서로 적대적인 관계였습니다. 그래서 경찰은 어떻게든 용의자를 찾으려는 과정에서 학문적인 갈등이 살인의 동기일 것이라고 결론을 내렸습니다. 물론 나는 외부인들의 그런 생각을 이해할 수 있습니다. 당신도 헤일 교수의 칵테일 파티에서 우리가 얼마나 앙숙일수 있는지 보았습니다. 하지만 죽이고 싶다는 생각과 실제로 죽이는 것은 별개의 문제입니다."

"다른 사람들은 의심받지 않습니까? 경제학과 관련해 당신과 의견이 같은 사람들은 또 있지 않습니까? 그들도 하트를 죽일 수 있는 사람들 아닙니까?" 스피어맨은 정보를 얻는 것 못지않게 자신의 친구를 위로하려는 생각에서 그렇게 물었다.

"그들도 경찰의 의심을 받고 있기는 합니다. 하지만 무엇보다 나에게 초점을 맞추고 있는 것 같습니다. 그것은 내가 한 말 때문일 수도 있고, 내가 그 중에서 가장 고참이기 때문에 살인 동기가 가장 크다는 생각 때문일 수도 있습니다. 나는 그것이 내가 쓴 편지 때문인지도 모른다는 생각까지 합니다. 그러니까 4년 전쯤의 일입니다. 그 편지는 이 곳 경찰이 케임브리지의 사소한 범죄들을 잘못 다루고 있음을 비판하는 내용의 편지였습니다. 그래서 어쩌면 경찰이 앙심을 품고 있는지도 모릅니다. 어쨌든 나로서는 어느것도 확실히 알 수가 없습니다. 그 모든 것은 어디까지나 내 생각일 뿐입니다."

"나도 케임브리지의 경제학자들이 심각하게 분열되어 있다는 것은 알고 있습니다. 당신과 나는 전에 그런 얘기를 한 적이 있습니다. 그래서 하트를 죽이면 통쾌한 기분을 느낄 수 있는 사람들이 있을 수도 있습니다. 하지만 그것 말고는 얻을 수 있는 것이 없지 않습니까?" 헨리 스피어맨이 말했다.

"그 말을 들으니 아이러니를 느낍니다." 자레드가 말했다. "사실 이제는 그렇게 해봐야 별 소용이 없습니다. 몇 년 전이라면 그럴 수도 있었겠지만 말입니다. 소위 말하는 마르크스·케인스 학파는 이제 수적으로 훨씬 우세여서 하트를 죽인다 해도 얻는 것은 별로 없을 것입니다. 그러니까 정치적으로 말입니다. 더구나 이제는 찬다바카르까지 그 학파에 합류했습니다. 따라서 하트가 죽는다 해도 힘의 균형은 깨지지 않을 겁니다. 그들은 여전히 통제력을 행사할 수 있습니다."

"그렇다면 당신이 감옥에 가든 말든 별 상관이 없겠군요." 헨리 스피어맨은 자레드 맥도널드에게 농담을 던졌다. "어느 경우이든 케임브리지의 경제학과는 지금 가고 있는 길을 가겠군요. 그런데 경찰에는 뭐라고 말했습니까?"

"글쎄요, 나는 그 편지에 대해서 사과를 하지 않았습니다. 당신이 묻는 것이 그것이라면 말입니다. 적어도 아직까지는 그러지 않았습니다. 하지만 나는 학자들간의 알력다툼은 이 곳에서 오래된 것이라고 얘기했습니다. 그것은 대가들도 마찬가지였습니다. 나는 경찰에 사도들(「사도행전」에서의 그 사도들이다—옮긴이)에 대해서도 얘기를 했습니다."

"사도들이라구요?" 피지가 궁금하다는 표정을 하며 큰 목소리로 물었다.

"피지, 케임브리지의 사도들은 엘리트 학자들만의 배타적인 그룹을 말하는 거야." 자레드 대신 헨리 스피어맨이 아내에게 설명했다. "케인스도 그 그룹의 일원이었지만 그 밖에도 유명한 사람들이 많았어. 다른 사람들에 대해서는 당신의 도움이 필요할 것 같습니다." 헨리가 자레드를 쳐다보았다.

"그 밖에 에드워드 M. 포스터, 프랭크 램지, 조지 E. 무어, 리턴 스트레이치, 루트비히 비트겐슈타인, 그리고 버트런드 A. W. 러셀 등이 있었습니다. 나는 경찰에게 그 그룹은 음모와 시기심에 사로잡혀 있었다고 말했습니다. 하지만 그들은 서로를 죽이지 않았습니다. 오히려 사람들은 그 그룹에 속하고 싶어 안달을 했습니다."

"몇 년 전에 일어났던 일이 기억납니다. 그때 트리니티 칼리지의 젊은 교수인 헤스케스가 사도들로부터 협박을 당한 후에 스스로 목숨을 끊었습니다. 헤스케스는 학문적인 재능도 뛰어났고 대인관계도 좋았습니다. 그보다 몇 년 전에는 케인스가 피구를 협박하기도 했는데, 그때 케인스는 '협회'에서 유일한 경제학자가 되고 싶어했습니다. 소문에 의하면 하트가 헤스케스에게 비열한 짓을 했다고 하지만, 케인스도 일역을 담당했을 겁니다."

"정말로 비극이군요! 그 그룹에 속하지 못해서 목숨을 끊었단 말인가요?" 피지가 물었다.

"사실은 그보다도 더한 비극이었습니다. 헤스케스에게는 아내와 10세 된 딸이 있었습니다. 아이의 어머니는 그 사건 때문에 제정신이 아니었고, 어린 딸은 고아원 같은 곳을 전전했다고 하더군요."

자레드 맥도널드는 잠시 생각에 잠겼다가 다시 헨리 스피어맨에게 말했다. "이상하게도 나는 그 어린 소녀가 베일리얼 크로프트의 어떤 일과 관련되어 있던 기억이 납니다. 한번은 내가 그 곳에 갔을 때 그 아이가 헤스케스와 함께 있었습니다. 마셜 여사는 그 여자아이에게 남편이 미국에서 갖고 온 화려한 주식증서를 갖고 놀게 했습니다."

"마셜이 결혼하기 전에 미국에 갔었다는 사실을 아는 사람은 많지 않습니다. 나는 전에 마셜이 집에 보낸 편지들을 읽은 적이 있는데, 마치 마마보이가 써보낸 편지 같더군요. 마셜은 거의 매일 아내에게 편지를 보냈습니다. 그 편지들 가운에 한 편지에서 마셜은 이렇게 적었습니다. '네바다 주에는 정숙한 여자가 거의 없는 것 같소.' 나는 마셜이 그것을 어떻게 알았는지 궁금하게 생각했습니다."

"어쨌든 헤스케스의 어린 딸아이는 주식증서에 새겨진 '매드 해터'의 그림에 매료되었습니다. 마셜 여사는 아이들이 부모와 함께 자기 집에 오면 늘 그것들을 갖고 놀게 한다고 말했습니다. 그래서 마셜 여사는 그 증서들이 더 이상 가치가 없음을 알면서도 그것들을 보관하고 있었습니다. 나는 그 아이가 위층의 침실에서 주식증서를 펼쳐놓고 갖고 놀던 기억이 납니다. 물론 이것은 여러 해 전의 일입니다."

그때 전화벨이 울리자 자레드 맥도널드가 자리에서 일어났다.

"누가 전화를 했는지 알 것 같군요. 모리스 페인이라면 당신을 바꿔주겠습니다." 자레드 맥도널드가 전화를 받기 위해 거실에서 나갔다. 그리고 5분쯤 지난 뒤에 다시 거실로 돌아왔다. 자레드 맥도널드는 약간 들떠 있었다.

"산도르 가보르가 전화를 했군요. 클레어 칼리지의 젊은 경제학 교수입니다. 그리고 앞으로 우리에게 큰 도움이 될 사람입니다. 방금 그레고리 셰퍼드가 경찰의 심문을 받았다고 하는군요. 셰퍼드는 격렬하게 항의한 모양입니다. 기억하실지 모르겠지만, 두 분도 헤일 교수의 집에서 셰퍼드를 보았을 것입니다. 어쩌면 셰퍼드의 가게에 가보셨는지도 모르겠군요. 이 부근에서 가장 유명한 서적상이니 말입니다."

"그런데 왜 경찰의 의심을 받고 있나요?" 헨리 스피어맨이 물었다.

"그레고리 셰퍼드에게는 동기도 있고 기회도 있었기 때문일 겁니다. 우선 먼저, 셰퍼드는 벤담협회의 만찬에 참석했었죠. 사실 셰퍼드는 니겔 하트가 사라지기 전에 그와 함께 있었습니다. 하트에게는 소중한 서재가 있었는데 셰퍼드는 하트의 친구로 알려져 있죠. 그래서 셰퍼드는 하트의 거의 모든 책, 적어도 값어치가 있는 모든 책을 다루게 되었습니다. 그 중에는 아주 소중한 희귀품들도 있습니다."

"하트는 학장으로서 직무를 수행하는 동안 자신의 소중한 책이 먼지를 뒤집어쓴 채 상자 속에서 잠자고 있는 것을 참을 수가 없었죠. 그는 자신이 죽은 후에 그 소중한 책들이 빨리 유통되기를 원했고, 그래서 몇몇 유명 변호사들에게 그런 내용이 담긴 유서 작성을 의뢰했지요."

"셰퍼드는 하트가 죽자마자 친구인 그의 책들을 가장 먼저 입수했죠. 그리고 그것들을 자기 가게의 창문에 전시했습니다. 제시한 가격은 아주 높았고, 창문에는 '하트의 책'이라는 포스터를 붙여놓았죠. 그리고 안에도 특별히 '하트 코너'를 마련해놓았습니다."

"그러면 그 책들은 다 팔렸나요?" 헨리 스피어맨이 물었다.

"이제 막 세일이 시작되었는데, 조만간에 팔릴 겁니다. 하트에게는 온갖 책들이 다 있었죠. 애덤 스미스 · 데이비드 리카도 · 존 스튜어트 밀 · 카를 마르크스… 대개는 초판본입니다. 그 중에서 일부는 증정본이구요. 최근에 발행된 멋진 책들도 있죠. 마셜의 초판본도 2권 있고 자필로 서명한 『일반 이론(The General Theory)』도 있습니다. 웬만해선 쉽게 볼 수 없는 책들이죠."

헨리 스피어맨은 자레드의 설명을 들으면서 안경을 닦고 있었다. "그러니까 셰퍼드는 하트의 유언에 따라 그 책들을 물려받음으로써 큰 덕을 보게 된 거군요."

"정확하게 말하면 유언에 의한 것은 아니죠. 두 사람은 친구였지만, 셰퍼드는 유서의 수혜자가 아니었습니다. 하지만 그는 그 책들을 물려받을 후손이나 도서관이 없다는 것을 알고 있었죠. 하트의 수집품은 그가 죽은 후에 팔리게 되어 있었습니다. 바로 그 부분에서 셰퍼드가 관련되었던 거죠. 아까 얘기했던 대로, 셰퍼드는 하트의 거의 모든 수집품을 넘겨 받았습니다."

헨리 스피어맨은 다시 안경을 썼다. "그렇다면 이 곳에 있을 때 셰퍼드의 가게를 방문해보는 것이 좋겠군요. 마켓 광장 근처에 있지 않던가요?"

"그렇습니다. 여기서 걸어서 갈 수도 있습니다. 그냥 마켓 광장까지만 가면 됩니다. 그 곳이 어딘지는 알고 계시죠? 그 곳에 가서 셰퍼드의 가게를 물으면 누구든지 알려줄 것입니다."

"헤일 교수의 집에서 셰퍼드 씨를 본 기억이 나요." 피지가 말했다. "헨리, 당신은 그 사람과 인사를 나누지 않았을 걸. 나도 인사를 나누지는 않았어. 하지만 아디스 혼이 셰퍼드 씨를 가리켰지. 체구가 좀 큰 분인데 그 인도 학자랑 얘기하던 분을 기억하지?"

하지만 헨리 스피어맨은 아내의 말에 대답하지 않았

다. 이제 그는 호기심이 충족되었기 때문에 잠 속으로 빠
져들었다.

진실을 밝혀줄 '홉슨의 선택'

"아이고. 선생님, 조금 늦으셨군요. 방금 전에 나갔습니다. 나간 지 2분밖에 되지 않았습니다. 보세요. 저기 다리 밑으로 가고 있는 것이 보이지 않습니까?" 허리에 가죽으로 된 지갑을 찬 중년의 사나이가 '실버 스트리트 다리' 밑으로 너벅선을 저어 가는 사람을 가리켰다. 스피어맨 부부는 목을 길게 빼고 부두 너머로, 캠 강을 미끄러져 가는 너벅선과 그 곳에 탄 손님들을 바라보았다.

"돌아오려면 1시간은 있어야 할 겁니다. 때로는 손님들이 빨리 돌아오고 싶어할 때도 있습니다. 하지만 그런 일은 자주 일어나지 않습니다. 특히 오늘 같은 날에는 말입니다. 그래서 적어도 1시간은 기다려야 할 겁니다." 부두에 있는 너벅선 임대소의 관리자가 스피어맨 부부에게 말했다.

"하지만 굳이 기다릴 필요는 없습니다." 관리자가 덧붙였다. "이 곳에는 다른 사공들도 있으니 말입니다. 배도 같은 배이고 코스도 같은 코스입니다. 원하신다면 지금 바로 출발할 수도 있습니다. 물론 늘 그런 것은 아닙니다. 때로는 손님들이 길게 줄을 서야만 할 때도 있습니다."

"아뇨, 그냥 기다리겠습니다." 헨리 스피어맨은 말했다. "우리가 만나고 싶은 사람은 파입스 씨이기 때문입니다."

"좋을 대로 하십시오. 강가의 벤치에 앉아 계셔도 됩니다. 파입스가 돌아오면 알려드릴 테니까요."

"괜찮으시다면 그 시간에 피터하우스에 가보고 싶군요. 갔다가 1시간 후에 돌아오면 되겠죠." 스피어맨은 손목시계를 쳐다보았다.

"그러니까… 가만 있자… 한 4시쯤 되겠군요. 그래도 괜찮겠습니까?"

"괜찮을 수도 있고 아닐 수도 있죠. 파입스가 일찍 돌아왔는데 기다리는 손님이 있다면 다시 갈 수밖에 없죠.

우리는 손님을 그냥 서 있게 하지 않습니다."

"무슨 말인지 알겠습니다." 헨리 스피어맨이 말했다.
"그렇다면 이런 제안을 하죠. 혹시 파입스 씨가 우리가 오
기 전에 돌아온다면, 그때부터 우리가 돌아올 때까지의 시
간을 저희가 사겠습니다. 그러니까 파입스 씨가 이 곳에
오는 순간부터 요금을 계산하는 겁니다. 우리가 없더라도
말입니다."

관리자는 다소 어리둥절한 표정으로 헨리 스피어맨을
바라보았다. 그는 자신이 제정신인 사람과 얘기하고 있는
지 알 수가 없었다. 계산을 하고나서 그가 말했다. "그러기
로 하지요. 하지만 1시간에 해당되는 요금은 지금 선불로
주셔야 합니다."

"무슨 말인지 알겠습니다." 헨리 스피어맨은 지갑에서
약간의 돈을 꺼냈다. "그럼, 파입스 씨가 꼭 이 곳에 있도
록 해주시기 바랍니다. 우리는 그 사람의 배를 타고 싶습
니다."

스피어맨 부부는 캠 강의 부두에 있는 너벅선 임대소
를 떠났다. 그 임대소는 모리스 페인이 전에 이용했다고
말한 곳이었다. 그리고 페인은 그가 고용한 사공의 이름도
말했다. 그의 이름은 스티브 파입스였다.

두 사람은 자레드 맥도널드의 집에서 낮잠을 잔 후에

바로 이 곳으로 이동했다. 두 사람은 너벅선을 타고 캠 강을 유람하기 위한 복장으로 갈아입었고, 떠나기 전 헨리 스피어맨은 카메라와 작은 수첩을 챙겼다.

"사람들이 우리를 영국인 부부로 생각할까?" 헨리가 집을 나설 때 피지에게 가볍게 말했다.

"자전거를 타도 그렇게 보지는 않을 거야." 피지는 이렇게 대답했다.

파이프스가 돌아오기를 기다리며 피터하우스에서 보낸 시간은 즐거웠다. 두 사람은 전에 케임브리지에 왔을 때 이 칼리지를 방문하지 않았다. 피터하우스의 수위는 스피어맨이 비숍 칼리지의 초빙 강사임을 알고는 통상적인 방문 시간이 끝났음에도 두 사람을 교정 안으로 들여보내주었다.

"선생님은 어느 대학교에서 오셨습니까?" 수위가 헨리 스피어맨에게 물었다.

"하버드 대학교입니다." 헨리가 말했다.

"아, 케임브리지 출신의 그 하버드 씨가 세운 대학교로군요. 그 분은 에마뉴엘 칼리지를 졸업했죠. 여기 계시는 우리 교수님들 중에도 하버드에서 오신 분이 계십니다. 키치 교수님 말입니다. 그 분은 하버드가 있는 마을 이름도 케임브리지라고 말했습니다. 혹시 그 분을 아십니

까?"

"아뇨. 처음 듣는 이름인 것 같습니다." 헨리 스피어맨
이 말했다.

"피터하우스는 케임브리지에서 가장 오래된 칼리지라
고 하더군요. 혹시 언제 세워졌는지 아시나요?" 피지가
물었다.

"부인, 그 질문에 대답하지 못한다면 나는 이 자리에서
물러나야 합니다. 1284년이죠. 거의 7백 년 전에 세워졌
죠. 그런데 하버드 대학교는 언제 개교했나요?"

"1639년일 겁니다." 피지는 잠시 생각에 잠겼다. "예,
그때인 것 같습니다."

"오, 그렇다면 하버드는 새내기에 불과하군요." 수위는
진지한 표정으로 얘기했다.

스피어맨 부부는 수위에게 고맙다는 말을 한 후에 피
터하우스 칼리지의 교정을 둘러보았다. 고풍스런 예배당
을 구경하고 잔디밭과 정원을 둘러본 후에, 두 사람은 다
시 너벅선 임대소가 있는 부두로 걸어가기 시작했다.

그들이 부두에 다가서고 있을 때 임대소의 관리자가
그들에게 소리쳤다. "어서 오세요. 스티브 파입스가 여기
에 있습니다."

모리스 페인의 설명은 정확했다. 스티브 파입스는 건

장한 체구의 젊은 청년이었다. 파입스는 검정색 바지와 소매가 긴 흰색 셔츠, 그리고 허리를 졸라매는 회색의 조끼를 입고 있었다. 머리는 밝은 갈색이었으며, 여름에 비가 많이 와서인지 밖에서 일했지만 얼굴은 여전히 희었다. 게다가 파입스는 너벅선을 저을 때 챙모자를 썼기 때문에 햇빛을 덜 받았다.

"물론이죠. 페인 씨를 기억합니다." 스티브 파입스가 두 사람을 소개받고 모리스 페인과의 관계를 알고나자 활짝 웃으면서 말했다. "어떤 손님들은 결코 잊을 수가 없죠. 가령 팁을 듬뿍 주는 손님들 말입니다. 하지만 자신의 너벅선에서 죽을 뻔한 사람은 더욱 잊을 수가 없죠! 그 사고를 당한 후에 당신의 친구 분은 다시는 너벅선을 타지 않겠다고 맹세하진 않았나요?"

"아뇨. 그렇지는 않았을 겁니다. 페인은 당신이 경제학에 관심이 있다고 하더군요. 이 경우에는 한계효용 체감의 법칙을 적용시킬 수 있을 겁니다. 모리스 페인은 첫 번째 너벅선 여행에서 충분한 만족(?)을 얻었기 때문에, 한동안은 너벅선을 타고 싶은 생각이 없을 겁니다."

"그렇군요." 파입스가 소리내어 웃으면서 말했다. "아주 좋은 말씀입니다. 관리자가 그러는데, 당신은 내가 돌아온 이후부터 요금을 지불하겠다고 했다더군요. 이제는 본론을 얘기해야 할 시간인 것 같습니다. 떠나기 전에 다른 손님을 더 태워도 되겠습니까?" 스티브 파입스가 물었다. "그러면 요금이 약간 더 싸질 겁니다. 물론 공간은 충분합니다. 우리 배에는 여섯 사람까지 태울 수 있습니다."

하지만 스피어맨 부부는 그 제의를 거절했다. 그래서 파입스는 두 사람만 배에 오르도록 도왔다. 그는 손으로 길고 좁은 배를 부두에서 밀어낸 후 선미에 서서 장대를 움직이기 시작했다.

"언제든지 장대를 젓고 싶으시면 말씀하세요." 파입스가 말했다. "그렇다고 제가 꾀를 부리는 것은 아닙니다. 호기심에서 해보고 싶어하는 손님들도 있으니 말입니다."

"우리는 당신이 하는 일을 절대로 빼앗고 싶은 생각이 없습니다." 헨리 스피어맨이 말했다. "우리가 원하는 것은 당신이 2주 전에 모리스 페인을 데려간 바로 그 지점에 우리를 데려가는 것입니다. 물론 하늘에서 또다시 아령이 떨어져서는 안 되겠죠. 하지만 그 날 당신과 페인에게 일어났던 일을 소상히 얘기해주시기 바랍니다. 페인은 그 날 당신과 둘이서만 있었다고 하던데, 맞습니까?"

"예, 그렇습니다. 저는 그 분에게도 아까 했던 것과 똑같은 제안을 했습니다. 하지만 그 분도 혼자서 가고 싶어 했습니다. 그 날 아주 바빴던 걸로 기억하는데, 그래도 그 분은 혼자서 너벅선을 타고 싶어했습니다. 제 기억으로는 그 날 막 영국에 도착해서 피곤하다고 얘기한 것 같습니다. 실제로도 피곤해 보였습니다. 그래서 나는 별로 이상하게 여기지 않았습니다."

스티브 파입스가 분주하게 움직이는 너벅선들을 헤치고 배를 이동시켰다. 이윽고 그들은 자동차·버스·자전거들이 지나다니는 위쪽의 실버 스트리트 다리 밑을 지나갔다. 너벅선이 퀸스 칼리지 근처를 지나갈 때 스티브 파입스는 말했다. "여기서부터 가는 길에 무엇이 보이든 기꺼이 설명해드리겠습니다. 하지만 페인 씨는 그냥 중요한 것들만 얘기해달라고 말했습니다. 그래서 그 분과 똑같이 하기를 원하신다면 그렇게 하겠습니다. 그 분은 말하자면 '리더스 다이제스트' 식으로 설명해달라고 부탁했습니다."

스피어맨 부부도 그런 방식으로 요약해서 설명해달라고 얘기했다.

비교적 편안한 자세로 앉아 있는 피지는 여유로운 모습이었다. 헨리는 아내의 바로 옆 의자에 앉아 있었다. 두 사람 모두 선미를 바라보며 파입스와 가장 가까운 의자에서 그를 마주했다. 파입스는 페인도 그렇게 앉아 있었다고 얘기했다.

"사고가 일어났던 곳에 접근하면 얘기해주시겠소?" 헨

리 스피어맨은 다시 사공에게 상기시켜주었다.

"조금만 더 올라가면 됩니다. 백스를 지나고 킹스 칼리지 예배당을 지나면 되죠. 걱정하지 않으셔도 됩니다. 모두 보게 될 테니까요. 보고 싶든 아니든 말입니다. 캠에서 너벅선을 탈 땐 원하는 것만 골라서 볼 수가 없죠. 그러니까 홉슨의 선택(Hobson's choice)이죠."

헨리 스피어맨은 귀를 쫑긋 세웠다. "스티브, 미국에서는 그런 표현을 이따금씩 씁니다. 내가 알기로 그것은 선택의 여지가 없다는 뜻이던데. 그래서 나는 늘 경제학자로서 궁금하게 생각했죠. 그 말이 원래 케임브리지에서 나온 말 아닌가요? 내가 볼 땐 무언가 관련이 있는 것 같은데."

파입스는 스피어맨 부부에게 미소를 지었다. "그렇습니다. 서로 관련이 있습니다. 우습군요. 그런 질문을 받는 것은 참 오랜만입니다. 토머스 홉슨은 1600년대에 케임브리지에서 마구간을 운영하며 학자들에게 말과 그 밖의 관련 장비를 임대했습니다. 그리고 돈도 많이 벌었죠. 심지어 밀턴도 자신의 시에서 홉슨을 언급했습니다."

"그게 누군지 아는 사람은 없는 것 같은데, 어떤 사람이 그 사람의 이름을 따서 '홉슨의 선택'이란 말을 사용했습니다. 그리고 리처드 스틸이 18세기에 그 말을 유행시켰습니다."

"하지만 왜 그런 뜻이 된 거죠?" 피지가 물었다. "홉슨의 마구간을 설명하는 명판을 보았지만, 왜 그런 뜻이 된 건지는 잘 모르겠더군요."

"저는 스틸이 기록한 것만 얘기할 수 있습니다. 홉슨은 상당히 큰 마구간을 운영했습니다. 그래서 말들이 무척 많았죠. 하지만 학자들이 그 곳에 말을 빌리러 갈 때마다, 홉슨은 늘 마구간의 문 바로 옆에 서 있는 말만을 빌려주었죠. 그 사람이 전에 마음에 들었던 말을 타고 싶다고 아무리 얘기해도 소용이 없었습니다. 그러니까 반드시 문에서 가장 가까운 곳에 있는 말만을 빌려주었던 거죠. 그래서 스틸은 어쩔 수 없이 하나만 선택해야 하는 경우에 홉슨의 마구간을 비유해서 '홉슨의 선택'이란 표현을 쓴다고 책에 적었습니다."

헨리 스피어맨은 잠시 말이 없었다. 마치 기도를 하듯이 고개를 숙이고 있었다. 마침내 그는 고개를 들고 얘기했다. "스틸은 홉슨이 어떤 경제적 원리를 적용시키려 했는지 잘 몰랐던 것 같군요. 경제학은 종종 삶의 일상적인 사건들 속에 어떤 논리가 숨어 있음을 지적합니다. 스틸은 홉슨의 마구간 운영에 숨어 있는 경제 논리를 알지 못했습니다. 나는 홉슨이 부자가 되었다는 사실에 놀라지 않습니다."

"박사님, 그게 무슨 뜻입니까? 홉슨은 고객들이 원하는 말을 빌려줌으로써 더 많은 돈을 벌 수 있지 않았을까요?"

"그것은 상황에 따라 다릅니다." 스피어맨이 말했다. "홉슨의 경우 그것은 비용을 최소화시키려는 의도였습니다. 가령 케임브리지의 학생들이 말을 함부로 다룬다고 생각해봅시다. 그러니까 렌트카를 빌리는 사람들이 차를 함부로 다루듯이 말입니다. 두 경우 모두 자신의 물건이 아니기 때문에 그러는 것입니다. 그리고 홉슨은 그 점을 유념해야만 했습니다. 그가 너무나도 소중한 자신의 사업 자산을 온전히 보전하는 방법은 무엇이겠습니까? 늘 가장 원기가 왕성한 말, 다시 말해 가장 나중에 힘들게 달렸던 말을 빌려주는 것입니다."

"스티브, 당신이 토머스 홉슨에 대해 연구를 해보면 그 모든 것이 결코 우발적인 일이 아님을 알 수 있을 겁니다. 그는 자신의 말들을 차례차례 이동시켜 가장 원기가 왕성한 말이 문에서 가장 가까운 곳에 있도록 했습니다. 그리고 그 말은 손님들에게 '홉슨의 선택'이 되었습니다. 물론 그것은 홉슨 자신의 선택이기도 했죠. 하지만 그의 선택에는 나름의 논리가 있었던 것입니다."

"헨리, 그만하면 된 것 같아. 우리가 이 곳에 온 것은 당신의 강의가 아니라 안내자의 말을 듣기 위해서 아니야?" 피지가 반은 농담으로, 반은 훈계조로 남편에게 얘기했다.

그들이 얘기하는 동안 배는 강을 따라 올라가고 있었다. 조용히 움직이는 너벅선 주위로 그 동안 페인과 수많은 방문객들이 보았던 경치와 볼거리들이 지나갔다. 스티브 파입스는 스피어맨 부부에게 가능하면 요약해서 그것들에 관한 역사를 들려주었다. 그에게는 케임브리지의 유명한 인물들에 관한 이야기를 때맞춰 소개하는 재능이 있었다.

"정말로 나중에 경제학자가 되고 싶은가요?" 피지가 너벅선을 젓고 있는 스티브 파입스에게 물었다. "당신은 역사에 뛰어난 재능이 있는 것 같은데요."

"부인, 저는 절대로 사학자는 되고 싶지 않습니다. 역사는 물론 재미있습니다. 하지만 여기서 너벅선을 젓는 사람들 중에도 사학을 전공한 사람들이 있습니다. 좋아서가 아니라 돈을 벌기 위해서 말입니다. 그것 말고는 특별하게 할 일이 없다고 하더군요. 저는 앞으로 경제학을 공부할 생각입니다. 경제학을 전공한 사람들 중엔 너벅선이나 젓는 사람은 없으니 말입니다. 적어도 내가 본 사람들 중에서는 없었습니다."

"스피어맨 교수님, 당신이 가르친 학생들 중에서 이런 일을 하는 사람이 있습니까?"

헨리 스피어맨은 무언가 골똘히 생각하다가 질문을 받고 대답했다. "내가 아는 바로는 없습니다. 물론 미국에서는 이런 일을 하기가 쉽지 않죠. 하버드와 MIT 근처에 있는 찰스 강에서 너벅선을 저으려면 아주 긴 장대가 있어야만 합니다. 하지만 그렇게 할 수 있다 해도, 내가 가르친 학생들은 그보다 수입이 좋은 일을 할 것입니다."

"헨리, 수입이 좋다고 더 즐거운 것은 아니야." 피지가 반박했다.

"물론 당신 말이 맞아." 헨리가 피지 쪽으로 고개를 돌리면서 말했다. "경제학자들도 수입이 얼마나 되는지는 측정할 수 있지만, 즐거움이 얼마나 큰지는 양적으로 쉽게 측정할 수 없지."

"둘 사이엔 밀접한 연관성이 있지 않습니까?" 파이스가 물었다. "저라면 수입이 배가 될 때 일을 더 즐겁게 하겠는데요."

"하지만 문제는 해야 할 일은 절반이고 수입은 여전히 같을 때도 즐겁게 일할 수 있다는 거요."

헨리와 파이스는 잠시 그런 식으로 얘기를 주고받았

다. 스티브 파입스는 자신에게 관심이 있는 경제학 교수와 경제학에 대해 얘기할 수 있다는 사실이 너무 좋아서 안내자의 역할을 잠시 잊었다. 그는 전에 들어본 적이 있는 경제학자와 토론을 하고 있는 것이었다! 파입스는 대학원 시험을 위해 어떤 책을 읽으면 좋을지 스피어맨 교수가 조언을 해줄 수 있을 것이라고 생각했다.

하지만 그는 스스로 깨우치는 것의 중요성도 알고 있었다. 스피어맨 부부가 이 곳에 온 것은 자신에게 조언을 해주기 위해서가 아니었다. 그들에게는 나름의 목적이 있었다. 파입스는 스피어맨 부부를 실망시키고 싶지 않았다. 그래서 그는 스피어맨 부부에게 자비를 구하기보다 (전략적인 관점에서) 애덤 스미스가 말한 대로 '그들의 인류애에 호소하는' 길을 택했다.

"페인 씨는 여기쯤에 와서 아주 편안한 기분을 느끼는 것 같았습니다." 파입스가 말했다. "지금도 기억이 나는데, 그 분은 우리가 저기 있는 저 다리를 지나갈 때 의자에서 몸을 뒤로 젖힌 채 경치를 감상하고 이따금씩 저에게 질문을 던졌습니다. 그렇지만 대개는 제가 얘기를 했죠."

배가 백스와 트리니티 칼리지를 연결하는 다리 밑으로 지나가면서 그림자가 생겼다. 세 사람이 다리 밑에서 다시 나올 때, 헨리 스피어맨은 작은 수첩을 꺼내면서 파입스에게 말했다.

"파이프스, 그 동안 시간이 좀 지난 것은 압니다. 하지만 아령이 떨어진 곳에 가서 당신의 설명을 듣기 전에 질문을 좀 하고 싶군요. 다음의 질문들을 잘 듣고 대답해주시기 바랍니다. 이해가 가지 않는 부분이 있다면 그렇다고 얘기해주세요. 기꺼이 설명해드릴 테니까." 그리고 스피어맨은 다음과 같은 질문들을 던졌다.

"당신이 페인과 함께 부두를 떠났을 때, 누군가 당신들을 지켜보던 사람이나 출발할 때 특이한 점이 있었나요?"

"당신은 다시 돌아왔을 때 경찰을 만나 그들과 얘기했습니다. 하지만 주위에서 그 밖에 수상한 사람을 본 적이 있습니까?"

"당신이 배를 타고 강을 따라갈 때, 그 일이 있기 전이나 후에, 누군가 둑을 따라 당신들을 따라오던 사람이 있었습니까?"

"당신이 배를 타고 강을 따라갈 때, 그 일이 있기 전이나 후에, 누군가 다른 배에 있는 사람이 당신들을 따라오거나 미행하는 낌새를 느끼지 못했습니까?"

"당신은 모리스 페인이 피곤해 보인다고 말했습니다. 페인은 어떤 식으로든 위험을 예상하거나 걱정하는 표정을 지었습니까?"

"당신은 누군가 배에서나 강가에서 당신의 배를 누군가에게 가리키거나 모리스 페인을 지목하는 듯한 행동을 본 적이 있습니까?"

"당신은 그 일이 있기 전에 다리 밑을 지나갈 때, 이를테면 방금 우리가 다리 밑을 지나왔듯이, 그때 당신은 다리 위에서 누군가 당신들을 지켜보거나 위협하는 듯한, 혹은 당신들에게 무언가를 던지려는 듯한 느낌을 받은 적이 있습니까?"

"그 날 강 위에서 앞으로 일어날 일을 암시하는 무언가를 본 적이 있습니까?"

헨리 스피어맨의 그 모든 질문에 스티브 파입스는 "노"라고 대답했다. 그는 그 날 오후에 평상시와 다른 어떤 것도 보지 못하다가 느닷없이 아령이 떨어지는 일을 당했다고 했다.

"그 곳에 도착했습니다." 파입스는 스피어맨의 마지막 질문에 답한 후에 말했다. "바로 이쯤에서 그 일이 일어났습니다."

파입스는 스피어맨에게 바로 앞쪽을 가리켰다. 피지와 헨리는 앉은 자리에서 배의 선수 쪽으로 시선을 돌렸다. "페인 씨가 '탄식의 다리'를 보던 기억이 납니다. 바로 앞에 그것이 보이시죠? 페인 씨는 저 다리가 무엇인지 잘 몰

174

랐을 것입니다. 하지만 그 분은 정말로 관심이 있는 것 같았습니다. 강에서 보았던 다른 어떤 것보다 더 관심을 보이는 것 같았죠. 하지만 이쯤에 와서 그 분은 아까 얘기했던 대로, 편안한 기분으로 즐거운 시간을 보내는 것 같았습니다."

"나는 저 다리에 대해서 몇 가지 얘기를 해주었습니다. 베네치아에 있는 원래의 다리랑 그 밖의 여러 가지 등등이었습니다. 하지만 그 분은 다리 위의 창문들에 있는 십자형 창살에 관심이 있는 것 같았습니다. 하지만 그런 일은 가끔씩 있습니다. 때로는 사람들이 그것에 대해 묻곤 하는데 답하기에 어려운 질문도 아니죠. 그것들은 세인트 존스의 학부생들이 문을 닫는 시간이 지난 후에 몰래 들어가는 것을 막기 위해 사용했던 것입니다. 하지만 페인 씨는 창살에 대해 더 많이 알고 싶어했습니다. 지금 생각해보니 그랬습니다."

"그런 후에 무슨 일이 일어났습니까?" 헨리 스피어맨이 물었다.

"그러니까… 저는 그 분이 저 다리에 관심이 있다는 것을 알고 곧바로 다리의 한가운데로 가려 했습니다. 그렇게 하는 이유는 손님들이 사진을 찍을 때 그렇게 하면 좋은 각도를 취할 수 있고 다리 한가운데서 사진을 찍고 싶어하기 때문입니다. 페인 씨에게 카메라가 있었는지는 기억이 나질 않습니다. 하지만 저는 대개 그런 이유 때문에 너벅 선을 세인트 존스 가까이로 이동시킵니다. 이번에도 조금 있으면 그렇게 할 겁니다. 그러면 좀더 분명하게 이해하실 수 있을 겁니다."

"그렇다면 모리스 페인에게 카메라가 없었음에도 당신 은 배를 건물 가까이 이동시켰다는 겁니까? 왜 그랬습니 까?"

순간 스티브 파입스는 방어적이 되지 않으려고 애를 썼다. "글쎄요, 아까 얘기했던 대로 저는 그 분에게 카메 라가 있었는지 잘 기억이 나질 않습니다. 어쩌면 있었을 것이고 어쩌면 없었을 겁니다. 제가 얘기할 수 있는 건 손 님들에게 카메라가 없는 것을 알았으면 지금 가고 있는 저 벽 근처로 배를 가까이 대지 않았을 수도 있다는 것뿐 입니다. 그 밖에 다른 상황도 고려합니다. 근처에 다른 너 벅선이 있으면 전 다른 각도를 취합니다. 때로는 너벅선 들이 너무 많아서 그들을 피하기 위해 반대편으로 가기도 합니다. 하지만 그 날은 그냥 건물 쪽으로 다가갔습니다. 지금 기억나는데, 벽을 만질 수 있을 만큼 가까이 갔습니 다."

"하지만 어떤 낌새도 알아차리지 못했단 말이죠?"

"그렇습니다. 그랬다면 내가 왜 그쪽으로 갔겠습니까? 배가 망가지면 저는 곤경에 처합니다. 잘못하면 수리비를 제가 물어내야 하니까요."

스티브 파입스는 너벅선을 조금 더 위쪽으로 이동시키며 세인트 존스 칼리지의 벽 쪽으로 접근시켰다. 배가 나아가고 있는 쪽에는 다른 너벅선들이 없는 것 같았다. 파입스는 이제 조용했다. 헨리 스피어맨은 더 이상 질문을 하지 않았다. 세 사람 모두 아무 말도 없이 위쪽만 쳐다보았다.

"드디어 그 곳에 도착했습니다. 이번에는 아무 일도 일어날 것 같지 않군요." 파입스는 배를 멈춘 다음 칼리지의 벽에 손을 얹고 너벅선을 정지시켰다.

"원하시지 않는다면 배를 이동시키겠습니다. 아니면 이 곳에 있어도 괜찮으시다면 잠시 이 곳에 머물겠습니다. 어느쪽이든 저는 상관하지 않습니다. 그 일이 있은 후 이 곳에 백 번쯤 왔지만 아무 일도 일어나지 않았습니다. 아마 그 날 일어난 일은 '백만 번에 한 번 일어나는' 그런 일이었을 겁니다. 이제는 그것을 확신할 수 있습니다. 하지만 그때는 그렇게 생각할 수가 없었습니다."

"바로 이 지점에서 아령이 떨어졌습니다." 파입스가 다시 말했다. "제가 생각할 때 아령이 위에서 똑바로 떨어졌다면 저기 두 창문 가운데 하나에서 떨어졌을 겁니다." 그러면서 파이프스는 2층과 3층의 창문을 가리켰다.

"만일 누군가 그것을 페인 씨에게 던졌다면, 그때는 측면에 있는 다른 창문에서 날아왔을 수도 있습니다. 나는 측면에서 누군가 아령을 던지는 것을 보았다는 생각이 들기도 했습니다. 하지만 지붕에서 떨어졌을 수도 있습니다. 누구도 정확하게 알 수는 없습니다. 하지만 내가 강조하고 싶은 것은, 나로서는 위를 쳐다볼 이유가 전혀 없었다는 겁니다. 배를 저을 때 나는 대개 강을 보지 하늘을 쳐다보지 않습니다. 나는 손님이 새의 이름을 물을 때만 위를 쳐다보죠. 하지만 그 일이 있은 후로는, 솔직히 말해서 이 곳을 지나갈 때마다 위를 쳐다보는 습관이 생겼습니다."

"파이프스, 내가 잘못 알고 있다면 그렇다고 얘기해주세요." 헨리 스피어맨은 말했다. 그는 이제 선 자세로 위쪽에 있는 칼리지의 건물을 주의 깊게 바라보고 있었다. "당신은 모리스 페인에게 누군가가 3층의 창문에서 무언가를 떨어뜨리는 것을 본 것도 같다고 말했습니다. 내 말이 맞습니까?"

"맞습니다."

"그렇다면 당신이 본 것 같다는 그것은 사람이었습니

까?"

"그건 잘 모르겠습니다. 사실은 그 무언가조차도 내 상상의 산물이었을지 모릅니다. 아령은 순식간에 떨어졌으니까요. 나는 급히 배를 벽에서 이동시킨 후 위를 보았습니다. 그런데 바로 위쪽의 창문 두 개가 열려 있었습니다. 어쩌면 내가 그 둘을 연결시켜 무언가를 보았다고 착각했는지도 모릅니다."

"창문이 열려 있는 것이 의외의 일이었습니까?"

"창문이 열려 있는 것은 아무 상관도 없습니다. 지금은 여름입니다. 보세요. 오늘도 열려 있지 않습니까?"

헨리 스피어맨은 다시 자리에 앉아 피지의 옆에서 파입스와 마주했다.

"어떻게 생각하십니까?" 파입스가 물었다.

"둘 중에 하나입니다. 우연히 일어난 사고였거나, 아니면 누군가 의도적으로 아령을 던진 것입니다." 스피어맨은 부드럽게 말하면서 젊은 사공을 쳐다보았다. "가능한 가설은 그 둘밖에 없습니다. 하지만 어느쪽을 취하느냐에 따라 결과는 엄청나게 달라집니다. 물론 나는 우연히 일어난 사고였기를 바랍니다. 하지만 나로서는 그 두 가지 가설 중에서 어느것이 진실인지 알 수가 없습니다. 파입스, 진실을 밝혀낼 때 나에게는 대안이 없습니다. 궁극적으로 그것은 '홉슨의 선택'과 같으니까요."

피지는 스티브 파이프스를 쳐다보면서 어깨를 으쓱했다.

"그건 또 무슨 소리야?"

불쌍한 양키

"어제는 유명한 사람을 배에 태웠어요. 적어도 나에게는 유명한 사람이죠." 스티브 파입스가 버터를 바른 빵을 먹으면서 솔트마시 여사에게 말했다. 커튼 사이로 아침 햇살이 들어와 두 사람이 앉아 있는 탁자에 햇빛을 비추었다. 솔트마시 여사는 또다시 잔에 커피를 따르고 있었다.

"영화배우라도 태웠나?" 그녀가 물었다.

파입스가 소리내어 웃었다. "영화배우와는 거리가 먼 사람이죠. 하지만 경제학 분야에서는 그 분도 스타죠."

솔트마시 여사는 뜨거운 커피를 마시면서 물었다. "아,

그러니까 머리에 든 게 많은 사람이로군."

"그렇다고 할 수도 있죠. 그 분은 미국의 하버드에서 교수로 일해요. 이름은 스피어맨이구요. 어제 아침에 그 분과 그 분의 부인을 손님으로 모셨어요. 너벅선은 처음 타본다고 하더군요. 스피어맨 교수는 2주 전에 너벅선에 아령이 떨어져 죽을 뻔했던 페인 씨와 친구 사이에요. 스피어맨 부부는 그 사고가 발생한 바로 그 장소에 가고 싶어했어요. 그리고 돌아오는 길에도 다시 그 곳에서 배를 멈추라고 얘기했죠. 나는 그 곳에 있을 때 내내 위를 보고 있었어요. 무슨 말인지 아시죠! 요즘에는 세인트 존스를 지날 때마다 위를 본다니까요."

"암, 그래야 하구말구." 솔트마시 여사가 말했다. "또다시 아령이 떨어질 수도 있으니까. 그걸 누가 알겠어. 내가 전에 창문 밖으로 꽃병을 떨어뜨린 그 아낙네 얘기를 했지? 그런 일은 또 일어날 수 있는 거야. 다음에는 꽃병이 아닐 수도 있지만, 어쨌든 무언가가 떨어질 수 있지."

"그 분들에게 내가 흥미를 느낀 것은 경제학 교수와 경제학 얘기를 했다는 점이에요. 나는 그 분에게 이 곳에 공부하러 왔지만 학교에 들어가지 못했다고 얘기했죠. 대신에 나는 손에 닿는 대로 책을 읽으면서 언젠가는 레드브릭 대학교에 진학하고 싶다고 말했어요. 그 분은 내가 아는 것이 많다고 칭찬을 하더군요. 우리는 조앤 로빈슨의 작품과 내가 읽은 맥도널드의 책에 대해서 많은 얘기를 했어요. 알고보니 맥도널드 씨는 스피어맨 교수님과 친구 사이더군요. 스피어맨 교수님은 내가 미국에서 대학원에 들어갈 수 있도록 도와주겠다고 말했어요. 내가 미국에 가고 싶어하는 마음이 있다면 말이죠. 또 그 분과 그의 부인은 내가 말한 이 곳의 학문적인 생활도 모두 귀담아들었어요. 그리고 내가 아는 것이 많다며 놀라는 표정을 짓더군요. 하지만 나는 너벅선 사공으로 일하면서도 많은 것을 배울 수 있다고 말했어요."

"그 사람은 이 곳에 있는 동안 강연을 할 건가?" 솔트마시 여사가 물었다.

"아뇨. 강연은 지난번에 이 곳에 왔을 때 이미 했어요."

"어쨌든 어제는 괜찮은 손님을 태웠다니 잘됐군. 무례한 사람들을 만나면 풀이 좀 죽잖아. 요즘에는 점잖은 사람들을 찾기가 쉽지 않지."

"그 분들은 절대로 무례하지 않았어요. 두 분은 오후에 저랑 적잖은 시간을 함께 보냈어요. 그 분의 부인은 케임브리지의 역사에 관심이 많더군요. 그리고 스피어맨 교수님은 케임브리지의 교수님보다 나를 더 친절하게 대해주었어요. 미국에서는 교수들이 학생들과 친하다고 하더군요. 뿐만아니라 나는 그 분들과 다시 만나기로 했어요."

"어떻게?"

"부두에서 나는 두 분에게 케임브리지 근교의 시골을 구경해보면 좋을 것이라고 얘기하면서, 여기 그렌체스터에 오면 내가 안내해드리겠다고 말했어요. 스피어맨 여사는 시골에 있는 강을 보고 싶어했고, 나는 이 곳보다 더 좋은 곳은 없다고 얘기했죠. 그래서 두 분은 자동차를 타고 오늘 오후에 이 곳으로 오기로 했어요."

"오, 스티브, 좀더 일찍 알려주지 그랬어. 그러면 뜬구름이나 잡는 교수와 얘기하지 않아도 될 텐데." 솔트마시 여사가 얼굴에 근심스런 표정을 지었다.

"걱정하실 것 하나도 없어요. 두 분을 만나면 금방 좋아하시게 될 거예요. 아무하고나 경제학 얘기를 하지는 않는 분들이에요. 두 분 모두 케임브리지에 관심이 있는 것 같고, 이 곳에 와서 구경을 하면 틀림없이 만족할 거예요."

스티브가 눈을 반짝이며 다시 말했다. "그리고 그 분들을 만나면… 하트 교수의 죽음에 관한 여사님의 이론을 얘기해도 좋아요. 스피어맨 교수님은 그 일에 관심이 많아요. 나에게도 하트 학장의 죽음에 관해서 많은 것을 물었어요."

"당연히 그렇겠지."

"한 가지 이상한 것은, 그 분들이 유니버시티 칼리지를 방문한 지 얼마 후에 하트 교수가 죽었다는 거예요. 그리고 그 분들이 그 곳에 간 것은 무엇보다 벤담의 유해를 보기 위해서였어요."

"런던에서 할 일이 그것밖에 없다는 말인가? 그 먼 미국에서 여기까지 와 고작 상자 속에 들어 있는 시체나 본단 말인가!"

"사실 그 분들은 런던에 아주 잠시만 머물렀어요. 그 분들의 진짜 볼일은 케임브리지에 있죠. 그리고 강연을 하기 위해서 이 곳에 온 것도 아니에요. 집을 사기 위해서 온 거죠."

"집을 사기 위해서?" 솔트마시 여사가 물었다.

"일반적인 의미에서 집을 사려는 게 아니구요. 그 분들이 미국에서 이 곳으로 이사할 계획은 아니거든요. 스피어맨 교수님이 사려는 집은 전에 아주 유명한 경제학자가 살았던 집이에요. 매딩글리 로드에 있는 그 저택을 아세요?"

솔트마시 여사는 파입스가 무안해하지 않도록 고개를 끄덕이며 안다는 시늉을 했다.

"그 집이 바로 앨프레드 마셜이 살던 집이에요. 스피어맨 교수님은 그 집을 사고 싶어해요. 그렇다고 자신이 직접 살려는 것은 아니고, 그 집을 보존하고 싶어하는 어떤 돈 많은 양키를 위해서 사는 거죠. 그 돈 많은 양키는 젊은 미국인 경제학자를 그 곳에 1년 동안 머물게 하면서 모든 비용을 대주고, 어떤 임무도 주지 않으며, 그냥 그 곳에서 어떤 영감을 얻도록 하려나 봐요."

솔트마시 여사는 파입스의 얘기를 모두 들었다고 생각했다. "그럼, 그 집은 이제 비었나?"

"아뇨. 그 집에는 지금 덩컨 스링이라는 세인트 존스의 교수님이 살고 있어요. 그 분은 그 집을 20년 전에 마셜 여사에게서 샀다고 하더군요."

"그럼, 그 사람은 그 집에서 20년 동안 산 건가?"

"그렇다고 하더군요."

"그러면 그 사람은 어떤 영감을 얻었나?" 그녀의 비꼬는 말투에 파입스가 다소 놀라는 표정을 지었다.

"글쎄요, 그건 모르겠는데요." 파입스는 솔직하게 고백했다.

"그렇다면 20년 동안 살고서도 영감을 얻지 못했나 보군. 그런데 그 불쌍한 양키는 겨우 1년 동안 산다구? 그래 가지고 무얼 바랄 게 있누."

마침내 팔린 베일리얼 크로프트

헨리 스피어맨은 그것이 자신의 상상임을 알고 있었다. 하지만 웬일인지 베일리얼 크로프트는 2주 전에 처음 방문했을 때와 달리 포근하고 가슴을 설레게 하는 분위기가 아닌, 우울하고 가슴을 짓누르는 듯한 분위기를 자아냈다. 그렇다고 그 집이 영화에 나오듯 악령이 깃든 집처럼 으스스한 느낌을 준다는 뜻은 아니었다. 하지만 그 집에는 무언가 어두운 그림자가 드리워져 있었다. 어쩌면 그것이 그 집을 사려고 했던 하트의 끔찍한 죽음 때문인지도 모른다고 스피어맨은 생각했다.

누군가 다른 사람이 더 높은 가격을 제시했기 때문에

무언가를 살 수 없는 것은 별개의 문제였다. "시장에서 자원은 가장 높은 가치의 용처(用處)로 가게 마련이다." 그 점은 스피어맨도 이해했다. 그는 하버드의 강의실에서 그 얘기를 얼마나 많이 했던가? 수백 번도 넘게 했을 것이다. 그런데 오늘 스피어맨은 효율적인 배분의 개념에 왠지 공허함을 느꼈다.

이제는 페인의 재단이 베일리얼 크로프트를 다시 얻을 수 있게 된 것 같았다. 그 집의 주요 경쟁자는 인수 경쟁에서 배제되었다. 하지만 그것은 자발적인 배제가 아니었다. 그것은 가격이론에서 흔히 가르치는 그런 배제가 아니었다. 경제학에서는 누군가 경쟁을 포기하는 이유가 가격이 그 사람의 소득에 비해 너무 높기 때문이었다. 그것은 경쟁자가 불시에 죽음을 당하기 때문이 아니었다.

"헨리, 잘 잤소? 그리고 여행은 즐거웠소?" 모리스 페인이 뒤에서 다가오며, 베일리얼 크로프트의 정문이 바라보이는 진입로에 서 있는 헨리 스피어맨에게 말했다.

"잠은 아주 잘 잤소. 아내와 나는 어제 도착한 후에 낮잠을 좀 잤죠. 그래서 피로가 많이 풀렸어요. 하지만 왠지 이번 여행이 썩 내키지는 않는 것 같소. 덩컨 스링과 다시 협상해야 한다고 생각하니 불편한 마음이 들어요. 그리고 스링 씨에게 미안한 생각도 들구요. 그렇다고 하트가 죽은 다음 다시 우리에게 연락한 것 때문만은 아닙니다. 스링 씨는 니겔 하트와 잘 아는 사이이기도 했죠."

"나 역시 이번 일이 썩 유쾌하지는 않습니다." 페인이 말했다. "게다가 어젯밤에 아주 불쾌한 사건이 일어나기도 했죠. 그 일에 대해 얘기하고 싶지만, 일단은 스링 씨부터 만나는 게 나을 것 같군요. 우리를 기다리고 있을 테니, 어서 안으로 들어갑시다."

덩컨 스링이 두 사람을 옆문에서 맞았다. 그의 영혼은 무언가 때문에 피곤한지 몰라도, 스링의 친절함과 강인함 속에서는 그것을 발견할 수 없었다.

"어서 안-안으로 들어오세요." 스링이 말했다. 그는 옆 문을 열고 두 사람에게 안으로 들어오라는 시늉을 했다. "다시 와주셔서 정말로 고맙습니다. 칼리지의 내 연구실에서 만-만날 수도 있었겠지만, 페인 씨가 이 집을 다시 보고 싶다고 해서요. 그리고 여기서 얘기하면 더 편-편안할 것입니다."

덩컨 스링은 두 사람을 베일리얼 크로프트의 거실로 안내했다. 유리가 덮인 탁자 위에 이미 준비된 커피가 그들을 기다리고 있었다. 그 뜨거운 음료 옆에는 천으로 싸인 바구니 속에 빵들이 들어 있었다.

"부디 편안한 시간을 보내시기 바랍니다. 어디든지 원

하는 곳에 앉으시기 바랍니다." 스링은 그렇게 말하면서 자신은 나무로 만든 흔들의자를 선택했다.

"그럼, 다시 얘기를 시작해볼까요?"

그 말을 받아 모리스 페인이 얘기를 시작했다. "우리는 당신이 우리가 처음에 한 제안을 거절했음을 알고 있습니다. 그래서 실망하지 않았다고 말한다면 거짓말일 것입니다. 하지만 우리는 마셜을 기리기 위해 이 집을 사려고 했을 때 그것이 성공하지 못할 수도 있다고 생각했습니다. 우리는 또 이 집을 경제학의 중심지로 만들지는 못해도 마셜의 영향이 계속될 것임을 알고 있었습니다. 그럼에도 불구하고 우리는 희망을 버리지 않았습니다."

"그러다가 당신의 편지를 받았습니다. 스링 교수님, 당신의 정중한 편지에 감사하지 않을 수 없었습니다. 하지만 그렇다고 실망감을 지울 수는 없었습니다. 당신도 어떤 기분인지는 알 것입니다. 일단 무언가를 얻으려 하면, 그것을 얻지 못할 때의 기분이 전과 같을 수는 없겠지요."

페인은 잠시 말을 멈추고 스링이 준비한 간식을 두 사람과 함께 맛보았다. "물론 당신은 이미 하트 박사와 이 집을 팔기 위해 얘기를 나눈 적이 있습니다. 그리고 당신이 이 집을 하트 박사에게 팔려고 한 이유는 케임브리지의 동료에게 우선권을 주고 싶었기 때문입니다."

"그리고 하트 박사는 당신의 친구이기도 했습니다. 그 끔찍한 사건에 대해 이제서야 위로의 말씀을 드립니다." 헨리 스피어맨은 스링을 보면서 고개를 끄덕였다. 자신도 페인의 조의에 동참한다는 뜻이었다. "하지만 하트 박사의 안타까운 죽음에도 불구하고, 우리는 여전히 베일리얼 크로프트를 사고자 합니다. 물론 이제는 다소 어색한 일이 되기는 했습니다만……."

"우리도 미국인들에 대한 유럽인들의 시각을 알고 있습니다. 그것이 정당한 것인지는 저도 알 수 없습니다. 하지만 우리는 당신의 상황을 이용하고 싶은 생각이 전혀 없습니다. 다만 우리의 목적은 변하지 않았을 뿐입니다."

"우리는 하트 씨의 죽음을 이용할 생각이 없습니다. 저는 스피어맨 교수를 다시 이 곳에 오게 했습니다. 당신이 만족스럽게 생각하는 방식으로 이 집을 사용하겠다는 우리의 계획에 당신이 혹시라도 의구심을 품는다면, 스피어맨 교수가 그런 우려를 가장 잘 해결해줄 수 있기 때문입니다."

"물론 당신은 이 집을 다시 시장에 내놓을 수도 있습니다. 어쩌면 또다른 케임브리지 교수에게 이 집을 팔 수도 있습니다. 어쩌면 그냥 이 집에 머물기로 작정할 수도 있습니다. 하지만 우리는 전에 제시한 것과 같은 조건을 제시할 준비가 되어 있습니다. 가능한 한 빨리 이 집을 넘겨 받을 수만 있다면 말입니다."

"글쎄요, 내 생각은 이렇습니다. 어쩌면 두-두 분께서 놀라실지도 모르겠습니다. 하지만 기뻐하실 것입니다. 나는 이 집을 팔-팔고 싶습니다. 사실 나는 빨리 이 집을 팔고 이사를 가고 싶습니다. 니겔의 죽음은 나에게 큰 영향을 주었습니다. 물론 그의 죽음은 이 집과 상관이 없습니다. 그 점에서 나는 위-위안을 얻습니다. 하지만 내 나이가 되면 기-기력이 약해집니다. 두 분은 아직 젊어서 내 말이 무슨 뜻인지 잘 모르실 것입니다." 스링은 말을 멈추고 커피를 한 모금 마셨다.

"그리고 또다른 문제가 이런 결정을 내리도록 재촉했습니다. 내 자식들은 이런 얘기를 하면 바보 같다고 말할지도 모릅니다. 하지만 이 얘기를 해야만 한다고 생각했습니다. 어젯밤 누군가가 이 집에 침입했습니다. 밤 11시쯤이었죠. 나는 깜짝 놀랐습니다. 지난 20년 동안 그런 일은 한 번도 없었습니다." 스링은 손가락으로 반백의 머리를 쓸어 넘겼다. "이 집은 이제 예전 같지가 않습니다."

스피어맨과 페인 모두 스링의 말을 세심하게 듣고 있었지만, 그 소식은 두 사람을 긴장시켰다.

"경찰이 침입자를 잡았나요?" 스피어맨이 물었다.

"아닙니다. 내가 거의 잡을 뻔했습니다. 그-그렇다고 내가 그 사람을 붙잡을 수 있었다는 말은 아닙니다. 무슨 일이 일어났느냐 하면, 나-나는 이 집에 들어온 침입자를 보았습니다. 화요일에 나는 늘 세인트 존스의 모임에 갑니다. 매주 화요일마다 말입니다. 여러 해 동안 그렇게 했습니다. 아내가 살아 있을 적에도 그랬습니다. 저녁을 먹은 후 일부 정교수들은, 늘 같은 그룹인데, 교수 휴게실에서 좀더 얘기를 나눕니다. 그것이 어떤 일인지 두 분도 아실 겁니다. 우리는 애-얘기에 취해서 늦-늦게까지 대화를 나누곤 합니다."

"그래서 나는 포도주를 마시며 즐겁게 대화를 나눈 후 집으로 돌아왔습니다. 물론 걸어서 집까지 왔습니다. 나는 밤에 자전거를 타지 않습니다. 너무 위험하니까요."

"진입로를 걸어 들어오는데 다락방에 불이 켜져 있었습니다. 나는 늘 집을 나설 때 응접실에 불을 켜두곤 합니다. 하지만 다락방에는? 조심스럽게 앞-앞문으로 가보니 문이 열려 있었습니다. 나는 문을 잠그지도 않습니다. 자식들은 그래야 한다고 말하지요. 그리고 자식들의 말이 옳습니다. 하지만 나는 세상이 그렇게 되는 것을 원치 않습니다. 전에는 대학의 연구실도 문을 잠그지 않을 때가 있었습니다."

"그런데 어디까지 얘기했죠? 아, 참. 나는 안으로 들어가 소리를 질렀습니다. '거기 누구요?' 그러자 갑자기 누군가가 계단을 뛰어 내려왔습니다. 그리고 복도를 달려 옆문으로 빠져 나갔습니다. 나는 어슴프레 그 사람의 모습을 보았지만 뒷모습만 보았습니다. 그게 누구였든지 문을 통해 달아났습니다. 아까 우리가 들어온 그 문으로 말입니다." 스링은 커피잔을 들고 있는 손으로 옆문을 가리켰다. "내가 앞문으로 나갔을 때는 사라지고 없었습니다. 아마 울타리 역할을 하는 관목숲을 통해서 빠져 나갔을 겁니다."

"없어진 것이나 그 밖의 다른 피해는 없었습니까?" 페인은 그렇게 물으면서 의자에서 몸을 앞으로 숙여 스링의 얼굴을 쳐다보았다. 스피어맨도 덩컨 스링의 얼굴을 찬찬히 바라보았다.

"없-없어진 것은 아-아무것도 없습니다. 적어도 내가 아는 바로는 그렇습니다. 그 사람은 아-아주 빠르게 움직였기 때문에 아마 들고 간 물건은 없을 겁니다. 그렇게 빨리 달리면 아무것도 들고 갈 수가 없을 겁니다. 그리고 집에도 피해가 없었습니다. 경-경찰이 즉시 달려왔습니다. 그리고 집-집 안을 샅샅이 뒤졌습니다. 하지만 없어진 물건은 없었습니다."

"경찰은 바깥쪽도 살펴보았습니다. 그래서 이웃에 방해가 되었을 겁니다. 경찰이 플—플래시를 켜고 여기저기를 뒤졌으니까요. 하—하지만 나로서는 어쩔 수가 없었습니다. 물론 아—아침에 사람들에게 설명하면서 미안하다고 말했습니다."

이번에는 모리스 페인의 차례였다. "이 얘기는 나중에 스피어맨 교수에게 하려고 했던 것입니다. 하지만 지금 얘기를 해야겠군요. 어제 저녁에 내 호텔방에도 누군가가 들어왔습니다."

그 말에 헨리가 눈을 크게 뜨며 페인을 바라보았다. 스링은 그 얘기에 놀라기보다 슬픈 표정을 지었다.

"모리스, 어젯밤에 전화하지 그랬소!" 스피어맨이 불만스럽게 얘기했다. "하트가 죽은 후 내가 당신을 걱정하는 걸 당신도 알고 있지 않소?"

"내가 전화하지 않은 건 당신이 얼마나 피곤한지 몰랐기 때문이오. 당신이 나와 같은 호텔에 묵었다면, 나는 전화를 했거나 방에 찾아갔을 거요. 게다가 당신은 친구와 함께 있기도 했소."

"어디 다친 데는 없소?"

"오, 다친 데는 없어요. 나는 아래층의 호텔에서 저녁을 먹었죠. 저녁을 먹고나서 9시 반쯤에 방으로 돌아왔어요. 문은 잠겨져 있었지만 누군가 방에 들어온 흔적이 있었죠."

"그걸 어–어떻게 압니까?" 스링이 물었다.

"방안에 귀중품이 있었나요?" 스피어맨이 물었다.

"아무것도 없어지지 않았어요." 페인이 말했다. "오히려 추가된 게 있었죠."

"참으로 희–희한한 도둑이군요." 스링이 말을 더듬으며 얘기했다. "대개는 그 반–반대인데 말입니다."

"무엇이 있던가요?" 스피어맨이 궁금하다는 표정으로 물었다.

"메모지였어요." 그렇게 말하면서 페인은 셔츠 주머니에 손을 집어넣었다. 그리고 접힌 흰 종이 한 장을 꺼냈다. 페인은 그것을 펴 먼저 스피어맨에게 건네주었다.

스피어맨의 눈에 들어온 것은 손으로 쓴 다음과 같은 글이었다.

그 아령은 페인에게 떨어진 것이니
절대로 무시하지 말라.

헨리 스피어맨은 메모를 덩컨 스링에게 건넸다.

"누가 장난을 친 건 아닌가요?" 스링이 메모를 읽은 후 말했다. "이렇게 글씨를 잘 쓰는 사람이 협박을 한다고 보기는 어려운데." 스링은 종이를 다시 페인에게 건네주었다. 페인은 그것을 다시 셔츠 주머니에 넣었다.

"욕실에 있더군요. 세면대 바로 옆에 말입니다." 페인이 설명했다. "그 밖에 없어진 건 없는 것 같더군요. 지갑과 여권은 식당에 갈 때 내가 갖고 갔었죠. 여행할 때 나는 현금을 많이 지참하지 않습니다. 그리고 당연히 시계는 차고 있었죠. 그래서 방에 남겨둔 귀중품은 거의 없었습니다."

"하지만 그렇다 해도 도둑이 메모를 남길 리는 없습니다." 페인이 혼란스러운 표정을 지었다.

헨리 스피어맨은 걱정스런 표정을 지었다. "페인, 이것을 농담으로 취급해서는 안 될 것 같군요." 그가 말했다. "전에만 해도 나는 당신의 베일리얼 크로프트 인수와 하트 씨의 죽음, 그리고 아령이 떨어진 사건은 상관이 없다고 생각했어요. 하지만 이제는 이 곳에서 일어난 사건과 당신이 묵고 있는 호텔에서 일어난 사건을 알고나니 그럴 수도 있다는 생각이 드는군요. 전에 피지가 아령이 떨어진 것과 당신이 이 곳에 온 것 사이에는 관련이 있을지도 모른다고 한 얘기를 기억하죠? 스링 교수님, 당신은 아마 기억하실 겁니다. 바로 여기에서 피지가 그런 말을 했으니까요." 스

197

링이 고개를 끄덕였다.

헨리 스피어맨은 모리스 페인의 셔츠 주머니에 있는 메모를 가리켰다. "경찰에게 그걸 보여주었나요?"

"아뇨. 방에서 없어진 물건이 있었다면 경찰에 전화를 걸었겠죠. 하지만 메모에 대해서는? 경찰이 무얼 할 수 있을까요? 그들은 하트의 살인자도 찾지 못했어요. 그런데 그들이 내 방에 메모를 남긴 사람을 찾을 수 있을까요?"

"하지만 접수계에 가서 누가 내 방의 열쇠를 갖고 있는지는 물었죠. '서비스 직원들만' 갖고 있다고 대답하더군요. 하지만 그런 대답은 큰 의미가 없죠. 영국에서는 호텔 방의 열쇠들이 엉성하기 짝이 없어요. 헨리, 당신도 기억할 거예요. 우리가 블루보어 호텔에 묵었을 때 열쇠가 얼마나 엉성했는지! 내가 지금 묵고 있는 아버하우스는 약간 더 낫죠. 하지만 호텔방에 들어가는 데는 큰 어려움이 없어요."

"호텔을 옮기는 게 어떻겠소?" 스링이 말했다. "내가 잘 아는 호텔이 있는데, 그 곳에 가면 강은 보이지 않아도 보안은 더 철저할 거요."

"아뇨, 그냥 그 호텔에 있겠습니다." 페인이 말했다. "호텔을 바꾸지는 않겠습니다. 다만 앞으로는 더 조심하겠습니다."

그 말에 스링은 고개를 끄덕이면서 다시 흔들의자를 흔들기 시작했다. 의자의 팔걸이를 잡은 그의 양손에 힘이 들어가 있었다.

그때 헨리 스피어맨이 말했다. "호텔을 옮기는 것도 나쁜 생각은 아닌 것 같소. 그러면 침입자가 또다시 침입할 가능성은 훨씬 줄어들 거요. 페인, 나는 그 메모가 무엇을 뜻하는지 잘 모르겠소. 하지만 그냥 간단하게 넘겨버릴 일은 아닌 것 같소. 얼마 전에 일어난 그 너벅선 사건처럼 말이오."

"글쎄요, 나는 미국에서 흔히 말하듯, 그 모든 것을 참고하도록 하겠소. 그 말의 속뜻은 대개 '당신의 얘기를 무시하겠다'는 것이오." 페인은 헨리와 덩컨에게 미소를 지어 보였다. "스링 교수님, 이 집의 일부를 다시 보고 싶다고 말씀드렸는데, 지금 그렇게 할 수 있을까요?"

"물론이오. 어서 구경해보시오. 나는 탁자 위의 이것들을 처리한 후에 곧 따라가겠소."

"제가 설거지를 돕겠습니다." 헨리 스피어맨은 그렇게 말하면서 커피잔과 그릇들을 거두기 시작했다. 스링이 고맙다고 했고, 두 사람은 곧 부엌으로 향했다. 그리고 모리스 페인은 위층으로 올라갔다.

부엌에서 스피어맨은 스링을 불러 조용하게 말했다.

"페인에게 보여주신 친절함에 감사드립니다. 전에도 얘기했듯이, 아내와 나도 페인에 대해서 걱정하고 있습니다. 우리는 어제 오후 캠 강에 가서 너벅선을 타고 그가 갔던 곳까지 올라가보기도 했습니다. 아령이 떨어진 곳까지 말입니다."

"정말로 그랬단 말이오?!" 스링이 놀라면서 물었다. "그러면 누-누군가가 당신들 머리에 무-무언가를 떨어뜨리지 않았나요?"

"아뇨. 아령 같은 것은 떨어지지 않았습니다. 아무것도 떨어지지 않았습니다."

"그렇다면 다행이오." 스링이 말했다. "당연히 그-그래야만 하죠. 너벅선은 즐-즐거운 시간을 보내기 위해서 타는 거지, 위-위험에 처하려고 타는 것이 아니잖소."

"그러면 당신은 그것이 우발적인 사고였다고 생각하나요?" 스피어맨이 물었다.

"그렇소. 왜 그런지 얘기해주겠소. 그건 수-수위들 때문이오."

"수위들이라구요?" 스피어맨은 어리둥절한 표정을 지으면서 물었다.

"그렇소. 내 생각을 얘기해주겠소. 세인트 존스의 수위들은 모-모리스 페인에게 누가 아-아령을 떨어뜨렸는지 알아내지 못했소. 헌데 케임브리지의 수위들에게는 다소 놀라운 점이 있소. 그들은 학교에서 일어나는 모든 일들을 알고 있소. 교수들에 관한 일까지도 말이오." 스링은 그렇게 말하고나서 다소 겸연쩍은 표정을 지었다. "수-수위들이 범인을 찾아내지 못했다는 것은 그것이 우-우발적인 사고였음을 뜻하는 거죠. 만약 고의적인 사고였다면 그-그들이 모를 리가 없죠."

두 사람은 그릇들을 찬장에 넣고나서 위층으로 향했다. 그들은 다락방에서 모리스 페인을 발견하고 잘 되어가고 있는지 물었다. 페인은 밑으로 내려가 위층의 방들을 살펴보려던 참이라고 말했다. 그는 아래층을 살펴본 다음 마지막으로 지하실을 살폈다. "지난번에 이 곳에 온 후로 크게 변한 것은 없는 것 같군요." 페인은 마침내 그렇게 애기했다. "그리고 집 주변도 변한 것은 없는 것 같군요. 스링 교수님, 오늘 1천 파운드를 선불로 지불하고 싶습니다. 그리고 이틀 후에 정식으로 계약서에 서명을 했으면 합니다. 잔금은 그때 드리기로 하겠습니다. 그러면 되겠습니까?"

"알겠소. 그-그러면 될 것 같소."

모리스 페인은 수표를 끊어주며 스링에게 언제쯤 집을 비울 수 있는지 정중하게 물었다.

"집을 비우려면 몇 주 정도 걸리겠지만, 그 동안에 필요하다면 집을 살펴봐도 좋습니다. 물론 집을 비울 때까지는 짐을 들여놓지 않는다는 조건에서입니다. 내가 요구하는 것은 그것뿐입니다."

"알겠습니다. 더 이상 바랄 것이 없는 것 같습니다." 페인이 말했다.

헨리 스피어맨과 모리스 페인은 베일리얼 크로프트에서 나와 매딩글리 로드로 향했다. 두 사람 모두 안도감을 느꼈다. 마침내 집을 샀기 때문이기도 했지만, 협상이 순조롭게 진행되었기 때문이기도 했다.

셰퍼드의 책 판매 전략

헨리 스피어맨은 책에 대해서 싫증을 느
낀 적이 단 한 번도 없었다. 그는 대학촌이나 큰 도시에서
며칠 간 보낼 기회가 있을 때면 반드시 고서적상과 중고
서적상을 찾아가곤 했다. 물론 그가 셰퍼드의 가게에 온
것은 그보다 더 중요한 문제 때문이었지만, 헨리는 그 곳
에 진열된 경제학 분야의 멋진 책들을 보는 즐거움도 잊
지 않았다.

중심가에서 다소 떨어진 곳에 위치한 그레고리 셰퍼
드의 가게는 작은 전문서점으로는 좋은 위치에 있었다.
그 곳에서는 중심가의 대형서점들이 지불해야 하는 많은

임대료를 지불할 필요가 없었다. 이 곳은 존 M. 케인스도 살아 있을 때 종종 방문하던 곳이었다. 케인스는 이 지역에 작은 셋집을 얻어놓고 종종 셰퍼드의 가게에 들르곤 했다.

자레드 맥도널드가 묘사한 셰퍼드의 책방의 겉모습은 정확했다. 유리창에 온갖 희귀한 책들의 제목이 붙어 있었고, 큰 글씨로 '하트의 책 특별 전시, 안에 더 많이 있음'이란 문구가 적혀 있었다.

이윽고 스피어맨은 가게문을 열고 안으로 들어갔다. 딸랑! 하는 종소리가 그가 들어오는 것을 알렸다. 셰퍼드의 책방은 작은 공간으로서, 그 곳에는 수많은 책들이 빽빽하게 들어차 있었다. 참나무로 만든 책장들이 늘어선 가운데, 중간중간에 각각의 책들을 분류한 표지판들이 붙어 있었다.

책이 늘어선 좁은 계단에는 화살 모양의 표식이 위쪽을 가리키며 손님들을 2층으로 안내했다. 화살표 바로 위에는 '2층에도 하트의 책이 있습니다'라는 문구가 적혀 있었다.

헨리 스피어맨이 볼 때 셰퍼드의 책방에서 가장 놀라운 부분은 다른 중고서점들에 비해 비교적 정돈이 잘 되어 있다는 점이었다. 셰퍼드의 책방에서는 곰팡이 냄새도 나지 않았고, 퀴퀴한 냄새도 풍기지 않았다. 그리고 책들에 먼지가 쌓여 있지도 않았다. 선반의 공간이 충분치 않은 곳에서는 여분의 책들이 질서 정연하게 바닥에 쌓여 있었다.

그레고리 셰퍼드는 가게 안쪽의 계산대 뒤에서 등이 없는 높은 의자에 앉아 있었다. 그는 파이프를 입에 물고 카탈로그를 훑어보고 있었다. 몸집이 크고 배가 나온 셰퍼드의 각진 얼굴에는 깔끔한 면도로도 지울 수 없는 푸르스름한 빛이 역력했다. 그의 숱이 많은 회색 머리는 빗으로 빗어 뒤로 넘겨져 있었다. 연녹색의 셔츠 위로 가벼운 스포츠 재킷을 입고 있는 셰퍼드의 모습은 헨리 스피어맨이 헤일의 파티에서 보았을 때와는 사뭇 달랐다.

그레고리 셰퍼드는 헨리 스피어맨이 와 있는 것을 알아채지 못했다. 하버드의 경제학자는 굳이 아는 체하지 않고 선반에 진열된 책들을 살펴보기 시작했다.

"그 책들은 읽기 위한 책들이 아닙니다. 그보다는 가게의 분위기를 살리기 위해서 진열된 책들이라고 할 수 있습니다." 어느새 셰퍼드가 스피어맨의 뒤에 와서 친절하게 설명했다.

헨리 스피어맨이 몸을 돌리자 그레고리 셰퍼드가 악수를 청했다. 그의 손을 잡고 흔들면서 스피어맨은 멋쩍은 미소를 지으며 얘기했다. "카탈로그를 너무도 열심히 보시는 바람에 방해하지 않는 것이 좋다고 생각했습니다."

"방해라뇨? 절대로 그렇지 않습니다! 나는 언제든지 손님들을 환영합니다. 내가 책방을 하면서 느끼는 가장 큰 즐거움은 이 곳에 모아둔 책들을 보여주는 것입니다. 특히 지금은 더욱 그렇습니다." 그러면서 그는 마치 비밀스런 얘기를 하듯이 설명했다. "이렇게 좋은 책들은 30년 만에 처음 갖게 된 책들입니다. 물론 당신이 보고 있는 그 화려한 책들을 말하는 것이 아닙니다. 그것들은 순전히 보여주기 위한 책들입니다."

"저도 압니다. 니겔 하트의 책들을 얘기하시는 거죠? 당신이 그 책들을 입수했다는 소식을 들었습니다. 경제학과 관련해서는 세상에서 가장 희귀한 책들에 속하는 거죠."

두 사람이 말할 때 창백한 얼굴의 사나이가 구부정한 학자의 모습으로 나타났다. 키가 크고 마른 그 사람은 짙은 눈과 역시 짙은 색의 콧수염을 기르고 있었다. 그의 손에는 두꺼운 책이 들려 있었는데, 사나이는 위층에서 갖고 온 그 책을 셰퍼드에게 보여주며 말했다. "이 책의 가격은 얼마입니까?"

셰퍼드가 책을 받아 겉표지의 안쪽을 살펴본 다음 사나이에게 말했다. "마셜의 『경제학 원리』 초판본인데 상태가 아주 좋군요. 쉽게 구할 수 없는 것이죠. 진짜 보석 같은 책입니다. 가격은 1백 파운드입니다." 셰퍼드가 다시 책을 돌려주었다.

"이 책은 내가 오랫동안 찾던 책입니다. 마셜의 책은 무엇이든 초판본을 갖고 있는데 이 책만은 없습니다." 사나이는 잠시 말을 멈추고 천천히 책장을 넘겼다. 이윽고 그는 눈을 가늘게 뜨고 셰퍼드에게 말했다. "조금 깎아줄 수는 없습니까?"

"깎아드릴 수는 없겠는데요. 원하신다면 빨리 사시는 게 좋겠습니다. 당분간은 입수하기 어려운 책입니다. 더구나 이렇게 좋은 상태로는 말입니다."

"조금만 깎아서 95파운드로 합시다." 그 사나이가 말했다.

"죄송합니다만 그 가격 밑으로는 안 됩니다." 셰퍼드는 잘라 말했다. "한 2주쯤 지난 후에 다시 오시면 약간 싸게 팔 수도 있습니다. 하지만 그때까지 그 책이 남아 있을 것 같지는 않습니다."

스피어맨은 마음속으로 사나이의 서투른 흥정 기술을 나무랐다. 그 사람은 처음부터 셰퍼드에게 오랫동안 그 책을 사고 싶어했다는 사실을 알려주었다. 뿐만아니라 그는 그 책만 있으면 자신의 마셜 초판본 수집이 완성될 것이라는 사실도 드러냈다. 그런 흥정 기술로는 어디를 가든지 바가지를 쓸 것이라고 스피어맨은 생각했다.

"좋습니다. 그 가격에 사겠습니다. 하지만 나로서는 적지 않은 금액이기 때문에 수표로 지불하겠습니다. 바클레이스 은행의 수표를 내도 되겠습니까?"

셰퍼드가 수표를 받겠다는 뜻으로 고개를 끄덕였다. 그리고 헨리에게 잠시 실례한다는 말을 하고나서 그 사람을 계산대로 데려갔다.

그 동안 헨리 스피어맨은 다시 책을 훑어보기 시작했다. 그러다가 그는 어느 방의 입구를 보게 되었는데, 그 방은 커튼이 드리워져 있어서 쉽게 눈에 띄지 않았다. 하버드의 경제학자는 여느 때처럼 호기심을 느끼며 방안을 들여다보았다. 커튼 사이로 낡은 양탄자 위에 단정하게 정돈된 작은 책더미들이 보였다. 그리고 구석에 있는 작은 나무 책상에 통통하고 얼굴이 둥근 여자가 두꺼운 안경을 끼고 앉아 있었다. 머리가 희끗희끗한 그 여자는 왠지 힘이 없고 피곤해 보였다. 그런 자세로 그녀는 힘겨운 표정으로 느리게 타자기를 치고 있었다.

헨리 스피어맨은 방안을 더 자세히 보기 위해 커튼을

조금 더 젖혔다. 그는 낡은 양탄자 위에 가지런히 정돈되어 쌓여 있는 책들에 호기심을 느꼈다. 저 책들은 니켈 하트의 소장품들 가운데 일부일까? 그렇다면 왜 저 안에 있는 것일까? 스피어맨이 볼 때 그 책들은 오래된 책들로 보이게 만들면 값이 더 나갈 수 있는 평범한 책들인 것 같았다. 셰퍼드는 한 권을 팔고난 후 어느 정도 시간이 지나면 그 곳에 보관된 또다른 책을 진열할 수 있을 것이었다. 그런 전략을 사용하면 모든 책들을 한꺼번에 진열해 팔 때보다 수입이 더 많아질 것이었다. 헨리 스피어맨은 그런 가설을 받아들이거나 거부할 수 있는 증거들을 찾고 싶어졌다.

작은 체구의 경제학자는 그 방에 아무나 들어갈 수 있는 것인지 알 수 없었다. 어쩌면 그 곳에는 셰퍼드와 몇몇 직원들만 들어갈 수 있는지도 몰랐다. 그렇지만 출입 금지라는 표지판이 붙어 있지는 않았다. 스피어맨은 발끝으로 조심스럽게 걸으면서 한 권의 책만이라도 확인하고 싶었다.

"누구의 허락을 받고 이 곳에 들어오는 거예요?" 타자기를 치던 여인이 침입자를 발견했다. "어서 나가세요!" 그녀가 소리쳤다.

"죄송하게 됐습니다." 스피어맨은 정말로 미안하다는

표정을 지으면서 말했다. "이 곳에 들어오면 안 되는 줄 몰랐습니다."

"이 곳은 아무나 들어오는 곳이 아니에요. 어서 나가지 않으면 셰퍼드 씨를 부르겠어요." 너무나도 완강한 여인의 태도에 스피어맨은 즉시 몸을 돌렸다.

스피어맨이 다시 밖으로 나왔을 때 그레고리 셰퍼드가 좁은 계단을 걸어 내려오고 있었다. 바로 뒤에는 어깨가 넓고 구릿빛 얼굴을 한 35세쯤 되어 보이는 사나이가 뒤따라오고 있었다. 두 사람은 활기차게 얘기를 나누면서 걸어왔다. 헨리 스피어맨을 본 셰퍼드가 놀라는 표정을 지었다.

"스피어맨 교수님, 아직도 이 곳에 계시는군요. 저는 가신 줄 알았습니다. 여기 이 분은 그룬디 씨라고 합니다. 하트의 장서를 보기 위해 런던에서 오셨습니다."

"스피어맨 박사님, 만나뵙게 되어 영광입니다. 당신의 글을 잘 알고 있습니다. 제가 가르치는 학생들도 그렇습니다. 저는 런던 경제학부에서 학생들을 가르치고 있습니다. 그리고 학생들로 하여금 당신의 글도 읽게 하고 있습니다."

"대체 당신의 학생들이 무슨 잘못을 했길래 그런 벌을 받는지 궁금하군요." 헨리 스피어맨은 그렇게 말하면서 미간을 찌푸렸다. 하지만 그의 얼굴에는 미소가 떠올라 있었다.

"당신의 글이 어렵다고 느끼는 학생들도 있긴 합니다. 그러나 대부분의 학생들은 아주 좋은 글이라고 감탄합니다. 새로운 시각을 제공하는 글이라고 말입니다. 물론 좌파 학생들은 그것을 벌이라고 생각할 수도 있을 겁니다. 하긴, 묻지 않았으니 알 수가 없죠."

스피어맨은 젊은 경제학자에게 미소로써 고맙다는 뜻을 전했다. 그러다가 갑자기 어떤 생각이 떠올라 느닷없이 화제를 바꾸었다. "하트의 책들 중에서 어느 책이 가장 마음에 드십니까?"

그룬디는 처음에 놀라는 표정을 지었지만 곧 그의 말에 재빨리 대답했다. "마셜의 초판본을 꼭 구하고 싶었는데, 몇 분 전에 어느 분이 사간 모양입니다. 그렇지만 제번스의 『정치경제학 이론』 초판본도 그 못지않게 소중한 책입니다. 위층에 있는 그 책은 정말로 보석 같은 책이지만, 제번스가 누이에게 증정한 책이기 때문에 저로서는 감히 살 수가 없는 책입니다."

스피어맨은 셰퍼드를 보면서 말했다. "셰퍼드 씨, 여기 계신 그룬디 씨 같으신 분이 그런 책을 사지 않겠다고 결정할 때 당신은 묘한 기분을 느끼진 않습니까? 다시 말해서 당신은 너무나도 훌륭한 작품, 특히 저자가 직접 서명한 책을 누군가가 가지고 갈 때 억장이 무너지진 않습니까?"

그 말에 셰퍼드가 즉시 대답했다.

"전혀 그렇지 않습니다. 오히려 나는 보석 같은 책이 이 곳에서 밖으로 나갈 때 안도의 기분을 느낍니다. 적어도 내가 부르는 가격에 팔리거나 아주 비슷한 가격으로 팔릴 때는 그렇습니다. 저자가 직접 서명한 책이라면 당연히 경매에서 높은 가격으로 구입한 것입니다. 전세계의 수많은 전문 수집상들과 거래인들이 참석한 상황에서 때로 보석과 같은 작품을 놓고 치열한 경쟁을 벌입니다. 그래서 때로는 자신도 모르게 흥분해 너무 높은 가격에 응찰을 하기도 합니다."

"니겔의 소장품이 런던에서 경매에 부쳐졌을 때도 전세계의 수집상들이 모여들었습니다. 그리고 케인스가 자필로 서명한, 니겔 하트의 이름이 적혀 있는 그의 『일반이론』이 시장에 나왔을 때 사람들은 너무도 흥분해서 어느 수집상은 상상을 초월하는 가격을 부르기도 했습니다."

"나 역시 그 작품을 놓칠 수 없었기 때문에 독일에서 큰 은행을 경영하는 은행장보다 더 높은 가격을 부를 수밖에 없었습니다. 결국 나는 그 작품을 손에 넣었지만 엄청난 경쟁을 물리쳐야만 했습니다. 그때 내가 지불한 가격은 3개월 동안 팔 수 있는 재고를 살 수 있을 정도입니다. 그래서 나는 그룬디 씨가 그런 부담을 내게서 덜어줄 때 기쁘지 않을 수 없을 것입니다."

"당신의 부담을 덜어주려면 나는 거덜이 나야 하겠지요." 허버트 그룬디가 말했다. "다시 2층에 올라가서 내가 살 수 있는 괜찮은 작품이 있는지 알아보고 싶습니다. 빈손으로 런던에 돌아가고 싶지는 않으니 말입니다. 나는 아직도 마셜의 그 책에 미련을 느낍니다. 운이 없다고 생각할 수밖에요." 그는 실례한다는 말을 하고나서 다시 위층으로 올라갔다.

그룬디가 가고난 후 셰퍼드는 스피어맨의 귀에 대고 작은 목소리로 속삭였다. "스피어맨 교수님, 조용히 할 얘기가 있습니다. 미묘한 문제에 대해 당신의 조언을 듣고 싶습니다."

"그러시죠." 스피어맨이 동정하는 목소리로 대답했다. "어떻게 도와드릴까요?"

셰퍼드는 스피어맨의 팔을 잡아 손님들이 없는 구석으로 데려갔다. 그리고 낮은 목소리로 얘기를 계속했다. "당신도 내가 니겔 하트의 죽음과 관련해 경찰의 의심을 받고 있다는 얘기는 들었을 겁니다. 물론 말도 안 되는 얘기죠. 하지만 나로서는 웃어넘길 수 있는 문제가 아닙니다. 나는 경찰서에 가서 심문도 받았습니다. 경찰은 내 변호사가 길길이 뛰면서 겁을 주고나서야 나를 집으로 돌려보냈습니다."

"당신이 왜 의심을 받고 있는지 경찰이 설명했습니까?" 스피어맨이 물었다.

"자세하게 설명하지는 않았습니다. 그냥 질문만 퍼부으면서 내가 알 수 없는 얘기를 늘어놓았습니다. 하지만 내가 볼 때 경찰은 나에게 하트를 죽일 강력한 동기가 있다고 믿는 것 같습니다."

"구체적으로 말하면……?"

"하트의 책들을 얻을 수 있었다는 거죠." 셰퍼드가 말했다. "문제를 더 복잡하게 만드는 것은 하트가 죽던 날 밤에 내가 벤담협회의 만찬에 참석했다는 점입니다. 참으로 당혹스런 일입니다. 더구나 금년에는 전날 몸이 좋지 않아서 만찬에 참석하지 않겠다고 거의 애원하다시피 했으니 말입니다. 하지만 하트는 내가 꼭 와야 한다고 말했습니다. 그래야만 분위기가 산다고 말입니다. 게다가 하트는 새로 입수한 몇 권의 책을 나에게 보여주고 싶어 안달을 했습니다."

하버드의 경제학자는 고서적상의 얼굴을 찬찬히 뜯어보았다. 그레고리 셰퍼드의 얼굴에는 걱정하는 표정이 역력했다.

스피어맨은 다소 어리둥절한 기분이었다.

"당신은 내 조언이 필요하다고 말했습니다. 하지만 내가 어떤 조언을 해줄 수 있나요? 나는 변호사가 아니라 경제학 교수입니다."

"나도 그 점은 압니다. 그리고 변호사들은 이미 있습니다. 어쩌면 지푸라기라도 잡고 싶은 심정인지도 모릅니다. 나는 똑똑하고 박식할 뿐 아니라 지혜롭다고 알려져 있는 사람의 도움이 필요합니다. 지혜는 경제학자들의 표현을 빌리면 점점 더 희소자원이 되고 있습니다. 당신은 케임브리지에 아는 사람들이 있습니다. 그리고 당신은 간접적으로 하트와도 관련이 있습니다. 한때는 같은 집을 놓고 경쟁을 벌였으니 말입니다. 말하자면 당신은 외부인으로서 이곳에서 겪은 경험을 토대로 나에게 지혜를 빌려줄 수 있습니까?"

"애덤 스미스는 정말로 지혜로운 사람이었는데, 그 사람은 상대방을 이해하려면 상대방의 입장에서 생각해야 한다고 말했습니다. 그럴 때만 우리는 누군가의 마음을 이해할 수 있습니다. 그래서 나는 이렇게 묻고 싶습니다. 내가 당신이라면 어떻게 행동할까?"

"그렇다면 답은 무엇입니까?" 셰퍼드는 잔뜩 기대하는 표정으로 물었다.

"아무 일도 하지 않는 것입니다."

"무슨 뜻입니까?"

"셰퍼드 씨, 경찰은 절대로 당신을 어떻게 하지 못합니다. 당신이 하트가 죽던 날 밤에 그와 함께 있었다고 해서 당신이 그 사건에 연루되었다는 뜻은 아닙니다. 그 곳에는 다른 사람들도 많았습니다."

"하지만 나에게는 동기가 있었습니다!" 셰퍼드는 자신도 모르게 목소리를 높였다.

"하트의 책 말입니까?" 스피어맨이 물었다.

셰퍼드가 무겁게 고개를 끄덕였다.

헨리 스피어맨은 걱정하지 말라는 시늉을 했다. "셰퍼드, 당신은 니겔 하트의 죽음에서 덕을 본 것이 전혀 없습니다. 그런 사실은 간단한 경제 논리를 통해서 입증할 수 있습니다. 그러니까 당신은 걱정할 것이 아무것도 없습니다."

그 말에 셰퍼드는 안심하는 표정을 지었지만, 그의 얼굴에는 아직도 혼란스러운 기색이 남아 있었다.

"셰퍼드 씨, 이제는 런던으로 돌아갈 준비를 해야겠습

니다." 허버트 그룬디가 위층에서 내려오면서 말했다.

"아무것도 찾지 못했나요?"

"나는 아직도 마셜의 그 책에 미련이 있습니다." 브룬디가 실망스런 표정으로 얘기했다. "저에게는 마셜의 그 책이 꼭 필요합니다."

셰퍼드는 그룬디의 풀죽은 얼굴을 보며 미소를 지었다. 그룬디의 표정은 원하는 것을 얻지 못한 어린아이의 표정이었다.

"잠깐만 기다리세요. 방금 생각이 났습니다. 당신의 운은 변할 수도 있습니다." 그레고리 셰퍼드는 베이지색 커튼을 살며시 젖히고 헨리 스피어맨이 쫓겨났던 그 작은 방으로 들어갔다. 잠시 후 셰퍼드는 두툼한 책을 들고 나타났다.

"내 생각이 옳았습니다. 당신은 역시 운이 좋은 사람입니다! 얼마 전에 『경제학 원리』의 초판본을 입수한 적이 있습니다. 그런데 가게를 정리하느라 너무 어수선했기 때문에 이 소중한 책을 안전한 곳에 숨겨놓았습니다. 그리고 한동안 잊고 있었는데, 방금 전에야 생각이 났습니다. 아직도 이 책을 원하신다면, 이제는 당신의 책입니다. 가격은 1백 파운드이구요."

놀란 표정의 그룬디가 잠시 의심스러운 눈초리로 셰퍼

드를 바라보았다. 마침내 그가 수표를 끊는 동안 스피어맨은 즐거운 표정으로 두 사람의 거래를 지켜보았다.

모든 걸 알고 있는 케임브리지의 수위들

시계가 정각을 알리는 가운데 스피어맨은 비숍 칼리지의 정문으로 들어섰다. 크고 육중한 문과 아치형의 길을 지나가니 조약돌이 박힌 보도가 나왔다. 멀리 사각형 모양의 푸른 잔디밭이 보였고, 그 옆에는 학부생과 일부 독신 교수들이 숙소로 사용하는 3층짜리 건물이 들어서 있었다.

잔디밭의 뒤쪽 비탈에는 예배당이 있었다. 잔디밭을 가로질러 오른쪽에는 두꺼운 벽돌벽의 크고 고풍스런 건물이 있었다. 연회장으로 사용하는 그 건물은 전에 하트의 시체가 발견된 곳이었다.

스피어맨은 왼쪽으로 방향을 틀어 수위실이 있는 곳으로 걸어갔다. 그는 잠시 안으로 들어갈 것인지 망설였다. 하지만 그 곳에는 예정된 오늘 오후의 여행에 도움이 될 만한 정보가 있을 것이었다.

수위실에서는 사람들이 바쁘게 움직였다. 다양한 옷차림의 학부생들이 주변에서 북적대며 메시지와 우편물을 확인하거나 친구들과 잡담을 나누고 있었다.

수위실의 좁고 긴 참나무 카운터에는 여러 가지 간행물, 공지사항 그리고 다양한 모양과 크기의 서류들이 널브러져 있었다. 그리고 카운터 뒤의 수위실에는 검은색 정장차림의 두 사나이가 있었다. 그들이 수위실 밖에서 늘 눌러 쓰는 검은색 모자가 그들 옆에 있는 모자걸이에 걸려 있었다. 두 사람 중에서 한 사람은 고참 수위였고, 다른 한 사람은 조수 역할을 하는 신참 수위였다.

약간의 호기심을 느끼며 스피어맨은 고참 수위를 지켜보았다. 케임브리지에서 고참 수위는 문지기 역할도 했지만 그 밖에도 온갖 정보를 알고 있었다.

"제가 도와드릴 일이 있습니까?" 신참 수위인 톰 피켓이 주변에서 서성거리는 스피어맨에게 물었다.

"글쎄요. 여기 오면 케임브리지의 지도를 얻을 수 있을까 해서요."

"이 곳에서는 지도를 팔지 않습니다." 피켓이 말했다. "저 아래 거리에 있는 맥쿠첸 가게에 가보시죠." 피켓은 작은 체구의 사나이가 실망하는 표정을 짓는 것을 보았다.

"그러면 내가 잘못 안 모양이군요. 이 곳에 오면 지도를 얻을 수 있을 줄 알았는데."

"어디서 그런 얘기를 들으셨나요?"

"자레드 맥도널드 교수가 그렇게 말하더군요. 케임브리지에 관한 정보를 얻으려면 이 곳에 가는 것이 가장 좋다고 말입니다."

"아, 선생님은 맥도널드 교수와 아시는 사이인가요?"

"그렇소. 우리는 친구 사이요. 나는 아내와 함께 그 분의 집에 묵고 있소."

"아, 그러시군요. 알겠습니다. 그렇다면 문제가 좀 다르죠. 이 곳에 와서 지도를 구하려는 모든 사람들에게 지도를 줄 수는 없습니다. 그렇게 하다가는 칼리지의 재정이 바닥날 테니까요! 그래서 관광객들에겐 공짜로 지도를 줄 수가 없습니다. 케임브리지에는 관광객들이 너무도 많이 오니 말입니다. 매년 더 늘어나는 것 같습니다. 그리고 대부분의 관광객들은 어디가 어디인지 잘 모르고 이 곳에 옵니다."

"그렇다면 지도를 팔지 그래요?" 스피어맨은 싱긋 웃으며 톰 피켓에게 말했다. "그러면 칼리지의 재정에 도움이 되지 않소."

"하지만 그렇게 할 수는 없습니다. 돈을 받고 지도를 팔 수는 없습니다. 적어도 여기서는 그렇게 할 수 없습니다."

"왜 안 된다는 거요?" 스피어맨은 이해하기 어렵다는 표정으로 피켓에게 물었다.

"그것은 적절하지 않습니다. 절대로 적절한 일이 아닙니다." 톰 피켓은 자신의 입장에선 너무나 기본적인 사항을 이 작은 키의 방문객에게 어떻게 설명할 수 있을지 잠시 생각했다.

"이 곳은 공부하는 대학입니다." 마침내 그가 말했다. "사업을 하는 곳이 아닙니다. 게다가 그렇게 하면 맥쿠첸 가게에서 어떻게 생각하겠습니까?"

"다른 측면에서 생각해보는 것도 필요하죠." 스피어맨은 말했다. "관광객들에게 더 도움이 되는 방법은 어떤 것일까요? 이왕 이 곳까지 왔으니 여기서 지도를 사는 것이 더 낫지 않을까요? 관광객들도 다른 곳으로 가기보다 이곳에서 지도를 사고 싶어할 겁니다."

워런 손은 우편물을 정리하면서 두 사람의 대화를 듣고 있었다. 그는 두 사람이 서 있는 카운터 쪽으로 다가와 스피어맨에게 말했다. "그렇다고 오해는 마십시오. 우리는 케임브리지에 온 관광객들을 늘 손님으로 생각합니다. 하지만 집에 찾아오는 손님들처럼 원하는 것은 무엇이든지 줄 수는 없지 않습니까? 저희는 시간이 나면 지리를 알려 드리려고 애를 씁니다."

"하지만 선생님의 경우에는 사정이 다른 것 같습니다. 선생님은 맥도널드 교수를 알고 계시니 말입니다." 워런 손은 그렇게 말하면서 카운터 밑으로 손을 뻗었다.

"우리는 늘 수위실에 이 지역을 보여주는 큰 지도를 갖고 있습니다." 그는 계속해서 말했다. "때로 우리는 큰 지도가 있어야만 답할 수 있는 질문들을 받습니다." 워런 손이 스피어맨에게 보여준 지도는 펼쳤을 때 수위실의 카운터를 거의 덮을 수 있는 크기였다.

"우리에게는 또 이런 것도 있지요." 워런 손은 더 작은 지도들의 뭉치를 꺼냈다. 딱 두 번만 접은 지도들이었다. 더 작은 그 지도들은 케임브리지 대학교와 인근 지역의 거리 이름, 칼리지들, 그리고 가장 유명한 관광명소들만 보여주는 것이었다.

"이렇게 작은 지도들은 한 무더기나 됩니다. 그래서 당신에게 그 중 하나를 드릴 수 있습니다. 하지만 큰 지도에서 무언가 찾고 싶으시다면 바로 이 자리에서 지도를 펴고 찾으실 수 있습니다. 그냥 작은 지도만 있어도 된다면 이것을 갖고 가시면 됩니다. 우리 칼리지가 드리는 선물입니다." 워런 손이 말했다.

"정말로 친절하시군요." 스피어맨이 말했다. "하지만 나는 그냥 작은 지도 하나를 빌려 저 곳에 펼쳐놓고 볼 생각입니다." 그러면서 스피어맨은 반대쪽 벽에 있는 선반을 가리켰다. "이제는 내가 어느 위치에 있는지 알 것도 같습니다. 이 지도가 도움이 된다면 당신의 친절을 받아들여 기꺼이 가지고 가겠습니다. 많은 사람들이 그렇듯이 케임브리지의 길거리에 서서 지도를 펼치고 어딘가를 찾아야만 하는 당혹스러움은 원치 않으니까요." 스피어맨은 껄껄대고 웃었다.

그는 지도를 갖고 선반이 있는 쪽으로 걸어갔다. 그 곳에는 우편물과 메시지를 확인하는 세 명의 학생이 있었다. 스피어맨은 지도를 펼치고 지리를 익히기 시작했다.

스피어맨은 그 동안 케임브리지 주위를 걸어다녔기 때문에 알고 있는 주요 거리들이 많았다. 하지만 자레드와 함께 걷거나 자동차로 가보지 않은, 그리고 오늘 오후에 피지와 함께 스티브 파이스를 찾아가 그랜체스터를 돌아보려면 알아야 할 도로들에 대해서는 다소 걱정이 되었다. 스피어맨은 마을에서 벗어나 그들이 가기로 한 그 작은 마을까지 가는 도로가 자레드의 집에서 그리 멀지 않다는 데 안도감을 느꼈다.

수위실 건물에서 지도를 보는 동안, 스피어맨은 지도와 경제학 이론이 비슷하다는 생각을 했다. 하버드에서 그는 종종 처음 경제학에 입문하면서 경제학 이론의 비현실성에 불만을 토로하는 학생들과 조우하곤 했다. "실제적인 걸 가르쳐주세요." 어느 학생은 스피어맨에게 그렇게 말했다. "이론만 가르쳐주지 말구요."

그럴 때 스피어맨은 일반적인 도로 지도를 적절한 예로 들곤 했다. 그 날 오후 수위실 건물에서 스피어맨은 자기 앞에 펼쳐진 지도를 사용해 요점을 설명할 수 있지 않을까, 생각했다.

"지도가 우리에게 도움을 주는 이유는 모든 세부사항을 담고 있지 않기 때문입니다." 그는 학생들에게 그렇게 말하곤 했다. "가령 1 대 1의 비율로 만들어진 지도를 상상해보세요. 그런 지도를 사용할 수 있겠습니까?" 스피어맨은 학생들에게 그렇게 농담처럼 얘기했다.

"그런 지도는 여러분에게 도움이 될 수 없습니다. 지도가 도움이 되는 것은 현실을 집약할 때뿐입니다. 그리고 경제학 이론도 마찬가지입니다. 경제학 이론이 도움이 되는 것은 마치 지도처럼 복잡한 현실을 집약하기 때문입니다."

스피어맨이 그런 생각을 하고 있을 때, 수위실의 다른 쪽 편에 있는 더 큰 카운터에서 누군가 얘기를 나누는 소리가 들렸다. 귀를 쫑긋 세우고 들어보니, 워런 손이 자신이 호출한 학생과 얘기를 나누고 있었다. 손은 칼리지의 고참 수위로서 적절한 행동양식을 따르고 있었다. 그는 정중하면서도 엄한 목소리로 자기 앞에 서 있는 학생에게 일장 훈시를 했다.

"이런 말을 하게 되어서 유감이지만, 학생이 기숙사 사감에게 한 행동은 너무나도 부적절한 것이었어요. 학생은 그 여자 분에게 심각한 육체적 손상을 끼칠 수도 있었어요. 케임브리지의 칼리지에서는 그런 행동이 용납될 수 없고 비숍 칼리지에서는 더더욱 용납될 수가 없어요. 내 말을 가볍게 듣지 말아요. 또다시 그런 행동을 했다는 소리가 들리면 학장에게 보고할 수밖에 없어요. 당연히 그런 일은 원치 않겠죠? 그보다 덜 심한 행동 때문에 퇴학을 당한 학생들도 있어요. 톨미 여사에게 정중하게 사과하는 편지를 써서 보내세요. 이번 주말까지는 편지를 보내야만 해요."

키가 크고 각진 얼굴의 학부생은 손의 훈계를 듣는 동안 몸이 굳어 있었다. 그는 수치심으로 얼굴이 벌겋게 달아오른 채 손에게 물었다. "이제는 가도 되나요?"

"이제는 가도 됩니다. 좋은 하루 되세요."

스피어맨은 두 사람의 대화를 흥미롭게 들었다. 그리고 워런 손의 능숙한 솜씨에 감탄했다. 그런 상황에서 그 고참 수위는 미묘한 입장에 서게 된다. 그에게는 도덕적인 권위의 힘도 있어야 했지만, 칼리지의 학생들을 정중하면서도 엄격하게 훈계해야 하는 절묘한 균형도 필요했다. 그런데 손은 35년 간의 경험에서 그런 상황을 어떻게 처리해야 하는지 잘 알고 있었다.

스피어맨은 수위실의 그런 분위기가 마음에 들어 가벼운 마음으로 지도에 낙서를 했다. 학생들, 교수들, 그리고 방문객들이 그 곳을 들락거렸다. 워런 손은 주기적으로 우편물, 메시지, 그리고 소포 등을 전달했다.

"해리슨 씨, 다우닝에서 메시지가 왔습니다. 1시간쯤 전에 배달된 것입니다."

"라이언스 씨, 여기 당신에게 온 엽서가 있습니다."

"메리필드 박사님, 여기 박사님에게 온 소포가 있습니다. 상당히 크고 무겁군요. 원하신다면 피켓에게 시켜서 갖다드리겠습니다."

"퍼시벌 씨, 당신을 지도하는 티켓 교수님이 오늘 오후에 만날 수 없을 것 같아서 유감이라는 말을 전해달라고 하셨습니다. 나중에 다시 만나서 약속 시간을 조정하자는 말씀도 있었습니다."

워런 손은 비숍 칼리지의 교수들과 학생들의 얼굴을 기억하는 자신의 능력에 자부심을 갖고 있었다. 그에겐 사람들의 외모와 그들의 이름을 연결시키는 비상한 재주가 있었다. 그는 웬만해선 사람들의 이름을 잊지 않았다.

스피어맨은 그 고참 수위의 비상한 기억력을 놀라움과 부러움으로 지켜보았다. 그 자신은 수강생이 10명이 넘는 경우에는 학기 중간이 되어서야 학생들의 이름을 기억할 수 있었다. 그래서 그는 종종 당혹스런 경험을 하곤 했다. 가령 그는 중간시험의 답안지를 돌려줄 때 출석부에 적힌 학생이 누구인지 알아내는 데 어려움을 겪곤 했다.

수위실을 나서기 전에 스피어맨은 손의 놀라운 기억력을 칭찬했다. 손은 고맙다는 뜻으로 고개를 끄덕이면서, 진지한 표정으로 스피어맨의 칭찬에 이렇게 응답했다.

"사실 이 모든 것은 경험 때문입니다. 이런 일을 35년이나 했으니까요. 한 가지 일을 그렇게 오래 하면 누구든지 숙달되지 않을 수가 없죠. 하지만 타고나는 사람들도 있습니다. 여기 있는 피켓이 바로 그런 사람이죠. 피켓은 사람들의 이름과 얼굴을 자연스럽게 기억하죠." 워런 손은 톰 피켓을 가까이 불렀다. "하지만 나는 애를 써야만 그렇게 할 수 있습니다. 그런데 나이가 들수록 그렇게 하는 게 더 힘들어집니다."

"제 경우에는 이제 이름보다 얼굴을 더 쉽게 기억합니다. 그러니까 얼굴은 절대로 잊어먹지 않습니다. 아무리 오래전에 만난 사람이라도 얼굴은 기억이 납니다. 때로는 거의 20년 만에 이 곳을 찾아오는 사람의 얼굴도 기억합니다. 이름은 기억이 안 날 수도 있지만, 아무리 나이가 들었어도 얼굴은 기억이 납니다. 아무리 오랜 세월이 지나도 여전히 변하지 않는 특정 부위가 있게 마련이죠. 예를 들면 귀 같은 것 말입니다. 귀는 나이가 들어도 별로 변하지 않죠. 그리고 눈빛도 그렇게 변하지는 않습니다."

"며칠 전 나는 한 사람이 저녁 때 정문으로 구내에 들어오는 것을 보았습니다. 나는 혼자서 이렇게 생각했죠. '저 사람 어디선가 본 사람이다. 다만 너무 오래전에 보았기 때문에 기억이 잘 나지 않을 뿐이다.' 그럴 때 나는 두고두고 생각하다가 결국에는 그 사람이 누구인지 기억해내곤 합니다. 갑자기 얼굴과 이름이 연결되면서 그 사람이 누구인지 알게 됩니다. 그러면 대개는 그 밖의 온갖 다른 일들도 기억이 나곤 합니다. 며칠 전에 본 그 사람의 경우에는 아직 기억이 나지 않았지만, 결국에는 그 사람이 누구인지 기억이 날 겁니다. 물론 그 사람을 잊는 것이 좋을 경우에는 아무 말도 하지 않습니다. 잠자는 개를 굳이 깨울 필요는 없으니까요."

자신의 놀라운 관찰력과 기억력을 설명하는 워런 손의 얘기를 들으면서, 헨리 스피어맨은 케임브리지의 수위들에 대한 덩컨 스링의 말이 떠올랐다. 그들은 칼리지 안에서 일어나는 모든 일을 알고 있다고 스링은 말했다. 스피어맨은 워런 손이 모리스 페인에게 떨어진 아령에 대해서도 알고 있을지 모른다고 생각했다. 비록 그것이 비숍 칼리지가 아닌 세인트 존스 칼리지에서 일어난 일이라 하더라도……. 하지만 손이 그 일에 대해 알고 있다 해도 외부인인 스피어맨에게 그런 얘기를 하지는 않을 것이었다.

헨리 스피어맨이 비숍 칼리지의 수위실에서 떠나려 할 때, 톰 피켓이 그에게 다가와서 말했다. "관광객들이 원하는 것은 지도만이 아닙니다. 많은 사람들이 이 곳에 와서 화장실 좀 쓸 수 있느냐고 묻는다는 걸 알면 놀라실지도 모릅니다. 사람들은 수위실의 화장실이 공중 화장실인 줄로 착각합니다. 하지만 사실은 전혀 그렇지 않습니다. 그것은 어디까지나 수위실의 화장실입니다. 따라서 우리가 지도를 팔기 시작한다면, 설사 이익은 남는다 해도 전보다 더 많은 사람들이 화장실을 이용하려 할 것입니다."

"흥미로운 발상이군요." 스피어맨이 말했다. "어쩌면 비숍 칼리지의 수입을 늘릴 수 있는 또 하나의 길이 있는 것도 같습니다."

"선생님, 그렇게 할 수는 없습니다. 돈을 받고 화장실을 이용하게 할 수는 없습니다."

그랜체스터의 미스 마플

원형의 로터리 때문에 스피어맨 부부는 진땀을 빼야 했다.

영국에서 운전을 해본 적이 없는 미국인들은 도로 왼쪽으로 차를 모는 것이 쉽지 않은 일이라고 생각한다. 하지만 스피어맨 부부는 모든 것을 반대로 생각함으로써 영국식의 운전법에 그런 대로 적응할 수 있었다. 물론 그렇게 쉽지는 않았지만 사고를 당할 정도는 아니었다.

하지만 차를 빙빙 돌려야 하는 원형의 로터리는 등에서 식은땀이 흐를 정도로 어려운 코스였다. 영국 사람들은 원형의 로터리는 신호등에 걸릴 염려 없이 계속해서 차를 몰 수 있기 때문에 교통을 원활하게 한다고 생각했다. 영국에서 사는 사람들에게는 그럴 수도 있겠지만, 이 곳을 처음 방문한 사람들에게는 반드시 그렇지도 않았다. 미국에서는 좌회전하는 것이 더 어려웠지만, 영국에서 우회전하는 것은 그보다도 더 어려웠다.

처음 외출했을 때 스피어맨 부부는 두 번이나 원형의 로터리에서 한 번 이상 맴돈 후에야 겨우 자신들이 원하는 곳으로 빠져 나갈 수 있었다. 원형의 로터리에서 빙빙 맴도는 자동차는 영국에서 처음 운전하는 사람이 모는 자동차라는 분명한 표시였다.

피지와 헨리 스피어맨은 이번 영국 방문에서 렌트카를 빌리기로 결정했다. 그들이 빌린 렌트카는 두 개의 문이 달린 소형 자동차였다. 스피어맨은 미국에서는 네 개의 문이 달린 대형 세단을 몰고 다녔지만, 좁은 길이 많은 영국에서는 소형차가 더 나을 것이라고 생각했다. 자레드 맥도널드는 자신의 차를 타고 다니라고 말했다. 하지만 헨리 스피어맨은 정중하게 사양했다. 맥도널드에게 폐를 끼치고 싶지 않다는 생각 때문이기도 했지만, 잘못해서 사고가 나면 보험 혜택을 받지 못할 수도 있다는 생각 때문이었다.

오늘 오후에 피지와 헨리 스피어맨이 가려는 길은 그

렇게 힘든 길은 아니었다. 케임브리지의 분주한 거리에서 빠져 나와 남서쪽으로 2마일만 가면 되는 거리였다. 그들이 가려는 곳은 그 근처의 그랜체스터 마을이었는데, 그곳에 가면 스티브 파입스가 두 사람을 안내하기로 되어 있었다. 파입스는 두 사람에게 너벅선을 빌려 그랜체스터까지 오라고 농담을 했다. 하지만 피지와 헨리는 너벅선을 젓는 법을 보았지만 그렇게 하고 싶은 생각이 전혀 없었다. 두 사람 모두 걷는 것을 좋아했기 때문에 걸어서 그랜체스터까지 가볼 생각도 했다. 하지만 시간도 부족한 데다가 지리도 잘 몰랐기 때문에 그런 생각은 접을 수밖에 없었다.

"이쯤에서 표지판이 보일 거라고 자레드가 말한 것 같은데." 피지가 헨리 스피어맨에게 말했다. 그녀는 남편의 운전을 돕는 조수로서 자신의 역할을 훌륭히 해냈고, 헨리는 피지의 그런 역할을 고맙게 생각했다. 키가 작은 헨리는 그렇지 않은 사람들보다 전방을 보는 데 약점을 안고 있었다. 미국에서 그는 운전을 할 때 대개 운전대의 위쪽 절반과 계기판의 바로 위쪽 사이를 보곤 했다. 영국에서 작은 소형차를 몰게 되자 그는 전방을 보는 데 더 어려움을 겪었다. 종종 운전대가 그의 시야를 가렸기 때문이었다.

"저기 표지판이 있네. 여기서 좌회전을 하면 돼. 그러면 곧장 그랜체스터로 갈 수 있어." 스피어맨은 좌회전만 하면 된다는 피지의 말에 안도감을 느꼈다. 그는 원형의 로터리에서 차를 밖으로 빼며 가장 먼저 보이는 길로 자동차를 진입시켰다.

잠시 후 그들이 탄 자동차는 한가로운 농촌 마을로 들어섰고, 조금 더 가자 솔트마시 여사의 집으로 들어가는 진입로가 나타났다. 진입로에는 또다른 자동차가 세워져 있었지만, 헨리 스피어맨은 그 옆에 충분히 차를 댈 수 있다고 생각했다.

"저기 스티브 파입스가 나오고 있네." 피지가 안도하는 표정으로 말하면서, 어제 만난 젊은 사공이 돌계단을 내려오는 모습을 지켜보았다. 미국 스타일의 청바지와 짙은 청색의 면셔츠를 입은 파입스는 미국에서 흔히 볼 수 있는 대학원생의 모습이었다.

"제대로 찾아 오셨군요." 스티브 파입스가 소리쳤다. "길을 잃지 않고 오실 줄 알았어요."

"오는 데는 아무 문제가 없었소. 문제는 돌아가는 길이오. 지금까지 왼쪽으로 튼 곳을 앞으로는 오른쪽으로 틀어야 하니 말이오. 그렇지 않소?"

하지만 스티브 파입스는 그 질문에 아무런 대답도 하

지 않고 자신의 얘기를 꺼냈다. "솔트마시 여사님은 조금 있다 오실 거예요. 조금 전에 크림을 사러 가게에 가셨거든요. 하지만 곧 돌아오셔서 두 분에게 차를 대접하실 거예요. 그 동안 제가 마을을 구경시켜드리지요. 그리고 돌아와서 솔트마시 여사님과 차를 마시면 좋겠어요."

"그러면 되겠군요." 피지 스피어맨이 말했다. "여사님이 바쁘시면 차는 마시지 않아도 괜찮아요. 그냥 구경만 해도 충분한 걸요. 시간을 내줘서 고마워요."

"오, 스티브! 내 차를 뺄 수 있겠죠?" 위층의 창문에서 한 여자가 소리쳤다.

"그럼요. 차는 충분히 뺄 수 있어요. 내려와서 여기 이 손님들과 인사를 나누세요." 스티브 파입스가 그 여자에게 소리쳤다. 잠시 후에 젊은 여자가 스피어맨 부부 쪽으로 다가왔다. 그녀는 베이지색의 미니 스커트와 흰색의 블라우스를 입고 있있다. 그리고 긴 금빛이 허리까지 내려왔다.

"태너, 여기 이 분들은 내가 전에 얘기한 그 미국 손님들이에요. 스피어맨 교수님과 여사님이죠. 두 분에게 마을을 구경시켜드릴 거예요." 파입스는 그렇게 말하면서 두 사람을 돌로레스 태너에게 소개했다. "그리고 이쪽은 태너 양입니다." 그는 다시 말했다. "태너 양도 이 집에서 하숙을 하고 있어요. 하지만 런던에서 일하기 때문에 통근을 하죠. 그러니까 태너 양은 전혀 다른 두 세상을 살고 있는 거죠."

"오늘은 쉬는 날인가 보죠?" 피지 스피어맨이 돌로레스 태너에게 물었다.

"제가 일하는 분야에서는 쉬는 날이 아주 많죠. 저는 연극배우랍니다. 주로 런던에서 일하는데 순회공연도 다니죠. 지금은 오디션을 본 새 역할을 맡게 될지 소식을 기다리고 있죠." 돌로레스 태너가 어색한 듯 말했다. "주차 문제로 귀찮게 해서 죄송합니다. 제 방에서는 두 분의 차가 제 차를 막고 있는지 아닌지 알 수가 없었죠. 저는 조금 있다 밖에 나갈 일이 있거든요."

"태너 양이 새로 산 차입니다." 스티브 파입스가 태너를 보면서 농담하듯이 말했다. "그래서 무척 아끼는 거죠. 한 6개월 정도는 그렇게 행동할 겁니다."

"스티브, 새 차라고 하기는 어려워요. 그리고 내가 그렇게 아끼는 것도 아니에요. 그건 어제 내가 당신에게 차를 빌려준 것만 봐도 알 수 있어요. 정말로 새 차를 샀다면 남에게 빌려주지는 않았을 거예요. 하지만 이 차는 비싼 차도 아니고 완전히 새 차도 아니기 때문에 당신에게 빌려줄 수 있었어요. 나는 밤에 이 차를 덮어두지도 않아요." 돌로레스 태너는 마치 화난 사람처럼 얘기했지만, 얼굴에 나타난 미소는 그것이 진심이 아니라는 것을 보여주었다.

"차를 몰고 런던까지 가나요?" 피지가 물었다. 이 농촌 마을에서 런던까지 차를 몰고 가려면 얼마나 힘들 것인지 상상하면서.

"아뇨, 그렇지는 않아요. 그냥 케임브리지 역까지 갔다 올 수 있는 차를 샀을 뿐이에요. 그리고 몇 가지 다른 일도 할 수 있는 자동차일 뿐이죠. 이 차는 그런 용도에 쓸 목적으로 산 거예요."

"스피어맨 교수님은 왜 당신이 그 차를 샀는지 정확하게 설명할 수 있어요. 전에 얘기한 것 같은데, 스피어맨 교수님은 미국에서 경제학을 가르치시는 분이죠."

"내가 왜 그 차를 샀는지는 어렵지 않게 설명할 수 있어요. 아까도 말했잖아요. 그냥 역까지 갔다오기 위해서 샀다고 말이에요."

"하지만 내가 말하는 것은 그 차를 산 진짜 이유예요. 그러니까 당신의 효용함수라든가 그런 것에 기초한 이론적 설명이죠." 그렇게 말하는 파이프스는 헨리 스피어맨을 대화에 끌어들이고 싶어하는 것 같았다.

"경제학과 관련해 내가 할 수 있는 얘기라곤 상당한 금액을 지불했다는 것뿐이에요. 하지만 나로서는 아주 잘 산 차인 것 같아요." 태너는 그렇게 말하면서, 최근에 산 그 차에 만족해하는 표정을 지었다.

"나는 태너 양에게 비슷한 차를 거의 같은 가격에 살 수 있다고 얘기했어요. 내 친구가 타던 자동차인데 상태가 아주 좋은 차였죠. 심지어 나는 그 차를 몰고 와서 태너 양에게 보여주기까지 했어요. 하지만 태너 양은 그런 호의도 무시하고 중고차 매매소에서 저 차를 사고 말았죠." 파입스는 스피어맨에게 그렇게 말하면서 태너 양을 불만스럽게 쳐다보았다. 하지만 그는 곧 그녀에게 미소를 지으면서 이렇게 얘기했다. "연극배우들은 상당히 충동적인 데가 있어요."

"어쩌면 태너 양은 차를 잘 산 건지도 모릅니다." 헨리 스피어맨은 돌로레스 태너에게 말했다. "미국에서 중고차 판매상들은 흔히 이런 얘기를 합니다. '이 차는 어느 노부인이 일요일에 교회만 타고 다니던 차입니다.' 따라서 그 사람의 말이 사실이라면, 그 차는 상태가 아주 좋은 차라는 뜻입니다. 그리고 칼리지의 학장이 이따금씩 책방에만 타고 다니던 차 역시 상태가 아주 좋은 차일 겁니다. 저 차는 니겔 하트가 타고 다니던 차로군요."

파입스와 태너뿐 아니라 피지조차도 헨리 스피어맨의

말에 놀라는 표정을 지었다. "헨리, 저 차가 하트 학장의 차인 걸 어떻게 알지?" 피지 스피어맨이 물었다.

"우리가 헤일 교수의 집에 갔던 그 날 밤 기억 안 나? 그때 우리는 주차 공간을 찾느라고 애를 먹었잖아. 자레드가 우리를 태워주었는데, 결국에는 저 차가 세워진 바로 뒤에 차를 세워야만 했잖아. 자레드가 저 차를 가리키면서 니겔 하트의 차라고 말했지. 그러면서 자레드는 칼리지의 학장조차도 주차 공간을 찾는 데 애를 먹는다고 우리에게 얘기했지. 그런데 그 차 뒤쪽의 유리창에 노란 스티커가 붙어 있었어. 그런데 저 차 바로 뒤에 그것이 붙어 있잖아? B.C.라는 스티커 말이야. 아마 비숍 칼리지를 뜻하는 말일 거야."

"그런 그렇고, 태너 양, 저 차와 함께 행운이 따르기를 바랍니다. 적어도 파입스에게 빌려주면 나에게 빌려주는 것보다는 안전할 겁니다. 그리고 파입스의 말은 맞는 것 같습니다. 태너 양, 우리 차가 당신 차를 막고 있는 건 아니겠죠?"

"아뇨. 전혀 그렇지 않아요. 더구나 제가 차를 빼기 전에 교수님이 먼저 차를 뺄 것 같은데요."

"사실은 그렇습니다. 우리는 이 곳에 그리 오래 있지 않을 겁니다." 헨리 스피어맨이 말했다. "파입스는 친절하게도 우리를 안내해주겠다고 말했습니다. 우리는 잠시 후에 돌아와서 이 집의 여주인과 차를 마실 생각입니다. 그 다음엔 이 곳을 떠날 수밖에 없죠. 제 아내는 이따가 저녁때 맥도널드 교수와 음악회에 갈 계획입니다." 스피어맨은 그렇게 말한 다음 파이프스에게 이제는 가야 할 때가 된 것 같다는 시늉을 했다.

"우리와 함께 산책을 할 수 있다면 더욱 좋겠군요." 피지 스피어맨이 말했다.

"친절하신 제의에 감사드립니다. 하지만 파이프스가 안내를 하니 저는 빠지는 게 좋을 것 같습니다."

파이프스와 스피어맨 부부는 아름다운 시골 마을을 구경하기 위해 그 곳을 떠났다.

그랜체스터는 오래된 마을이었다. 이 마을은 종말론이 한창이던 1086년 이전부터 있던 마을이었다. 케임브리지의 아름다운 풍경을 방해하는 현대식 건축물은 그랜체스터에서는 거의 보이지 않았다.

"먼저 처치 레인으로 올라간 후에, 그 곳에서 방향을 틀어 캠이 있는 곳까지 갈 생각입니다." 스티브 파이프스가 스피어맨 부부에게 말했다. "그 곳에서 저는 두 분께 전날 너벅선을 탔을 때는 볼 수 없었던 아주 유명한 곳을 보여드릴 생각입니다."

스티브 파입스는 두 사람을 '바이런의 풀'이라고 불리는 곳으로 안내했다. "바이런은 트리니티 칼리지의 학생일 때 이 곳에서 수영을 했습니다. 트리니티 칼리지에는 아직도 바이런이 지내던 방이 남아 있지만, 이 곳이 그가 가장 좋아했던 곳입니다. 마셜은 교수님이 사려는 그 집에서 영감을 얻었지만, 바이런은 이 곳에서 영감을 얻었다고 마을 사람들은 얘기합니다."

"정말로 아름다운 곳이군요. 이렇게 아름다운 곳이라면 시상이 떠오를 수밖에 없겠군요." 헨리 스피어맨이 스티브 파입스에게 말했다. "하지만 바이런이 이 곳에서 한가롭게 수영을 하며 시를 쓸 수 있었다면, 나도 차라리 시인이나 될 걸 그랬습니다."

"여보, 당신은 이 곳에서 하루를 보내고나면 금방 땅의 가치나 소떼의 가격이 얼마인지 궁금해할 거야."

"피지, 이렇게 아름다운 곳에서는 나도 가격을 계산하지 않을 거야." 헨리 스피어맨은 아내에게 미소를 지으면서 말했다.

"파입스, 이제는 경제학자가 어떤 일을 당하게 되는지 알 수 있겠죠? 당신도 경제학 공부를 하고 싶다는 생각을 재고해볼 필요가 있을 겁니다. 경제학을 전공하면 사랑하는 사람조차도 오해를 하는 경우가 많으니까요."

다시 솔트마시 여사의 집으로 돌아오면서, 스피어맨 부부는 스티브와 함께 미국의 대학교육에 대해 얘기를 나누었다. 헨리는 파입스에게 먼저 중위권 대학에 들어간 후에 좋은 성적으로 명문대학에 진학하는 것이 좋을 거라고 조언했다. 그러면 장학금을 받을 수 있는 기회가 훨씬 더 많기 때문이었다.

"글쎄요, 저도 잘 모르겠습니다. 저는 때론 대학에 진학할 수 있을지 의심이 들 때가 많습니다. 물론 나름대로 준비도 했고 경제학 분야의 책도 계속 읽고 있습니다. 하지만 저는 강에서 일해야만 하기에 공부할 시간이 충분치 않습니다. 그리고 솔트마시 여사님과 시간을 보내고 싶기도 하구요." 스티브 파입스가 저만치 있는 솔트마시 여사의 집을 가리켰다. "여사님은 아주 좋은 분인데 조금은 외로운 것도 같습니다. 저희 가족은 서머싯에서 살고 있는데, 저는 가족과도 시간을 보내고 싶습니다. 그리고 축구도 하구 싶구요. 축구를 하면서 시간을 보내면 죄책감이 들기도 하지만, 그럴 때 저는 활력을 느낍니다."

"왜 죄책감이 든단 말이오?" 헨리 스피어맨이 물었다. "그것은 당신이 시간을 적절하게 활용하는 것에 불과합니다. 경제학적인 용어로 설명하면 시간을 최적화하는 (optimizing) 것입니다. 우리는 늘 그런 식으로 맞바꿈

(trade-off)을 합니다. 이것을 약간 더 하고 저것을 약간 덜 하는 거죠. 이런 식으로 우리는 균형(equilibrium)을 유지합니다. 당신의 최적화에는 잘못된 것이 전혀 없습니다. 그리고 놀라운 점도 전혀 없습니다."

그들이 솔트마시 여사의 정원을 가로지를 때, 솔트마시 여사가 집 뒤쪽에서 그들에게 큰소리로 말했다. "여기 뒤쪽으로 오세요. 그렇다고 응접실이 지저분한 건 아니지만, 손님들은 늘 부엌이나 여기 뒤쪽으로 오게 되니 말이에요. 하지만 차는 응접실에서 마실 거예요. 그렇게 해도 괜찮다면 말이에요."

스티브 파입스가 손님들에게 솔트마시 여사를 소개했다. 스피어맨 부부는 그녀에게 정중하게 인사했다. 파입스는 앞서 스피어맨 부부에게 솔트마시 여사는 사람들을 거칠게 다루지만 사실은 수줍음이 많은 사람이라고 얘기했다. 특히 자신보다 사회적으로 지위가 높은 사람들에게는 더욱 그러했다.

"파입스 말로는 무슨 집을 사기 위해 이 곳에 오셨다고 하던데요." 모두가 자리에 앉은 후 솔트마시 여사가 말했다. 김이 모락모락 나는 찻잔들이 그들 앞 탁자에 놓여 있었다.

"그렇습니다. 하지만 우리가 살 집은 아닙니다. 파입스에게서 얘기를 들으셨을 겁니다. 우리가 사려는 집은 케임브리지의 유명한 경제학자가 오랫동안 살았던 집입니다. 우리는 그 집을 교육적인 목적으로 개조하고 싶습니다." 헨리 스피어맨이 솔트마시에게 설명했다.

"여사님, 제가 두 분에게 마을을 구경시켜드렸어요. 돌아오는 길에 우리는 미국의 대학교육에 대해 얘기를 나누기도 했어요." 스티브 파입스는 그렇게 말하면서 차를 한 모금 마셨다.

"파입스는 영리한 젊은이에요." 솔트마시 여사가 말했다. "그 점은 확실해요. 저는 수학에는 젬병이죠. 하지만 파입스는 제 가계부를 순식간에 결산해요. 머릿속으로 그 모든 계산을 하는 거죠. 그리고 답은 늘 정확해요. 한 푼도 틀리는 법이 없죠. 그러니 공부도 아주 잘할 거예요. 그렇다고 파입스가 떠나기를 바라는 건 아니에요. 이렇게 좋은 하숙생은 보내고 싶지가 않죠. 그건 하숙을 치는 사람이라면 누구나 같을 거예요. 파입스는 저에게 가족 같은 사람이에요."

"여사님, 저는 떠나지 않아요. 이 곳에서 해야 할 일들이 있어요. 스피어맨 교수님은 그냥 미국의 대학교육에 대해 설명했을 뿐이에요."

"교수님, 그 집을 사게 되면 파입스가 그 곳에서 공부하게 할 수는 없나요?" 솔트마시 여사가 주름진 얼굴을 찡그리면서 희망이 섞인 질문을 던졌다.

"그렇게는 안 될 것 같습니다." 스피어맨은 차를 마시면서 그렇게 말했다. "그 집은 학생들이 아니라 나름대로 자리를 잡은 학자들을 위한 곳이 될 겁니다. 하지만 언젠가 파이프스도 나름대로 명성을 얻게 되면 그 곳에서 공부할 수 있을 겁니다. 제가 보건대 파이프스는 이 곳을 떠나도 여사님을 잊지 않을 겁니다. 그리고 다시 돌아오면 그 집보다는 이 집에서 살고 싶어할 겁니다."

"어찌 됐든 우리는 아직 그 집을 정식으로 인수하지 못했습니다. 그리고 여사님도 아시겠지만, 아주 불행한 일이 일어나고나서야 다시 협상을 할 수 있게 되었습니다."

"하트 박사의 죽음에 대해서는 모두가 알고 있죠. 여기 그랜체스터에 있는 사람들도 말입니다. 그 사람은 그 집을 얻기도 전에 상자 속에서 죽은 채로 발견되었어요. 정말로 안된 일이죠."

솔트마시 여사는 다시 차를 따르면서 손님들에게도 더 마시겠느냐고 물었다. "나는 절대로 이 곳에서 떠나지 않을 겁니다. 파이프스에게도 그렇게 말했죠. 내 눈에 흙이 들어가기 전에는 이 곳에서 떠나지 않겠다고 말입니다. 하지만 하트 박사는 그 집으로 이사를 가려다 죽고 말았습니다. 참으로 안된 일입니다. 그렇다고 내가 하트 박사를 잘 아는 것은 아닙니다. 하지만 경찰이 아직도 범인을 잡지 못해 모두가 두려움을 느끼고 있습니다. 범인조차 잡지 못한다면 하트 박사는 너무나도 원통할 것입니다. 경찰은 대개 범인을 금방 잡곤 합니다. 하지만 이번에는 마냥 조사만 하고 있습니다."

"하지만 범인은 곧 잡히고 말 거예요." 피지 스피어맨이 말했다. 그렇지만 그녀의 얼굴에는 의심하는 표정이 어려 있었다. "아니면 미국 사람들의 편견일까요? 영국 경찰은 미국에서 명성이 자자하거든요. 영국 경찰은 반드시 사건을 해결할 거예요."

"그건 어디까지나 영화에서나 나오는 얘기입니다." 솔트마시 여사가 재빨리 대답했다. "여기 영국에서는 꼭 그렇지도 않습니다. 다른 나라의 경찰보다 못하면 못했지 더 나은 것도 없습니다. 그리고 태거트 씨도 같은 생각입니다. 처치 레인에서 빵 가게를 하는 사람이죠."

"여사님은 누가 니겔 하트를 죽였는지 나름대로 이론을 갖고 있어요." 파입스가 말했다. "그리고 그 이론이 옳다고 믿고 계시죠."

"그렇다면 당신의 이론은 무엇입니까?" 헨리 스피어맨

은 호기심을 느끼며 솔트마시 여사에게 물었다.

"칼리지의 직원들이 죽였을 겁니다. 경찰은 다른 교수들과 상인들까지도 샅샅이 캐고 있습니다. 우리가 듣기로는 그렇습니다. 저로서는 상인들이 그랬다고 생각할 수가 없습니다. 그리고 교수들은 절대로 사람을 죽일 수가 없습니다. 여기 그랜체스터에도 교수들이 살고 있습니다. 그들에게는 그런 강심장이 없습니다. 얼마 전까지는 직원들도 비슷했습니다. 기숙사 사감이나 수위가 자신들이 근무하는 칼리지의 학장을 죽일 수는 없을 겁니다. 하지만 요즘 젊은 사람들은 그렇지 않습니다. 그들은 안정된 직장만으로 만족하지 않습니다. 그들은 최소한의 예의도 보이지 않습니다. 그들은 예전의 직원들보다 독합니다. 잘못 다루면 반항을 합니다. 그래서 그들이 하트 박사를 죽였을 겁니다. 적어도 내가 보기에는 그렇습니다. 하지만 늙은 여자의 이론에 관심을 보일 사람은 별로 없을 겁니다."

"당신은 절대로 늙은 여자가 아니에요." 피지 스피어맨은 그렇게 말하면서 솔트마시 여사의 손을 부드럽게 잡았다. "미국에서 가장 유명한 영국의 아마추어 탐정은 당신과 비슷한 나이의 여자예요. 영국 경찰은 제인 마플 양의 직관을 무시하다가 혼쭐이 났죠. 그러니까 하트 박사의 죽음에 관한 당신의 이론도 무시하면 안 될 거예요."

그런 칭찬에 기분이 좋아진 솔트마시 여사는 이 미국인 손님들이 마음에 든다고 생각했다.

역선택

피지 스피어맨이 문을 열고 들어갔을 때 방안은 어두웠다. 그녀는 오른손으로 벽을 더듬으며 전등의 스위치를 찾았다. 하지만 스위치는 여간해서 손에 닿지 않았다. 그러다가 눈이 어둠에 익숙해지면서 문 옆에 있는 스탠드가 어렴풋이 보였다.

그녀는 전구에 걸려 있는 작은 사슬을 잡아당겼다. 놀랍게도 그 방안에는 피지 혼자만 있는 것이 아니었다. 남편 헨리가 아내가 온 줄도 모르고 의자에 앉아 무언가를 골똘히 생각하고 있었다. 그는 책상에 팔을 올려놓은 채 손바닥으로 턱을 괴고 미동도 하지 않고 앉아 있었다.

"헨리, 깜짝 놀랐잖아! 불도 안 켜고 뭘 하고 있는 거야?"

"내가 이 곳에 앉았을 때는 방이 어둡지 않았어. 시간이 벌써 이렇게 지난 줄 몰랐어. 도대체 몇 시나 된 거야?" 그러면서 그는 황급히 손목시계를 보았다.

"8시 반쯤 되었어. 자레드와 음악회에 갔다가 방금 돌아왔어. 그 동안 죽 이 곳에 있었어?" 피지는 방을 가로질러 걸어가 커튼을 쳤다.

스피어맨은 안경을 이마 쪽으로 밀어 올린 다음 손으로 눈을 비볐다. 그의 얼굴에는 피곤한 기색이 역력했다.

갑자기 그는 머리를 반쯤 돌리며 궁금하다는 표정으로 아내를 바라보았다. "장모님은 전에 얘기했던 그 생명보험에 가입했나?"

뜻밖의 질문에 피지는 놀라는 표정을 짓다가 이내 곧 남편의 기분을 알아차렸다. 남편은 또 무언가를 연구하고 있는 것이었다. 그녀는 남편에게 미소를 지어 보였다.

"당신이 먼저 대답해. 그러면 당신의 질문에 답을 할테니까." 피지가 장난을 치듯 남편에게 말했다.

스피어맨은 가볍게 미소를 지으면서 대답했다. "피지, 당신에게 고백할 것이 있어. 당신도 알고 있는 사실이야. 아마 결혼한 후로 수도 없이 들었던 말일 거야. 나는 무언가 골똘히 생각하느라 당신의 질문을 듣지도 못했어."

"사실은 두 가지 질문을 했어. 하지만 두 질문은 서로 관련되어 있어. 나는 당신이 불도 안 켜고 무엇을 하고 있었는지 궁금했어. 그리고 당신이 내가 나간 후에 죽 이 곳에 있었는지 물었어. 그런데 당신은 내 질문엔 대답하지 않고, 어머니가 생명보험에 가입했느냐고 물었어."

"그럼, 대답하지. 나는 당신이 나간 다음 죽 이 곳에 앉아 무언가를 생각하고 있었어. 사실은 오늘 일어났던 일들에 대해 생각하고 있었지. 그러면서 그것들을 한데 엮어보려고 했어." 헨리 스피어맨의 얼굴에 화색이 돌기 시작했다. "나는 이 방에서 뒷짐을 지고 서성거렸지. 그러다가 아마 날이 어두워진 후였던 것 같은데, 다시 책상에 앉아 새로운 각도에서 생각을 정리하기 시작했어. 그리고 잠시 후에 반짝, 하고 불이 들어왔어."

"바로 그때 내가 들어왔어. 그 불은 내가 켠 거야."

"아니, 그 전에 불이 들어왔어. 갑자기 모든 것이 분명해지기 시작했어. 피지, 나는 경찰에 전화해서 태너 양을 심문하라고 말할 생각이야. 다만 문제는 영국 경찰에게 어떻게 접근하느냐일 뿐이지. 미국에서도 그런 식으로 경찰에게 접근하기는 쉽지 않아. 하물며 영국에서는 더 말할 나위도 없지. 어찌 됐든 바로 그런 결심을 하고 있을 때 당신이 들어와서 불을 켰어. 나는 그때 내가 내린 결론을 어떻게 경찰에 알릴 것인지 고민하고 있었어. 그러다 장모님의 생명보험에 대해 우리가 얘기했던 기억을 떠올렸지."

스피어맨의 말에 피지는 놀라움을 감출 수가 없었다.

"어머니는 그 생명보험에 가입을 했을 거야. 확인해보진 않았으니 확실히 알 수는 없지만. 그런데 그게 어쨌단 말이야? 그것이 돌로레스 태너와 무슨 상관이 있다는 거야?"

"서로 상관이 있지. 장모님은 오토바이를 타지도 않고 위험한 활동도 하지 않으니까. 장모님은 운전도 조심해서 하고, 먹는 것도 가려서 먹고, 과음도 하지 않지. 그리고 정기적으로 건강검진을 받기도 해. 장모님은 그 모든 것을 알고 있지만, 보험회사는 그렇지 않아. 적어도 장모님만큼은 잘 알고 있지 못하지. 장모님은 자신에 대해서 보험회사보다 더 많은 정보를 갖고 있어. 장모님은 위험도(risk)가 낮은 분이지만, 보험회사는 그런 사실을 알지 못해."

스피어맨은 자리에서 일어나 창문 쪽으로 걸어갔다. 그리고 커튼을 조금 젖히고 어둠 속을 응시했다. 이윽고 그는 다시 피지를 보면서 창문에 기대고 섰다.

"보험회사는 위험도가 높은 사람도 알지 못해. 하지만 위험도가 높은 사람들은 그것을 알지. 따라서 그들에게는 보험 가입이 유리하지. 보험회사는 모두에게 높은 보험료를 부과해야만 망하지 않을 수 있지. 그래서 장모님 같은 분에게는 보험이 매력적인 상품이 아니야. 그렇게 해서 역선택(adverse selection, 이 말은 원래 다윈의 진화론에서 사용하는 '자연도태'에서 비롯된 것으로 보인다. '자연도태'는 '자연선택'이라고도 번역되는데, 나는 '자연적인 선별'로 번역하고 싶다. 왜냐하면 selection에 가장 가까운 단어는 '선별'이니까. 그래서 이 장의 제목으로 사용한 '역선택'은 '역도태' 내지 '역선별'로 번역할 수도 있다. 하지만 편의상 그냥 '역선택'으로 번역코자 한다. 그 뜻은 다윈의 진화론에서 사용하는 '자연적인 선별' 내지 '자연도태'와 반대라고 생각하면 된다. 즉, '자연적인 선별'에서는 최적자가 선택받아 생존하게 되는데, 경제학의 이 분야에서는 그와 정반대의 현상이 일어난다—옮긴이)의 과정이 일어나지. 그리고 그 결과는 비효율이지. 위험도가 가장 높은 사람들만 보험에 가입하고, 그렇지 않은 사람들은 보험 시장에서 배제되는 거야."

"그래서?" 피지는 아직도 혼란스럽다는 표정을 짓고 있었다.

스피어맨은 심호흡을 한 다음 말했다. "그래서 나는 경찰에게 왜 돌로레스 태너를 심문해야 하는지 설명할 생각이야."

마침내 스피어맨은 창문에서 몸을 일으켜 응접실의 전화기 쪽으로 걸어가기 시작했다. 전화기 탁자 밑에 케임브리지의 전화번호들이 적힌 전화번호부가 있었다. 헨리는 즉시 지역 경찰서의 번호를 찾아 다이얼을 돌렸다.

"안녕하세요. 제 이름은 헨리 스피어맨입니다. 지금 지저스 그린 근처에 있는 자레드 맥도널드 교수의 집에서 전화하는 겁니다. 니겔 하트의 사건을 맡고 있는 담당자와 통화를 하고 싶습니다."

"그 사건은 포부시 형사가 맡고 있습니다. 곧 바꿔드리겠습니다. 그런데 성함이 스피어민트라고 하셨나요?"

"아뇨. 스피어맨입니다. 헨리 스피어맨이에요."

"아, 스피어맨 씨. 하트 사건에 대해서 하실 말씀이 있다고 하셨죠?… 알겠습니다… 그런데 성함이 뭐라고 하셨죠?… 아, 그렇죠. 죄송합니다… 스피어맨 씨, 잠시만 기다려주세요."

도널드 포부시 형사는 케임브리지 경찰서에서 형사반장 바로 아래 직책의 경찰관이었다. 그리고 상관인 반장과 함께 니겔 하트의 살인사건을 담당하고 있었다. 영국의 이스트 앵글리아 지역에서 살인은 좀처럼 드문 일이었다. 포부시와 그의 동료는 모두 3건의 살인사건을 다룬 경험밖에 없었다.

"포부시 형사입니다. 하트 사건에 대해서 하실 말씀이 있으시다구요? 무엇을 도와드릴까요?"

스피어맨은 잠시 망설이다가 대답했다. 그의 목소리는 왠지 부자연스럽고 딱딱하게 들렸다. "저는 누가 니겔 하트를 죽였는지 알고 있습니다."

"그러시군요. 그렇다면 누가 범인입니까?" 포부시가 의심하는 목소리로 물었다.

"범인은 여자입니다."

이번에는 포부시가 망설이다가 다시 말했다. "아, 그런가요? 그러면 이름을 대실 수 있습니까?"

"그렇습니다. 나는 그녀와 만난 적이 있습니다. 그 여자의 이름은 돌로레스 태너입니다." 이어서 스피어맨은 왜 그 여배우가 비숍 칼리지의 학장을 죽였는지에 대한 자신의 이론을 설명했다. 포부시 형사는 참을성 있게 그 모든 설명을 듣고나서 헨리 스피어맨에게 다시 요점을 물었다.

"솔직히 말하면, 당신의 설명이 잘 이해되지는 않습니다. 그 정도만으로는 체포영장을 발부할 수 없을 것 같습니다."

"하지만 형사님, 내일 태너 양을 찾아가서 니겔 하트가 죽던 그 시간에 어디에 있었는지 물어보시기 바랍니다. 그런 다음 그녀에게 하트의 차를 산 일에 대해서 물어보세요. 적어도 차를 수색할 수는 있지 않습니까? 그 차에는 틀림없이 니겔 하트를 죽일 때 사용한 칼이 있었을 겁니다. 그리고 아직도 핏자국이 남아 있을 겁니다. 그러니 한번 조사해보세요."

"그렇다면 당신과 함께 가야겠군요." 포부시가 말했다. "어쩌면 당신의 말이 맞을 수도 있을 겁니다. 하지만 교수님과 함께 가고 싶군요. 내일 아침에 같이 그랜체스터에 가실 수 있겠습니까? 같이 가서 태너 양이 당신의 그 이론을 직접 듣고 어떤 반응을 보이는지 알아보는 것이 좋을 것 같습니다."

스피어맨은 포부시 형사의 반응에 기분이 좋았다. 적어도 그는 자신의 이론에 호기심을 나타냈다. 그것은 다른 사람들과 다른 반응이었다. 물론 그가 자신의 그 모든 이론을 자세히 이해하는 것 같지는 않았다. 하지만 적어도 포부시는 스피어맨의 이론이 맞을 수도 있다고 생각했다. 그리고 스피어맨은 자신의 분석이 옳다고 확신했다.

많은 것에서 하나를, 하나에서 많은 것을

하지만 스피어맨은 틀렸다. 포부시는 태너 양이 죽은 지 얼마 되지 않았다고 추정했다. 아직 몸이 굳어 있지 않았기 때문이었다. 목은 약간 굳어 있었지만, 그 밖에 다른 근육들은 아직까지 그렇게 굳어 있지 않았다. 그녀의 왼쪽 눈 위에 있는 작은 혈흔만이 그녀의 정수리를 뚫고 지나간 총탄의 흔적을 알려주고 있었다. 태너 양은 의자의 등에서 조금 비켜난 곳에 머리를 곧추 세운 채 죽어 있었다.

스피어맨이 볼 때 그 집의 거실은 흐트러져 있지 않았다. 그 방은 스피어맨이 파입스와 함께 방문했을 때의 모습 그대로였다. 의자 옆의 탁자에는 차를 마시는 도구가 놓여 있었다. 스피어맨은 차 주전자를 만져보았다. 주전자 안의 물은 식어 있었다. 스피어맨은 부엌으로 걸어갔다.

그 곳은 스피어맨이 느끼는 혼란스러움과 달리 단정하고 깔끔했다. 스피어맨은 자신의 비대칭 정보(asymmetric information)이론이 돌로레스 태너가 범인임을 입증한다고 확신했다. 하지만 그녀 자신마저 2주 후에 똑같은 운명을 맞이했다는 사실은 스피어맨으로서는 논리적으로 쉽게 받아들일 수 없었다. 두 사건을 2주 동안에 서로 다른 두 사람이 저지를 수 있단 말인가? 물론 가능할 수도 있었다. 하지만 확률적으로는 불가능했다.

단순한 가능성의 세계는 헨리 스피어맨의 세계가 아니었다. 그는 확률의 세계에서 살도록 훈련받은 사람이었다. 그가 태너 양을 하트 사건의 범인으로 지목하게 만든 것도 바로 확률이었다. 그런데 이제 태너 양이 죽었기 때문에 또다른 추론이 필요했다. 살인자가 또다른 살인자를 죽인 것인가? 그렇다면 왜 죽였을까? 거기에는 반드시 이유가 있어야만 했다. 하지만 스피어맨은 그것을 알 수가 없었다. 분명히 하트의 살인자가 또다시 일을 저지른 것이었다. 이번에는 태너 양이 희생자였다. 너무나도 이상한 일이었다. 스피어맨이 태너가 살인자라고 결론을 내린 순간 진짜 살인자는 그녀를 다음번 희생자로 삼은 것이었다.

포부시 형사가 부엌으로 들어와 스피어맨의 생각은 중단되었다. "다른 방들은 제가 둘러보았습니다. 그리고 예상했던 대로 아무도 없습니다. 솔트마시 여사는 밖에 나간 모양입니다. 그리고 핍스인가 하는 그 젊은이도 집 안에 없습니다."

"그 청년의 이름은 파입스입니다. 스티브 파입스죠."

"누군가 그녀를 아는 사람의 짓인 것 같습니다." 포부시가 말했다. "그 방에 침입한 흔적은 없습니다. 그리고 싸운 흔적도 없습니다. 태너 양은 살인자에게 차를 대접하려 했던 것 같습니다."

그렇게 말한 다음 포부시가 결정을 내렸다. "파입스를 즉시 이 곳으로 불러 심문을 해야겠습니다. 이 곳에서 그리 멀지 않은 곳에 있다면 말입니다. 그리고 검시관도 이 곳으로 오라고 해야겠습니다." 포부시는 전화를 걸기 위해 부엌에서 나갔다.

스피어맨은 부엌에 홀로 남아 있었다. 그는 자신의 연역적 논리가 틀렸다고 생각했다. 이제 남은 것은 귀납적 논리뿐이었다. 귀납법은 스피어맨에게 익숙한 논리 전개 방식이 아니었다. 이론가로서 그는 대개는 인간 행동의 기본적인 명제에 바탕한 가설을 세우는 데 익숙했다. 그런 방식은 스피어맨의 장기였다. 그는 연역법을 사용해 한 사건에서 전체적인 그림을 그리는 데 뛰어났다. 그는 구체적인 것에서 일반적인 것을 보는 사람이었다. 앨프레드 마셜은 그런 능력을 '하나에서 많은 것을' 찾아내는 능력이라고 말했다. 그리고 스피어맨은 그런 능력이 뛰어났다.

그는 숫자들을 잘 분석하는, 다시 말해 '많은 것에서 하나를' 찾아내는 동료 경제학자들을 비난하진 않았다. 그와 같은 경험론적 방법도 진리를 발견하는 유용한 수단이었다. 진정한 경제학자는 많은 것에서 하나를 볼 수도 있고 하나에서 많은 것을 볼 수도 있어야 한다고 마셜도 말하지 않았던가? 이제 스피어맨은 많은 것에서 하나를 찾아내는 길을 선택해야만 했다.

그렇지만 그는 어디서부터 그런 일을 시작해야 할지 알수 없었다. 스피어맨은 이왕 부엌에 있으니까 그 곳부터 시작해야겠다고 생각했다. 싱크대 위의 찬장에는 그릇들이 꽉 차 있지 않았다. 그것은 솔트마시 여사가 알뜰하고 혼자 살기 때문인 것 같았다. 싱크대 밑에는 설거지 도구들이 있었는데, 그 중의 대부분은 스피어맨이 미국에서 보았던 메이커의 제품들이었다. 그리고 선반에는 다른 부엌의 선반에서 흔히 볼 수 있는 물건들이 놓여 있었다.

스피어맨은 부엌에서 나와 거실을 살펴보기 시작했다. 이상하게도 그는 죽은 사람을 옆에 두고 그 방의 가구들을 둘러보는 데도 으스스한 기분이 들지 않았다. 어쩌면 포부시의 직업적인 태도가 그에게도 영향을 미쳤는지 몰랐다.

위층으로 올라가는 계단이 눈에 띄었다. 그 곳에는 스티브 파이프스와 돌로레스 태너의 방이 있을 것이었다. 피지와 함께 태너를 처음 만났을 때, 그녀는 위층의 창문에서 그들에게 소리를 쳤다. 스피어맨은 나무로 된 계단을 올라가 그 집의 정면에 있는 침실로 들어섰다. 침실 문은 반쯤 열려 있었다. 방 안의 벽에는 연극과 관련된 포스터들이 붙어 있었다. 스피어맨은 문을 열고 안으로 들어갔다.

처음에 그는 포스터들을 살펴보았다. 그 밑에 있는 책상에 작은 전축이 놓여 있었다. 스피어맨은 뚜껑을 열고 나란히 세워져 있는 30장 가량의 음반을 훑어보았다. 대개 연극에서 무대 음악으로 사용되는 음반이었다.

다음에 스피어맨은 침대 위의 작은 표구 사진들을 바라보았다. 그 네 장의 사진들은 라틴어로 이름이 적힌 영국산 꽃들을 찍은 것이었다. 스피어맨은 그런 사진들을 케임브리지 주변의 중고서점과 복사 가게에서 본 적이 있었다. 태너 양의 가족이나 친구들을 보여주는 사진은 전혀 없었다. 그 방의 뒤쪽에 있는 벽난로 위의 진열대에는 여러 가지 화장품들이 놓여 있었다.

창문의 왼쪽 모퉁이에는 탁자가 놓여 있었다. 스피어

맨은 그 위에 널려 있는 물건에 관심을 돌렸다. 다양한 연극 공연에서 경비로 지출한 영수증들이 있었는데, 모두 태너가 사용한 것들이었다. 그녀는 한 번도 주역을 맡지는 못했지만, 스피어맨이 본 연극 프로그램들에는 늘 그녀의 이름이 출연자로 나와 있었다. 스피어맨은 태너의 연극 공연이 영국에만 국한된 것이 아니었음을 알게 되었다. 그녀는 단원들과 함께 캐나다와 미국에서도 공연을 했다. 그녀가 공연을 한 도시들에는 토론토 · 시카고 · 디트로이트 · 세인트 루이스 그리고 밀워키 등이 포함되어 있었다.

"검시관이 곧 이 곳에 올 겁니다." 도널드 포부시가 방 안에 들어서며 스피어맨에게 말했다. "교수님, 무엇을 하고 계십니까? 이 곳의 물건들을 건드리면 안 됩니다. 모두 있는 그대로 놓아두어야 합니다. 괜찮으시다면 잠시 밑에 가서 얘기 좀 했으면 합니다."

이윽고 두 사람은 침실에서 나와 다시 거실로 내려갔다. 태너 양이 죽은 채로 발견된 곳이었다. 포부시 형사가 스피어맨에게 죽은 태너 양의 맞은편 자리에 앉기를 권했다.

"교수님, 검시관과 그 곳 사람들이 도착하기 전에 몇 가지 묻고 싶은 것이 있습니다."

"기꺼이 답하겠습니다."

"고맙습니다. 어제 저녁에 교수님과 나눈 대화에 따르

면, 교수님은 태너 양이 하트 박사를 죽인 범인이라고 확신했습니다. 맞습니까?"

"맞습니다."

"그리고 우리가 이 곳으로 오기로 했을 때, 당신은 우리가 하트의 차를 구입한 태너 양의 결정에 대해서 물을 것임을 예상했습니다. 그렇습니까?"

"그렇습니다. 나는 그렇게 예상했습니다."

"그렇다면 당신은 우리가 이 곳에 오면 죽은 태너 양이 아니라 살아 있는 태너 양을 보게 될 것이라고 생각했던 것입니다. 제 말이 맞습니까?"

"맞습니다. 죽은 사람을 보기 위해 아침 일찍부터 이 곳에 올 필요는 없었을 겁니다."

"그렇다면 당신은 태너 양이 하트를 죽인 것은 알았지만 그녀가 차를 마시다가 총에 맞아 죽었을 것이라는 건 몰랐다는 말입니까?"

"그렇습니다. 나는 그녀가 총에 맞을 것이라고는, 더욱이 차를 마시다가 그랬을 거라고는 생각하지 못했습니다."

"교수님은 전에 이 집에 와본 적이 있습니까?"

"그렇습니다. 어제 저녁에 전화로 얘기한 대로 나는 어제 아내와 함께 이 곳에 있었습니다. 스티브 파입스가 우리에게 그랜체스터를 구경시켜주겠다고 말했습니다. 바로 그런 연유로 태너 양도 만나게 되었던 것입니다."

"하지만 당신은 어제 이 곳에 올 때 누구의 도움도 받지 않고 차를 몰고 왔다고 얘기하지 않았습니까?"

"그랬습니다. 하지만 지도를 보면서 왔습니다."

"오늘 아침에 당신이 어디에 있었는지 얘기해줄 수 있는 사람이 있습니까? 그러니까 우리가 함께 이 곳에 오기 전에 말입니다."

"있습니다." 헨리 스피어맨은 그렇게 말하면서 포부시를 바라보았다. "내 아내와 맥도널드 교수가 얘기해줄 수 있을 겁니다."

"알겠습니다. 그러면 당신은 오늘 아침에 그랜체스터에 온 적이 없다는 말씀이군요?"

"그렇습니다. 아까도 얘기했듯이 당신과 함께 오기 전에는 이·곳에 온 적이 없습니다."

"그렇다면 교수님, 이런 질문을 드리고 싶습니다. 당신은 살인자로 태너 양을 지목했고 저에게 전화를 걸어 그녀를 만나보라고 얘기했습니다. 그런데 이 곳에 와보니 당신이 살인자로 지목한 당사자가 죽어 있었습니다. 이상한 일 아닙니까?"

"그렇습니다. 이것을 이상하지 않다고 생각하는 사람은 태너 양을 죽인 그 살인자뿐일 것입니다."

아버지와 딸

헨리 스피어맨이 그랜체스터에서 돌아온 것은 늦은 아침이었다. 트리니티 칼리지의 몇몇 교수들이 그를 점심에 초대했다. 스피어맨은 그들의 초대를 거절할 수가 없었다. 하지만 그랜체스터의 충격이 채 가시지 않아 즐거운 대화를 나누기는 어려울 것 같았다.

스피어맨은 점심 시간이 끝난 것을 다행으로 여겼다. 돌로레스 태너의 죽음을 목격하기 전에 그는 페티 큐리에 있는 헤퍼스 책방에서 오후 시간을 보내기로 계획했다. 미국에서 온 학자들은 종종 그 곳에서 영국에서 먼저 출간된 책들을 살 수 있었다. 그 곳에서 잠시 시간을 보내면 아침의 충격과 점심의 피곤함을 씻을 수 있을 것이었다.

그런 다음 스피어맨은 피지와 함께 킹스 칼리지 예배당에서 열리는 저녁 예배에 참석할 계획이었다. 헨리 스피어맨은 헤퍼스 책방에서 나와 초행길을 걸으며 자레드 맥도널드의 집으로 향했다. 그 곳에서 그는 아내에게 그 날 아침에 있었던 일을 상세히 설명했다.

짧은 낮잠과 샤워를 한 후에 헨리는 자레드가 자신들의 방에 갖다놓은 작은 TV 수상기에서 태너 사건을 처음으로 접하게 되었다. 그 여배우의 사진이 화면에 등장하는 가운데, 뉴스 진행자는 그녀가 최근 런던에서 연극에 출연했고 경찰은 몇몇 용의자를 추적 중이라고 말했다.

스피어맨 부부는 아나운서의 설명을 흥미롭게 들었다. 살인사건은 영국에서 드문 일이었기 때문에 뉴스로서의 가치가 있었다. 영국에서는 죽은 사람이 유명하지 않아도 살인사건을 뉴스로 다루었다. 어떤 사람이든지 그런 식으로 죽으면 언론에 등장했다.

"스티브 파입스에게 전화해서 위로의 말을 해야 할까?" 피지 스피어맨이 물었다. "그 젊은이는 태너 양을 아주 좋아했던 것 같은데."

"트리니티 칼리지에서 내가 전화해보았어. 그런데 솔트마시 여사는 파입스를 보지 못했다는군. 나는 돌아오는 길에 너벅선 부두에 가서 그가 있는지 알아보기도 했어. 하지만 파이프스는 그 곳에도 없었어. 부두 관리자의 말에 따르면, 경찰에서도 그를 만나고 싶어하는데 행방을 아는 사람이 없다고 하더군."

피지 스피어맨이 핸드백과 외투를 찾았다. 헨리도 자신의 외투와 우산을 챙겼다. 이윽고 두 사람은 맥도널드의 집에서 나갈 채비를 했다. "피지, 예배당에 가는 길에 비숍 칼리지의 수위실에 들러봐야겠어. 거기까지는 그리 멀지도 않고, 우리가 그랜체스터에 가는 데 도움을 준 그 사람에게 고맙다는 말도 해야겠어. 그리고 우리에게 온 우편물이나 메시지가 있는지도 알아봐야 하고. 대개는 자레드가 우리 것을 찾아서 갖다주지만, 오늘 오후에는 그를 만나지 못했어."

피지 스피어맨이 알았다는 뜻으로 고개를 끄덕였다.

* * *

"교수님, 안녕하세요?" 스피어맨 부부가 수위실에 들어서자 워런 손이 말했다. "교수님에게 온 편지가 있습니다." 그는 '방문객 우편물'이라고 적힌 우편함으로 걸어갔다. "요즘에는 우편물이 많지 않아요. 하지만 교수님들은 그것이 좋은 징조라고 생각하죠. 아마 청구서가 없기 때문일 겁니다."

헨리 스피어맨은 비숍 칼리지의 고참 수위에게 아내를 소개했다. 그리고 손이 자신에게 주었던 도움에 대해 아내에게 설명했다.

"그런데 그랜체스터는 쉽게 찾으실 수 있었나요? 아니면 펜 코즈웨이의 끝에 있는 원형 로터리에서 문제가 생겼나요? 방문객들 가운데는 그 곳에서 헤매는 사람들이 무척 많죠."

"당신이 길을 잘 알려주었을 뿐 아니라 제 아내가 훌륭한 길잡이 역할을 해주기도 했죠. 그래서 무사히 도착할 수 있었고 로터리에서도 아무 문제가 없었습니다. 사실 저는 그랜체스터를 또 한 번 방문하게 되었습니다. 처음 방문은 당신에게 얘기했던 그것이었고, 오늘 아침에는 이 지역의 경찰과 함께 갔습니다."

"그러세요? 경찰과 함께 갔단 말입니까? 설마 자동차 사고를 당하신 건 아니겠죠?"

"사실은 그보다 더 이상한 상황이었습니다. 경찰과 함께 그 곳에 도착했을 때 젊은 여자가 죽어 있는 것을 발견했습니다. 아마 TV에서 그 소식을 들었을 겁니다."

"아뇨. 이 곳에는 TV가 없습니다. 학장님은 수위실에

TV를 놓지 못하게 합니다. 하지만 신문에서 그 뉴스를 읽었습니다. 신문은 여기서도 볼 수 있습니다. 학장님은 신문은 괜찮다고 생각합니다. 하지만 교수님이 그 곳에 있었다구요?"

"그렇습니다. 나는 전에 태너 양을 만난 적이 있는데, 이번에는 몇 가지 질문을 하려고 포부시 형사와 같이 갔습니다."

워런 손은 수위실의 카운터 너머로 헨리 스피어맨을 뚫어지게 바라보았다. "교수님은 그 여자가 태너 양이라고 생각하시죠? 하지만 그 처녀의 어렸을 때 이름은 그것이 아닙니다. 나는 그 아이가 누구인지 압니다. 아버지가 여기서 교수로 일했죠. 아주 좋은 분이기도 했습니다. 자기 딸을 끔찍이도 아꼈죠. 하지만 아버지는 젊었을 때 죽었고, 가족은 어디론가 이사를 갔습니다. 그때가 벌써 20년 전입니다. 교수님은 전에 제가 사람들의 얼굴을 절대로 잊지 않는다고 말한 얘기를 기억하시죠? 이름은 잊어도 얼굴은 잊지 않는다고 말입니다. 오늘 신문에서 그 사진을 보았을 때, 나는 그 곳에 실린 얼굴과 이름을 연결시켜보았습니다. 하지만 그 처녀는 태너 양이 아니었습니다. 그 아이는 헤스케스 교수의 딸입니다. 물론 이제는 아이가 아니지만, 분명히 예전의 그 아이입니다."

"정말로 그렇단 말입니까?" 헨리 스피어맨이 물었다.

"틀림없습니다. 그리고 전에 교수님께 제가 얘기했던 그 사람입니다. 얼마 전에 저녁 때 그 아이가 케임브리지에 들어가는 것을 본 적이 있습니다. 그때는 이름이 기억나지 않았지만, 분명히 그 아이였습니다. 그러다가 오늘 신문을 보게 되었습니다. 그리고 그 아이가 헤스케스 교수의 딸인 것을 알게 되었습니다. 불쌍한 아이죠. 자기 아버지처럼 제명에 죽지 못했으니……"

열쇠는 베일리얼 크로프트

피지는 헨리에게 킹스 칼리지 예배당에서 열리는 저녁 예배의 음악회에 꼭 같이 가야 한다고 졸랐다. 이제 그녀는 그 곳의 아름다움과 웅장한 음악이 그 날 아침 남편이 겪은 끔찍한 경험을 기억에서 지우는 데 도움이 되기를 바랐다. 그리고 피지는 케임브리지를 떠나기 전에 반드시 케임브리지의 유명한 예배당에서 열리는 저녁 예배를 보고 싶었다.

헨리와 피지 스피어맨은 킹스 칼리지 예배당의 긴 의자에 앉아 있었다. 천장에는 착색(着色) 유리가 끼워진 26개의 큰 창들이 있었다. 머리 위 천장에서 거대한 선풍기가 천천히·돌아가고 있었다. 어스름한 저녁 햇살이 '최후의 심판'을 묘사하는 서쪽 창의 착색 유리를 통해 비스듬히 들어와 사람들의 머리 위를 잔잔하게 비추었다. 그리고 앞쪽에는 16세기 피렌체의 조각가가 만든 성소(聖김)와 고전적인 휘장이 있었다. 건축에 대해 자신의 남편보다 관심이 많았던 피지는 예배당의 장엄한 내부를 보면서 시공을 초월하는 듯한 기분을 느꼈다.

오늘 저녁에 연주될 음악은 모차르트가 작곡한 것이었다. 음악은 시편 다섯으로 구성되어 있었는데, 각각의 노래에 앞서 찬송가와 성모 마리아 찬가가 불려졌다. 성스러운 음악과 건축미 앞에서 피지는 자신의 영혼이 고양되는 것을 느꼈다.

저녁 예배의 엄숙함은 헨리 스피어맨의 엄숙한 분위기와 완벽하게 어울렸다. 돌로레스 태너의 죽음은 전혀 뜻밖의 일이었고, 그녀가 헤스케스 교수의 딸이라는 사실도 그러했다. 처음에 스피어맨은 태너 양 혼자서 니겔 하트를 죽인 것이라고 생각했다. 태너 양은 자신이 잘 모르는, 충분한 정보를 가지고 있지 않은 자동차를 구입했다. 그녀는 거의 같은 가격으로 자신이 잘 아는, 충분한 정보를 가지고 있는 자동차를 사지 않았다. 그래서 스피어맨은 하트의 자동차를 태너 양이 구입한 것은 단순하게 역에 왔다갔다

하기 위한 것 이상의 또다른 이유가 있다는 점을 알게 되었다.

그리고 돌로레스 태너의 행동에 대한 가장 가능성 있는 설명은 그녀가 하트를 죽일 때 사용한 칼을 그의 자동차 어딘가에 급히 숨겨야만 했기 때문이라는 것이었다. 살인 무기가 발견되지 않은 이유도 이 때문이었다. 돌로레스 태너는 하트의 차를 구입함으로써 자신의 범행을 입증할 증거물을 없앤 것이었다.

하지만 그 수수께끼의 답은 또다른 수수께끼로 이어졌다. 돌로레스 태너가 솔트마시 여사의 집에서 시체로 발견된 것은 그녀가 누군가 다른 사람, 그녀의 비밀 유지를 믿을 수 없었던 어떤 사람, 그녀가 붙잡혀서 비밀이 새나갈 것을 원치 않았던 어떤 사람과 범행을 공모했을 가능성을 시사했다. 그 사람은 틀림없이 태너 양과 공모해서 니겔 하트를 죽였을 것이었다.

스피어맨은 모든 살인사건을 음모이론으로 설명하는 데 동의하지 않았다. 하지만 때로는 그것이 사건의 전말을 밝히는 데 열쇠가 되는 경우도 있었다. 예를 들어 어느 정치 지도자가 암살자의 총탄에 쓰러졌는데 다음날 그 암살자도 누군가의 손에 죽고 말았다면? 그것은 암살에 관련된 누군가가 암살자를 죽인 것이라고 생각할 수밖에 없다(케네디 대통령을 암살한 오스월드가 또다른 사람의 총을 맞고 사망한 사건을 가리키는 것이다―옮긴이).

돌로레스 태너의 경우에도 그와 똑같은 논리를 적용시킬 수 있었다. 그리고 이런 추론은 새로운 질문들을 낳았다. 과연 누가 태너 양과 공모해 니겔 하트를 죽일 만한 동기를 갖고 있는가? 누가 모리스 페인을 죽이고 싶어하는 동기를 갖고 있는가? 그들 세 사람의 공통점은 무엇인가?

"네 오른편에 계신 주께서 노여움의 날에 왕들을 멸하리라."

"주께서 이방인들 사이에서 심판하시어 죽은 시체들로 그 곳들을 채우리라."

성가대가 저녁 예배의 시작을 알리는 노래를 했다. 그 찬송가의 가사들은 하나님의 말씀을 전했다.

하지만 헨리 스피어맨은 깊은 생각에 잠겨 있어서 그 말씀들을 거의 듣지 못했다. 그는 긴장감을 느꼈다. 얼굴에는 피곤한 기색이 역력했다.

페인, 하트, 그리고 태너 사이의 어떤 공통점이 그 엽기적인 살인자의 마음에서 하나로 합쳐졌을까?

"주를 두려워함은 지혜의 시작이나니." 테너와 베이스가 한 목소리로 노래했다. 그리고 성가대의 다른 대원들이 전지전능한 주의 말씀을 선언하는 후렴구를 덧붙였다.

하지만 스피어맨은 노래를 거의 듣고 있지 않았다. 그는 계속해서 같은 질문을 떠올렸다. 페인, 하트, 그리고 태너 사이의 어떤 공통점 때문에 살인자는 그들을 죽이려 한 것일까?

성가대의 목소리가 점점 더 높아졌다.

"재산과 부유함은 주님의 집에 있을 것이며, 주님의 올바름은 영원히 계속될 것이라."

스피어맨이 몸을 움찔했다.

"헨리, 왜 그러는 거야?" 피지가 물었다. 그녀는 남편을 걱정스럽게 바라보았다. 그는 긴장된 표정으로 얼굴을 찡그렸다.

스피어맨은 대답하지 않았다. 그는 성가대의 노래에서 무언가를 떠올렸다. 스피어맨은 두꺼운 안경을 벗고 머리를 숙인 후, 엄지와 집게손가락으로 눈두덩과 콧잔등을 문질렀다. 그것은 때로 그의 기억을 자극하는 행동이었다. 하지만 그는 무엇이 뇌리를 스쳤는지 알 수 없었다. 뭐라고 했더라?

그의 말없는 질문에 대답이라도 하듯 성가대가 같은 구절을 반복했다.

"재산과 부유함은 주님의 집에 있을 것이며……."

갑자기 그는 미소를 지으면서 편안한 자세를 취했다.

275

"답은 베일리얼 크로프트야!" 그는 눈을 반짝이며 말했다.

"헨리, 조용히 해." 피지가 손가락을 입에 갖다대며 말했다. 근처의 몇몇 회중(會衆)이 그녀의 남편을 흘낏 바라보았다. "도대체 무슨 말을 하는 거야?"

하지만 스피어맨은 대답하지 않았다. 그 날 저녁 처음으로 스피어맨은 성가대의 합창을 환희 속에서 들을 수 있었다. 종교적인 엄숙함 속에서 성가대는 천사와 같은 목소리로 성모 마리아 찬가를 불렀다.

"전능하신 주께서 나에게 축복을 내리셨나니, 주의 이름을 거룩하게 하리라."

"세세만년 주를 두려워하는 자들에게 주의 자비가 임하리라."

페인의 쇠고기 사업

"헨리, 당신 말이 맞았어요. 나는 다시는 가격이 절대로 변할 수 없는 것이라고 생각하지 않을 겁니다. 스링은 1만8천 파운드가 확정된 가격이라고 말했죠. 그러다가 나에게 편지를 보내 5백 파운드를 더 받았다고 얘기했어요. 하지만 계약이 무위로 돌아가자 스링은 우리에게서 1만7천 파운드를 받게 되었죠."

모리스 페인이 함께 점심식사를 하고 있던 헨리 스피어맨에게 탁자 너머로 말했다.

"당신이 1천 파운드나 싼 가격으로 베일리얼 크로프트를 얻은 것은 사실 놀랄 일이 아니오. 가격은 늘 변하게 마런이죠. 경쟁이 줄어들면 가격은 떨어질 수밖에 없소. 이제는 그렇게 절약한 돈으로 베일리얼 크로프트를 어떻게 사용할지, 우리가 얘기한 사소한 문제들을 해결할 수 있을 것 같군요." 스피어맨은 메뉴판을 내려놓았다. "당신은 그곳에서 살게 될 학자들에게 여행 경비를 지급하는 문제들을 생각해보았나요?"

"사실 그런 문제에 대해서는 생각해보지 않았습니다." 페인이 말했다.

"내가 또 하나 제안하고 싶은 것은 그렇게 남은 돈으로 지금 짓고 있는 마셜 도서관을 지원하면 어떻겠소? 그렇게 하면 재단의 기금을 아주 유용하게 사용할 수 있을 거요."

"나도 그렇게 생각합니다." 페인이 말했다. "그러면 아주 좋을 것 같습니다."

"마지막으로 한 가지 더 제안하고 싶은 것이 있소. 이것은 사실 학문 자체와는 상관없는 것이오. 하지만 아주 적절한 일일 수도 있소. 자레드 맥도널드가 나를 세인트 자일스 공동묘지에 있는 앨프레드 마셜의 무덤에 데려간 적이 있소. 나는 마셜의 무덤을 보고 크게 실망했소. 아무도 그 곳을 돌보지 않는 것 같소. 무덤에는 잡초가 무성하고 주변에는 돌멩이들이 널려 있으니 말이오. 그 곳을 단장하는 데 우선 얼마가 필요한지는 잘 모르겠소. 하지만 그렇게 하는 데 그리 많은 돈이 들지는 않을 것이오."

"그리고 비석도 세울 필요가 있을 것 같소. 지금은 그냥 마셜의 이름과 날짜만이 적힌 비석이 세워져 있을 뿐이오. 그렇게 한다면, 베일리얼 크로프트에 왔다가 마셜의 무덤도 보고 싶어하는 방문객들은 마셜에 대해 더 좋은 기억을 갖게 될 것이고, 우리가 하고자 하는 일에도 도움이 될 것이오."

"좋은 생각입니다. 그렇게 할 수 있는지 알아보겠습니다. 어쩌면 베일리얼 크로프트에 찾아오는 방문객들에게 우리 재단에 기부할 수 있는 방법도 알려줄 수 있을 것 같습니다. 당신도 아다시피, 우리 재단은 마셜을 기리는 이 사업에 큰 자부심을 느끼고 있습니다. 하지만 기금은 많을 수록 좋은 거죠."

페인과 스피어맨이 점심을 먹고 있는 아버하우스는 시내에서 불과 2분 거리에 있었다. 그 호텔은 케임브리지의 다른 호텔들과 달리 현대식으로 지어진 건물이었다. 페인과 스피어맨이 전에 묵었던 블루보어 호텔은 그보다 훨씬 더 오래된 건물이었다.

자체적으로 가꾼 작은 숲 속에 있는 아버하우스는 3면이 나무들로 둘러싸여 있었다. 그리고 호텔의 정문은 캠강을 마주하고 있었다. 앞뜰에 있는 꽃들이 이 호텔과 강변의 산책로를 구분짓고 있었다. 그들이 앉아 있는 테라스에서 페인과 스피어맨은 너벅선들이 오고가는 것을 볼 수 있었다.

웨이터가 주문을 받으러 왔다. "나는 칠면조 샌드위치와 커피를 갖다주시오." 페인이 말했다.

"나도 그걸로 하겠소." 스피어맨이 덧붙였다.

"부인과 함께 하지 못해 유감입니다. 이 곳까지 함께 와 베일리얼 크로프트를 인수하는 데 도움을 주셔서 너무도 감사하게 생각하고 있습니다. 부인은 우리들보다 집의 구조에 대해서 아는 것이 훨씬 더 많습니다."

"그리고 당신에게도 감사하지 않을 수 없습니다. 두 번씩이나 이 곳에 와서 수고를 해주신 것은 마셜도 기쁘게 생각할 것입니다. 돌아가시면 지출 명세서를 보내주시기 바랍니다. 즉시 지불해드리도록 하겠습니다."

"피지도 함께 하지 못해 유감스럽게 생각했습니다. 아내는 피츠윌리엄 박물관을 꼭 보고 싶다고 말했습니다. 당신의 말을 전하면 아내도 틀림없이 고맙게 생각할 겁니다."

이례적으로 유쾌한 점심을 먹으면서, 스피어맨은 자신의 마음을 지배하고 있는 그 문제를 꺼내고 싶은 생각이 들지 않았다. 그것은 베일리얼 크로프트 건의 성공과는 무

관한 것이었지만, 모리스 페인의 안전과 관련해서는 시급한 문제였다.

스피어맨은 탁자 너머에 있는 모리스 페인 쪽으로 몸을 숙였다. 그리고 낮은 목소리로 얘기했다.

"페인, 당신이 겪었던 그 아찔한 순간 말이오. 너벅선에게 경험한 그 사고 말이오. 그 일에 대해서 생각을 해봤소. 사실 나는 아내와 함께 그저께 그와 똑같은 코스를, 당신이 고용한 바로 그 사공의 안내로 가보았소."

모리스 페인은 눈썹을 치켜올리며 눈을 크게 떴다. "설마 이번에도 비슷한 일이 일어나진 않았겠죠?"

"아뇨, 그렇지는 않았습니다. 이번에는 그런 사고가 일어나지……." 스피어맨은 갑자기 말을 멈추었다. 웨이터가 음식을 갖고 왔기 때문이었다. 그는 웨이터가 멀리 사라질 때까지 침묵을 지켰다. 이윽고 그는 다시 말했다. "이번에는 그런 사고가 일어나지 않았습니다. 하지만 어제 오후에 일어난 일에 대해서는 얘기를 해야겠습니다."

헨리 스피어맨은 어제 오후에 일어난 일을 설명하기 시작했다. 그는 스티브 파입스와 친해져서 처음으로 그랜체스터에 가게 된 얘기를 자세하게 얘기했다. 그 곳에서 그는 하트의 차를 보고나서 하트가 그 차를 산 사람, 스티브 파입스와 함께 하숙을 하고 있는 젊은 여자에 의해 살해되었다는 결론을 내리게 되었다고 말했다. 이어서 스피어맨은 케임브리지 경찰에 그런 얘기를 전했고, 담당 형사와 함께 다시 그랜체스터를 방문했는데, 그 곳에서 놀랍게도 그 젊은 여자의 시체를 발견했다는 설명을 했다. 스피어맨은 그 여자가 파입스와 함께 하숙을 하는 그 집에서 살해되었다고 말했다.

"경찰은 스티브 파입스가 범인이라고 생각하는 것 같습니다. 그의 행방이 묘연한 데다가 하숙집 여주인이 스티브가 그 여자에게 빠져 있었다고 고백했기 때문입니다. 범인이 누구이든 살인자는 아직도 잡히지 않았습니다. 게다가 나는 또다른 문제 때문에 머리가 아픕니다."

"스피어맨, 그건 또 무슨 말입니까?" 페인이 물었다.

"한번 생각해보세요. 바로 얼마 전에 베일리얼 크로프트를 샀던 니겔 하트는 젊은 여자의 칼에 찔려 죽었습니다. 그 여자의 이름은 돌로레스 태너인데, 그녀는 하트와 아무 관련도 없는 것 같았습니다. 그런데 불과 2주 만에 그 여자가 죽었습니다. 그리고 그 모든 일이 일어나기 직전에 당신도 거의 죽을 뻔했습니다. 당신이 베일리얼 크로프트를 인수할 가장 유력한 후보자로 떠올랐을 때 이상한 사고에 의해서 말입니다."

"그리고 나는 이 부분에서 그 너벅선 사고는 우발적인

사고가 아니었다고 생각합니다. 왜냐하면 태너 양도 그 집과 관련이 있기 때문입니다."

페인은 믿을 수 없다는 표정을 지으면서 스피어맨에게 물었다. "그게 무슨 말입니까? 그 여자도 그 집과 관련이 있다뇨?"

"지금은 자세하게 얘기하고 싶지 않습니다. 나는 누군가 당신을 죽이려 했다고 생각합니다. 나는 또 누가 하트를 죽였든 그 사람은 혼자 행동한 것이 아니라고 확신합니다. 살인자들 중에서 한 사람은 이제 죽었습니다. 그리고 또다른 살인자, 혹은 살인자들은 아직도 어딘가에 있습니다. 페인, 나는 당신이 이 곳에 있을 때 아주 조심해야 한다고 얘기하고 싶습니다."

"그러면 당신은 이 모든 일이 베일리얼 크로프트와 관련되어 있다고 생각하는 건가요?" 페인 앞에 있는 샌드위치는 손도 대지 않은 채였다. 그는 방금 들은 얘기 때문에 입맛을 잃은 것 같았다. 페인은 스피어맨의 지성을 존경했기 때문에 그의 말을 무시할 수 없었다.

"그건 나도 확실히 모릅니다. 당신에게 조심하라고 얘기하는 건 누군가 '여행 잘 다녀오세요'라고 말하는 것처럼 통상적인 얘기에 불과할 수도 있습니다. 내 말은 그럼 어떻게 하라는 건가? 비상구를 열지 말라는 건가? 스튜어디스가 조종사 근처에 가지 말게 하라는 건가? 무엇을 조심해야 하는지 말해줄 수 없다면 큰 도움이 되지 못할 겁니다. 어쩌면 내가 하고 싶은 말은 이제는 그 집을 인수했고 임무를 완수했으니 빨리 시카고로 돌아가야 한다는 건지도 모릅니다. 어쩌면 누구든, 당신이 베일리얼 크로프트를 인수하는 걸 원치 않는 사람이 이제는 포기했거나 자신의 목적을 달성한 건지도 모릅니다."

"글쎄요. 한 가지는 얘기할 수 있을 것 같군요. 나는 이제 그 얘기를 듣기 전보다 훨씬 더 불편함을 느낍니다. 하지만 그렇더라도 그 때문에 겁을 먹고 싶지는 않습니다. 모든 것이 내가 원하는 대로 이루어졌을 때, 그때 나는 이곳을 떠나 시카고로 돌아갈 겁니다."

"페인, 사실은 그것이 바람직한 자세입니다. 나는 아내와 함께 미국으로 돌아간 후에도 당신과 연락을 주고받고 싶습니다."

"부디 그렇게 하시기 바랍니다. 꼭 한번 부인과 함께 시카고에 오셔서 저에게 빚을 갚을 기회를 주십시오. 시카고에 쇠고기 맛이 기막힌 호텔을 알고 있습니다."

"벌써부터 군침이 도는군요."

헨리 스피어맨은 페인이 다시 여유를 찾은 것 같아 기분이 좋았다. 그는 그런 식으로 대화를 계속하면 자신으로 인한 페인의 긴장감을 한층 더 완화시켜줄 수 있을 것이라고 생각했다. "그 호텔의 쇠고기 맛이 그렇게도 좋은가요?"

"어쩌면 내 선입견일 수도 있지만, 그 곳은 내가 시카고에서 가장 좋아하는 식당입니다. 나는 이미 여러 해 동안 그 식당을 이용하고 있습니다."

"원래 시카고 출신이신가요?"

"그렇습니다. 저희 부모님도 그 곳에서 태어나셨고, 나는 한 번도 고향을 떠난 적이 없습니다. 대학에 다닐 때만 빼고 말입니다."

"나는 당신이 '페인재단'을 운영한다고 알고 있습니다. 그런데 그 재단은 당신 가족과 관련이 있습니까? 그런 얘기는 들어본 적이 없는 것 같아서 말입니다."

페인은 다시 편안한 표정이 되어 샌드위치와 커피를 먹기 시작했다. "저희 가족은 시카고 토박이입니다. 사실 저희 아버님은 쇠고기 사업을 하셨습니다. 그래서 쇠고기 맛을 잘 알지요. 그리고 저 역시 그 사업을 하고 있습니다. 쉽게 말해 도살장을 운영하는 거지요. 그런 얘기는 사람들에게 잘 하지 않습니다. 하지만 당신은 경제학자이니까 시장경제를 잘 아시겠죠? 당신은 그런 일에 대해 선입견이 없을 거라고 생각합니다."

"선입견이라구요? 전혀 그렇지 않습니다. 쇠고기 사업은 멋진 사업입니다. 아주 다양한 측면들이 있죠. 언젠가 읽은 얘기인데, 소비자들이 원하는 쇠고기 부위는 백 가지도 넘는다고 하더군요. 그리고 물론 당신은 가죽도 팔겠죠?"

"물론입니다. 전부 다 팝니다."

"당신의 사업은 최근의 콜레스테롤 기피증 때문에 타격을 받았나요? 몇 년 전 『타임』이 콜레스테롤과 심장병의 관련성을 특집기사로 다루면서 쇠고기 수요가 크게 줄었을 텐데요."

"아쉽게도 그렇습니다. 이제는 전처럼 높은 가격을 받을 수가 없습니다. 그리고 당연히, 쇠고기 값이 떨어지자 가죽 값도 떨어졌죠. 구두 만드는 사람들에게는 반가운 소식이겠지만 말입니다."

두 사람이 얘기하는 동안 캠 강에서는 너벅선들이 한가롭게 떠다녔다.

아버하우스를 둘러싼 나무들이 두 사람을 한낮의 햇빛으로부터 보호해주었다.

스피어맨은 페인이 쇠고기 사업에 대해서 한 얘기에 커다란 호기심을 느꼈다.

스피어맨과 페인은 계속해서 대화를 나누었다.

수학의 다리

작은 체구의 하버드 경제학자는 다리의 난간에 서기 위해 발판을 딛고 올라섰다. 헨리 스피어맨은 나무로 된 난간에 팔꿈치를 올려놓고 고즈넉이 강물을 바라보았다. 이 '수학의 다리'에서는 키 큰 사람만이 난간에서 사색하는 자세를 취할 수 있었다. 하지만 스피어맨은 작은 키에도 불구하고 그런 자세를 취했다. 퀸스 칼리지로 이어지는 그 중세의 다리는 건축가의 천재성을 시험하기 위한 것이었다. 그 건축가의 이름은 제임스 에터리지였다. 에터리지는 볼트와 못 같은 것을 사용하지 않고도 다리를 세울 수 있는지 실험했다. 그리고 그는 1749

년 시공자인 제임스 에식스와 함께 그것이 가능함을 보여
주었다.

이어서 그 다리는 여러 세대 동안 건축 전문가들을 시
험했다. 건축을 전공한 퀸스 칼리지의 어느 학생은 학문적
인 호기심에서, 혹은 그냥 장난삼아 이 다리를 해체했다가
다시는 조립하지 못했다. 결국에는 대학 당국이 그 다리를
다시 짜 맞추었고, 헨리 스피어맨은 지금 그렇게 복원된
다리 위에 서 있었다.

스피어맨은 발판을 딛고서야 겨우 다리에 올라설 수
있었다. 그가 이 곳에 온 것은 퀸스 칼리지의 건물들을 보
기 위한 것도, 쪽빛 강물에 떠다니는 백조들을 보기 위한
것도 아니었다. 하늘에선 비행기가 날아가고 있었지만 그
소리는 스피어맨에게 들리지 않았다. 뒤에서 관광객들이
지나다니고 있었지만 그들도 스피어맨의 관심을 끌지는
못했다. 그는 지금 미동도 하지 않은 채 깊은 생각에 잠겨
있었다.

스피어맨은 이렇게 우울한 기분에 빠지게 만든 일련
의 사건들을 떠올렸다. 그의 생각은 모리스 페인과 처음
만나던 때, 베일리얼 크로프트의 인수가 무위로 돌아갔던
그때, 그리고 하릴없이 미국으로 돌아갔던 기억으로 되돌
아갔다.

이어서 그는 모리스 페인과의 전화통화를 떠올렸다. 마셜 연구소가 새롭게 단장하는 광경을 상상하자 스피어맨은 잠시 마음이 들떴다. 하지만 그의 영혼은 베일리얼 크로프트의 재협상을 둘러싼 그 이상한 상황들 때문에 이미 상처를 입었다.

헨리 스피어맨의 마음을 아프게 한 것은 니겔 하트의 죽음뿐만이 아니었다. 스피어맨은 이제 자신이 그토록 흠모하는 앨프레드 마셜의 부활도 무망함을 알게 되었다. 하지만 무엇보다 그의 마음을 아프게 한 것은 그 엽기적인 살인사건, 그 모든 것을 계획한 살인자의 주도면밀함과 냉정함이었다.

헨리 스피어맨은 냉철한 경제학 이론을 적용시킴으로써 니겔 하트를 살해한 범인이 누구인지 알아냈다. 하지만 스피어맨은 곧 그보다도 더 엽기적인 사실에 직면하게 되었다. 스피어맨은 살인사건의 범인을 규명하자마자 바로 그 살인자의 시체를 보게 되었다. 니겔 하트를 죽인 그 여자가 또다른 누군가에 의해 죽임을 당한 것이었다. 따라서 그녀를 죽인 사람은 그보다도 더 주도면밀한 사람일 것이었다.

오늘 모리스 페인과 함께한 점심식사는 즐겁기는 했지만 스피어맨의 영혼을 구제해주지는 못했다. 스피어맨은 벌써 1시간 넘게 다리에 서서 무언가를 골똘히 생각하고 있었다. 때로 그는 마음이 산란해지기도 했다. 하지만 스피어맨은 어떻게든 생각을 정리하고 싶었다.

그리고 마침내 생각이 정리되었다.

이윽고 스피어맨은 '수학의 다리' 난간에서 내려왔다. 이탈리아에서 온 한떼의 학생들이 주위를 지나가며 스피어맨의 마음을 어지럽게 했다. 그 학생들은 선생님과 인솔자의 안내를 받으며 퀸스 칼리지 쪽으로 향하고 있었다. 헨리 스피어맨은 학생들의 시끄러운 소음에서 벗어나 천천히 실버 스트리트 쪽으로 걷기 시작했다. 그 곳에서 그는 오른쪽 모퉁이를 돌아 다윈 칼리지를 지난 후 퀸스 로드를 따라 걸었다. 그리고 걸음을 재촉하며 시지윅 거리쪽으로 걸어갔다. 고고학 박물관 앞을 지나 오른쪽으로 방향을 튼 스피어맨은 마셜 도서관으로 향했다. 스피어맨은 마셜 도서관으로 들어간 다음 황급히 계단을 올라 열람실로 걸어갔다.

잠시 후 스피어맨은 서가에서 가지고 온 책을 들고 타원형 탁자에 앉았다. 그는 색인을 이용해 즉시 자신이 찾는 구절을 확인했다. "다양한 상품들이 서로에게 갖는 가치의 중요성은 대개 쉽게 인식되지 않는다. 가령 서로 밀접하게 관련되어 기원(origin)이 같은, 그래서 공급이 서로 연결된 상품들을 생각해보자."

헨리 스피어맨은 앨프레드 마셜의 『경제학 원리』에서 또다른 구절을 찾아 읽었다. 그의 얼굴에는 만족스런 표정이 떠올랐다.

이윽고 그는 자리에서 일어나 책을 반납한 후에 출납계 직원에게 말했다. "혹시 도서관명이 새겨진 여분의 메모지가 있습니까?

헨리 스피어맨은 자레드 맥도널드의 집으로 돌아와, 피츠윌리엄 박물관에서 돌아온 아내와 만났다. "피지, 당신에게 도움을 청할 일이 있어. 자레드는 이 곳에 없지만, 우리가 부엌에 있는 탁자를 사용해도 뭐라고 하지는 않을 거야."

두 사람은 타원형의 작은 체리색 탁자로 걸어가 자리에 앉았다. 헨리 스피어맨은 두 장의 종이를 탁자 위에 올려놓았다. 한 종이엔 위쪽에 '케임브리지 대학교 마셜 경제학 도서관' 이란 글자가 새겨져 있었다. 다른 종이는 헨리 스피어맨의 개인적인 양식에 따른 것이었다. 스피어맨은 그 위에 빠른 글씨로 간단한 메시지를 적은 후에 자신의 이름을 서명했다. 그리고 그는 피지를 바라보며 말했다. "이 종이에는 여성의 필체가 필요해." 스피어맨은 아내에게 무언가를 받아 적게 한 후에 자신의 이름이 아닌 다

른 사람의 이름을 서명케 했다. 그 사람의 이름은 마셜의
아내, 메리 페일 마셜이었다.

공동묘지의 세 사람

한밤중의 공동묘지는 가장 안전한 곳이다. 헨리 스피어맨은 그렇게 믿으면서 세인트 자일스 공동묘지의 문들을 지나갔다. 사람들이 묻힌 곳은 그에게 두려운 곳이 아니었다. 죽은 사람들에게 무서운 것이 뭐가 있겠는가? 부엉이 울음소리, 달빛 속에서 늑대가 우는 소리, 밤 공기를 가르는 박쥐의 날개짓… 스피어맨은 공동묘지에서 듣든 밀밭에서 듣든 그런 소리에 무관심할 것이었다.

그런 생각들을 하며 헨리 스피어맨은 세인트 자일스 공동묘지의 문들을 지나갔다. 이 곳에는 유령들이 없었다. 위대한 학자들, 서양에서 가장 위대한 일부 학자들이 이 곳에 묻혀 있었다. 그렇다고 그들의 영혼이 이 주변을 맴도는 것은 아니었다. 앨프레드 마셜이 묻힌 곳은 이 곳이었다. 하지만 그의 영혼이 이 곳에 있다고 믿는 것은 우스운 일일 것이었다. 마셜의 영혼은 그가 남긴 작품들 속에 있었다.

스피어맨은 손전등을 들고 마셜의 무덤을 찾아가고 있었다. 그는 전에도 이 곳에 온 적이 있었다. 하지만 그때는 대낮이었다. 그가 기억하는 것은 이 길을 따라 끝까지 가서 오른쪽으로 돌아 남서쪽으로 걸어가면 마셜의 무덤에 다다를 수 있다는 것뿐이었다.

불빛의 도움 없이도 그는 근처의 장례식 예배당을 어렴풋이 볼 수 있었다. 그 건물 덕분에 스피어맨은 방향 감각을 되찾을 수 있었다. 그는 곧 무덤들이 있는 지역으로 들어서게 된다는 것을 알 수 있었다. 스피어맨은 손전등으로 길 오른쪽에 있는 비석들을 비추어보았다. 조지 에드워드 무어라는 이름이 보였다. 스피어맨은 계속해서 걸어갔다. 더 깊숙한 곳의 비석에는 '루트비히 비트겐슈타인, 1889~1951'이라고 적혀 있었다. 스피어맨은 계속해서 걸어갔다. 더 많은 이름들이 보였지만, 그가 아는 이름들은 아니었다. 마침내 길이 오른쪽으로 굽어졌다. 바로 앞쪽에는 세인트 자일스의 뒤쪽 경계선을 나타내는 벽이 있었다. 그리고 그 너머에는 정원이 있었다. 천천히 차분하게 걸으면서 헨리 스피어맨은 오른쪽 길을 따라갔다. 그의 손전등은 계속해서 길과 비석들 사이를 비추었다. 왼편으로 크고 끝이 뾰족한 비석이 눈에 들어왔다. 그 곳에는 이렇게 적혀 있었다. '프랭크 플럼프턴 램지, 1903~1930.'

스피어맨은 걸음을 멈추고 잠시 그 비석에 불을 비추었다. 마른 나뭇가지가 부러지는 듯한 소리가 밤의 적막을 깨뜨렸다. 헨리 스피어맨은 가만히 서서 귀를 기울였다. 그는 손전등을 끄고 기다렸다. 갑자기 칠흑 같은 어둠이 그를 둘러쌌다.

미동도 하지 않은 채 스피어맨은 세심하게 귀를 기울였다. 이제는 눈이 어둠에 익숙해지기 시작했다. 뒤쪽 길에서 발자국 소리가 들리는 것 같았다.

이제는 손전등을 사용하지 않는 것이 좋을 듯 싶었다. 이제부터는 어둠 속에서 어떻게든 걸어 나가야만 했다. 스피어맨은 손전등을 주머니에 넣었다. 나중에 다시 필요할 것이라고 그는 생각했다. 하지만 지금은 아니었다. 그는 계속해서 공동묘지의 목적지를 향해 나아갔다.

스피어맨은 전에 그 곳에 가본 적이 있었다. 그때는 어둠 속에서 다시 이 길을 걷게 되리라고는 생각조차 하지 못했다. 하지만 전에 와봤음에도 불구하고 제대로 찾을 수 있을지 의심이 들었다. 그리고 그의 발은 엉뚱한 곳으로 향하고 있었다. 지금까지는 제대로 된 길을 따라 걸어올 수 있었다. 하지만 이제는 아니었다. 스피어맨은 이제 공동묘지의 뗏장을 밟고 있었다. 스피어맨은 램지의 무덤에서 15보 정도를 걸어왔다고 생각했다. 하지만 어둠 속이라 거리를 혼동했을 수도 있었다.

그러다가 발에 무언가가 걸리면서 스피어맨은 중심을 잃었다. 그는 다시 자세를 바로 잡아야만 했다. 어둠 속에서 그의 혼란은 두려움으로 변했다.

"쿵."

스피어맨은 손과 팔꿈치로 바닥을 짚었다. 날카로운 통증이 어깨를 타고 올라왔다. 그는 속으로 자신의 둔함을 저주하면서 손과 무릎을 의지해 몸을 일으켰다. 안경이 얼굴에 비스듬히 걸려 있었다. 스피어맨은 바지의 무릎 부분이 찢어진 것을 알게 되었다. 그는 손전등이 아직도 바지 주머니에 있는지 확인해보았다. 아직도 거기에 있었다. 스피어맨은 손바닥을 만져보았다. 피는 나지 않았지만 까진 부위가 아파오기 시작했다.

스피어맨은 기운을 되찾을 때까지 쭈그리고 앉아 있었다. 그는 주위의 땅을 살펴보았다. 좌우를 더듬으면서 조금 전에 넘어졌던 곳으로 돌아가려 애썼다. 오른쪽과 왼쪽, 그리고 발 근처에도 평석이 있는 것 같았다. 높이가 10 센티미터 가량 되는 평석이 땅에서 돌출되어 있었다. 그것 때문에 넘어진 것이었다. 이제 스피어맨은 자신이 어디에 있는지 알 수 있었다. 그리고 서서히 그 모든 일의 아이러니를 알게 되었다. 그 곳은 바로 앨프레드 마셜의 무덤이었다!

스피어맨은 한쪽 무릎을 딛고 일어섰다. 그는 이제 자신이 어디에 있는지 분명하게 알 수 있었다. 하지만 그는 이 곳에 있고 싶지 않았다. 왼쪽으로 조금 떨어진 곳에 큰 주목나무가 있었다. 스피어맨은 천천히 그쪽으로 걸어가기 시작했다. 주목나무 뒤에 몸을 숨긴 채, 스피어맨은 조금 전에 넘어졌던 곳에서 누군가를 기다렸다.

나무에 몸을 기대고 잠시 쉬었다. 어쩌면 오래 걸릴지도 몰랐다. 스피어맨이 기다리는 사람은 몇 시간 동안 언제라도 어둠 속에서 나타날 수 있었다. 이제는 지켜볼 시간이었다.

*　　*　　*

스피어맨은 그렇게 기다린 지 두 시간쯤 지났다고 짐작했다. 하지만 피로와 싸우는 데는 아무 문제도 없었다.

그는 한낮처럼 정신이 또렷했다. 이제는 어둠에도 익숙해져서 여기저기 서 있는 비석들의 모습을 알아볼 수 있었다. 주변은 고요했다.

그러다가 무언가가 움직였다. 처음에는 먼 곳에서 하얀 점이 춤을 추듯 움직였다. 그 하얀 점은 공중에서 이리저리 움직이며 일정한 길을 따라 점점 더 가까이 오고 있었다.

이제 스피어맨은 그 불빛을 볼 수 있었다. 그는 손전등 불빛에 초점을 맞추면서 그것을 들고 있는 사람을 보려고 애썼다. 여전히 주위는 고요했다. 자신의 심장 소리와 거친 호흡만이 들릴 뿐이었다. 마침내 누군가가 천천히 길을 따라 걸어오고 있었다. 손전등 불빛이 그 사람의 발길을 안내했다. 길이 굽어지는 곳에서 잠시 동작이 멈추었다. 스피어맨은 숨을 죽이고 지켜보았다. 이윽고 불빛이 오른쪽으로 돌아 스피어맨이 있는 곳을 가리켰다. 스피어맨은 나무 뒤에 꼼짝 않고 숨어 있었다. 혹시라도 불빛에 모습이 노출되면 안 될 것이었다. 스피어맨은 그 사람이 와야 할 곳에 올 때까지 기다릴 작정이었다.

이제 스피어맨은 밤늦게 세인트 자일스에 찾아온 손님의 소리를 들을 수 있었다. 불빛의 도움을 받아 그 사람은 빠르게 걷기 시작했다. 처음에는 발자국 소리만이 들리는 것 같았다. 그러다가 발자국 소리가 그쳤다. 그렇게 몇 분이 지나갔다. 마침내 스피어맨이 예상한 소리가 들리기 시작했다. 무언가로 땅을 파는 소리였다. 스피어맨은 즉시 알 수 있었다. 그는 아직도 더 기다릴 필요가 있었다. 마침내 여우는 올가미에 걸린 것이었다. 하지만 스피어맨은 사냥감이 스스로 함정을 팔 때까지 기다렸다. 그는 주목나무에 어깨를 기대었다.

스피어맨은 손목시계를 볼 수가 없었다. 그래서 속으로 시간을 재기 시작했다. 그는 30분 정도 더 기다릴 생각이었다. 스피어맨이 더 오래 기다릴수록 사냥감은 더 지칠 것이고 증거는 더 분명해질 것이었다. 그때가 되면 행동을 개시할 것이었다.

흙과 돌에 삽이 부딪치는 금속성의 소리가 계속되었다. 규칙적인 리듬이 이어지는 가운데 삽으로 퍼낸 흙이 바깥쪽의 네모난 평석에 쌓여갔다.

헨리 스피어맨은 몸을 움직이기 시작했다.

"그렇게 열심히 일하는 사람을 방해하고 싶은 생각은 정말로 없소. 정말로 감동적인 작업이오. 하지만 무덤을 파는 것은 당신의 재주가 아닌 것 같구려. 당신이 잘하는 것은 사람을 죽이는 일이니 말이오. 어디 그뿐이오? 당신은 남의 집에 침입하기도 했고 사기를 치기도 했소." 헨리 스피어맨은 나무 뒤에서 모습을 나타내며 말했다. 그의 손전등은 모리스 페인의 얼굴을 비추고 있었다. "하지만 무덤을 파봐야 아무 소용도 없을 것이오. 메리 마셜은 그 증서를 이 곳에 묻지 않았소."

처음에 페인은 자동차의 불빛에 사로잡힌 겁먹은 사슴과 같은 표정을 지었다. 그의 오른발은 삽을 밟던 그 모습 그대로 얼어붙어 있었다. 그는 이제 더 이상 땅을 팔 필요가 없다는 것을 알았다. 마침내 그는 삽에서 발을 떼었다. 그가 사용하던 삽이 땅에 꽂혀 있었다.

"스피어맨, 여기서 당신을 만나다니 정말 놀랍구려. 물론 당혹스럽기도 하군요. 무덤을 파는 것은 부끄러운 일임을 나도 알고 있소. 하지만 그 주식증서가 이 곳에 묻혀 있다는 당신의 메모 때문에 이 곳까지 왔소. 베일리얼 크로프트를 사려면 그것이 필요하오."

"페인, 당신은 정말로 구제불능이군요. 당신이 왜 연예사업에 관심을 가졌는지 이제는 알 수 있을 것 같소. 그렇게 연기를 잘하는 사람이라면 연예사업이 제격이니까 말이오." 스피어맨의 손전등은 여전히 페인의 얼굴을 비추고 있었다. 모리스 페인은 자신의 손전등을 집어들어 스피어맨에게 비추었다. 어둠 속에서 두 불빛이 교차했다.

"스피어맨, 지금 무슨 얘기를 하는 건지 알 수가 없군요. 당신은 나를 오해하고 있는 것 같소. 지금 아버하우스에 같이 가면 그것을 증명할 수 있소."

"페인, 나는 그렇게 생각하지 않소." 스피어맨은 퉁명스럽게 대답했다. "나는 당신이 돌로레스 태너를 죽인 걸 알고 있소. 그리고 그녀로 하여금 하트를 죽이게 한 것도 알고 있소. 물론 당신의 그 재단은 전부가 거짓말이오. 그리고 그 모든 것은 베일리얼 크로프트를 얻기 위한 짓이오."

"스피어맨, 그 집은 정말 멋진 집이오. 하지만 마셜의 집을 얻기 위해 살인을 한단 말이오?"

"물론 그럴 수는 없죠. 하지만 시편의 그 구절처럼 '재산과 부유함은 그의 집에 있다' 면 가능한 일이죠. 다시 말해 그 집의 가치가 구매가격보다 훨씬 높다면 말이죠. 애덤 스미스는 사용가치와 교환가치를 구분했어요. 그리고 당신도 그런 구분을 한 거죠."

"도대체 무슨 얘기를 하는 거요?" 페인은 짜증을 내면서 물었다. "당신과 한가하게 말장난이나 할 시간이 없소."

스피어맨은 모리스 페인에게 다가가기 시작했다. "한가지는 제대로 말했군요. 당신에게는 이제 시간이 없어요."

"스피어맨, 제발 어리석게 굴지 말아요. 아직도 돈을

벌 수 있는 기회는 있어요. 당신에게도 말이에요. 그것도 엄청난 돈입니다. 수백만 달러의 거금입니다. 당신은 그 증서들이 어느 정도 가치가 있는지 잘 모를 겁니다. 하지만 나는 알아요. 직접 확인해보았어요. 은광에서는 아무것도 나오지 않았지만, 우라늄광에서는 대박이 터졌어요. 베일리얼 크로프트의 비밀을 아는 사람은 당신과 나밖에 없어요. 내일이면 그 집은 내 것이 됩니다. 그러면 그 증서들을 손에 넣을 수 있어요. 그 증서들을 팔아 당신에게 반을 주겠습니다. 이제 남은 일은 다락방에서 증서들을 찾아내는 일뿐이에요."

"그렇다면 살인사건의 책임도 함께 나누자는 겁니까? 당신은 그것도 반씩 나누고 싶겠죠?" 그렇게 말하면서 스피어맨은 더 가까이 다가갔다.

"그 일에 대해서는 걱정할 게 전혀 없어요. 하트를 죽인 건 태너이고, 태너는 이제 죽었어요. 경찰은 내가 용의자가 아니라 과녁이라고 생각해요."

"그렇겠죠. 당신은 아령에 맞을 뻔했으니. 하지만 그 아령 사건은 우발적인 사고였죠. 그렇지 않소, 페인?"

"사실은 그 일은 나에게 약간의 행운이었죠. 누군진 모르겠지만, 어떤 멍청한 학생이 나를 살려준 셈이죠. 그 때문에 경찰은 나를 의심하지 않게 되었으니 말입니다."

"당신의 해석은 흥미롭군요." 이제 스피어맨은 페인과 얼굴을 맞대고 있었다. "하지만 아직도 궁금한 게 한 가지 있어요. 당신이 왜 하트를 죽게 했는지는 이해합니다. 하지만 왜 태너 양까지 죽였습니까?"

"나는 그녀를 믿을 수가 없었어요. 결국에는 그녀가 자백할 것이라고 생각했죠. 그리고 어쩌면 나를 협박할 수도 있을 거구요. 태너는 자신이 나를 사랑한다고 생각했습니다. 나는 한동안 그녀를 떼어놓아야만 했어요. 그래서 나는 늘 불안했죠. 게다가, 스피어맨, 그녀는 사실 아무것도 아닙니다. 자기 아버지의 죽음을 극복하지 못하는 싸구려 여배우에 불과했죠. 나는 그녀의 복수심을 이용했을 뿐입니다. 그래서 나는 하트를 죽이게 할 수 있었습니다. 나중에 나는 태너에게 베일리얼 크로프트에 들어가서 주식증서를 찾아보라고 얘기했죠. 아쉽게도 스링이 돌아오는 바람에, 그녀는 주식증서를 찾지도 못하고 그 집에서 나와야만 했죠."

"당신은 내가 당신을 협박할 거라고는 생각하지 않습니까?"

"아, 그것만큼은 분명해요." 페인은 말했다. "왜냐하면!"

그것은 아주 빠른 동작이었지만 전혀 예상치 못했던

일은 아니었다. 페인은 양손으로 삽을 뽑아들었다. 그리고 있는 힘을 다해 날카로운 삽날을 스피어맨에게 휘둘렀다. 페인이 의도한 대로 스피어맨을 맞췄다면, 그는 삽날에 맞아 현장에서 즉사했을 것이었다.

하지만 스피어맨은 재빨리 몸을 피했다. 한 손으로 삽날을 막는 시늉을 하며 스피어맨은 뒤로 한 걸음 물러섰다. 뒤꿈치가 마셜의 무덤에 있는 평석에 걸리면서 그는 다시 중심을 잃었다. 스피어맨은 소리를 지르면서 바닥에 쓰러졌다.

페인은 다시 삽을 휘두르며 스피어맨이 넘어진 쪽으로 달려왔다. 하지만 그 곳에는 아무도 없었기 때문에 삽은 허공에서 맴돌았고, 페인은 마치 야구 경기에서 헛스윙을 한 타자처럼 우스꽝스러운 자세가 되었다. 스피어맨은 위쪽에서 삽날이 바람을 가르는 소리를 들었다. 그는 양손과 무릎으로 땅바닥을 기기 시작했다. 페인이 욕을 하면서 삽을 휘두르는 소리가 들렸다.

스피어맨은 어둠만이 자신을 보호해줄 것임을 알고 있었다. 낮은 자세로 그는 자신을 향하는 살인 무기를 피했다. 그는 더 빨리 기었다. 양손과 무릎이 딱딱한 땅과 날카로운 자갈에 부딪쳤다. 그는 어디에 숨어야 할지 알 수가 없었다. 하지만 그는 계속해서 움직였다. 그러다가 허공에

뜬 듯한 기분을 느꼈다. 그의 몸은 둔덕을 굴러 밑으로 떨어졌다.

스피어맨은 허공을 보면서 누워 있었다. 그는 숨도 쉬어야 했고 소리도 지르고 싶었다. 하지만 그럴 수가 없었다. 페인에게 위치를 알려주면 그의 목숨은 끝장날 것이었다. 하지만 자신도 모르게 거친 숨을 내쉬었다. 그러자 곧 익숙한 목소리가 들려왔다.

"이렇게 편할 수가! 굳이 묘자리를 찾을 필요도 없군. 내일이면 또 한 사람이 이 곳에 묻히겠군." 스피어맨은 목소리의 주인공을 보려고 애썼지만, 모리스 페인이 비추는 불빛 때문에 눈을 뜰 수가 없었다.

"교수님, 당신은 늘 선택을 좋아했죠? 여기 당신의 마지막 선택이 있습니다. 산 채로 묻어드릴까요, 아니면 땅에 묻히기 전에 정신을 잃고 싶은가요? 아니면 어느쪽도 무차별적인가요?"

스피어맨이 대답하기도 전에 삽으로 퍼낸 흙이 그의 다리에 떨어지기 시작했다. 그는 필사적으로 일어나려 애썼다. 그러다 먼저 페인의 삽날로부터 멀어져야 한다는 생각이 그의 머리를 스쳤다. 흙은 점점 더 빠르게 떨어졌다. 마침내 머리에도 흙이 떨어지기 시작했다. 스피어맨은 본능적으로 팔을 들어 얼굴을 가렸다. 그는 또다시 엄청난 흙더미가 떨어질 것을 예상했다.

하지만 그런 일은 일어나지 않았다.

모리스 페인이 비명을 지르면서 나가 떨어졌다. 그리고 또다시 손전등 불빛이 스피어맨의 얼굴을 비추었다. "스피어맨 교수님, 괜찮으세요?"

이번에는 불빛 뒤의 목소리가 다정하게 물었다. 스피어맨은 두려움이 잦아드는 것을 느꼈다. "파입스, 괜찮은 것 같소. 상처는 입었지만 목숨은 붙어 있소. 어떻게 된 거요?"

"제가 몽둥이로 페인의 머리를 내리쳤습니다. 그는 내가 뒤에서 다가오는 소리를 듣지 못했습니다. 당신과 얘기하는 데 너무 열중해 있었기 때문이죠. 아마 의사가 필요할 겁니다. 하지만 저는 교수님이 더 걱정입니다."

스티브 파입스가 손을 뻗어 흙더미를 뒤집어쓰고 누워 있는 헨리 스피어맨을 일으켜 세웠다. 스피어맨은 자신의 목숨을 구해준 젊은 청년을 따뜻하게 껴안았다. "파입스, 정말로 잘했소. 당신에게 빚을 졌소."

"저도 교수님께 빚을 졌습니다." 스티브 파입스가 말했다. "어쨌든 경찰의 의심을 받을 때 도움을 청하기 위해 교수님을 찾은 것은 저였습니다. 교수님이 그 계획을 설명하면서 저에게 도움을 청했을 때, 저는 안심할 수 있었습니다. 그 계획대로 되면 저는 더 이상 의심받을 필요가 없었으니까요. 그래서 교수님이 말씀하신 대로 이 곳에 숨어 있었습니다. 그러니까 오히려 제가 고맙다는 말씀을 드려야 합니다. 어쨌든 저에게도 상처가 생겼습니다. 교수님이 램지의 무덤에서 멈췄을 때, 저는 먼저 도착한 것이 교수님인지 모리스 페인인지 확실히 알지 못했습니다. 참 멍청한 놈이죠? 그래서 일부러 소리를 내봤습니다. 하지만 교수님은 계속 걸어갔고, 저는 교수님이라는 걸 안 다음에 교수님도 제가 이 곳에 있다는 걸 알았으면, 하고 바랐습니다."

스피어맨은 파입스의 팔을 부드럽게 두드렸다. "사실 그 소리를 듣고나서 잠시 무서운 생각이 들기도 했소. 하지만 당신이 숨기로 한 곳이 램지의 무덤이라는 걸 알고 있었소. 그래서 나는 그 소리가 당신이 낸 소리임을 알 수 있었소. 어쨌든 이제는 움직일 때가 되었소. 모리스 페인이 얼마나 크게 다쳤는지 궁금하군요. 아주 심하게 다쳤다면 우리가 도와줘야 할 거요. 그리 심하게 다치지 않았다면 다시 페인과 싸워야 할지도 모르겠소."

스피어맨은 아주 잠시 망설이다가 파입스에게 말했다. "이렇게 하면 될 것 같소. 저 아래 헌팅턴에 차를 세워놓았소. 내가 차를 타고 경찰서에 가서 도움을 청하겠소. 당신은 페인과 함께 이 곳에서 기다리시오. 혹시라도 그가 의식을 되찾는다면… 그렇다 해도 당신은 싸워서 이길 수 있을 거요."

비대칭 정보이론과 주식증서

"**베**네딕토 베네딕투르."

학장이 공석인 상태에서, 비숍 칼리지의 가장 고참 교수가 칼리지의 연회장에서 만찬을 끝내는 예의 그 축사를 읊었다. 그 역할을 맡게 된 스펜서 해트우드는 그 축사를 너무 자주 들어서 외우고 있었다. 하지만 의도적으로 빠르게 그 구절을 암송했던 니겔 하트와 달리, 이 나이 많은 생물학 교수는 축사의 단어 하나하나를 뚜렷이 발음했다.

해트우드가 축사를 끝내자마자, 총무인 퓐은 정교수들이 만찬에 참석할 때 드나드는 문 옆의 심벌즈를 두드렸다. 그 타악기의 묵직한 소리를 듣고 학부생들이 일제히 자리에서 일어섰다. 그 동안에 교수들은 일렬로 줄을 지어 연회장 밖으로 나갔다. 그리고 복도를 따라 정교수들의 휴게실로 걸어갔다.

자레드 맥도널드를 따라가면서 스피어맨은 하버드의 학부생들을 떠올렸다. 그들이라면 교수들이 식당에 들어올 때와 식사를 마치고 나갈 때 자신들이 일어나야 하는 이러한 예법에 어떤 반응을 보일까? 만찬 시간에 학생들은 교수들이 그들보다 높은 상석에 앉아 더 우아하게 대접받는 것을 지켜보아야만 했다.

만찬에 참석하기 전 교수들은 고급스런 라커룸으로 들어가 가운을 걸친 후 식당 안으로 들어갔다. 스피어맨은 초대받은 손님에게 제공되는 가운을 걸쳤다. 모든 교수들이 매일 밤 칼리지에서 저녁을 먹지는 않았기 때문에 늘 여분의 가운이 있었다. 스피어맨이 입은 검은색 가운은 소매가 너무 길어서 수프를 먹을 때 방해가 되었다. 그는 가운을 다시 제자리에 벗어놓으면서 안도감을 느꼈다.

헨리 스피어맨은 케임브리지에서 열리는 만찬은 그보다 더 긴 저녁 행사의 일부임을 알고 있었다. 연회장에서 후식을 대접받은 후에, 정교수들과 초대받은 손님들은 정교수 휴게실로 자리를 옮겨 칵테일과 포도주를 마셨다. 점점 더 많은 교수들이 그렇게 하듯이 그냥 커피를 마시는 사람들도 있었다. 그렇게 음료를 마신 다음에는 교수들의 저녁 토론이 이어졌다. 주빈 식탁에서는 맞은편이나 좌우 양쪽에 앉은 사람하고만 얘기를 나눌 수 있었다. 그러나 정교수 휴게실에서는 더 많은 사람들과 대화를 나눌 수 있었다.

정교수 휴게실로 자리를 옮기는 것은 만찬에 참석한 모든 이들에게 의무사항은 아니었다. 그래서 일부 교수들은 그 곳에 가지 않고 그냥 집으로 가곤 했다. 하지만 오늘 밤에는 만찬에 참석한 모든 교수들이 비숍 칼리지의 연회장 끝에 있는 그 높은 천장의 방으로 걸음을 옮겼다.

두 교수가 정교수 휴게실로 이어지는 복도를 따라 걸어갈 때, 델모어 바인이 헨리 스피어맨에게 다가와 작은 목소리로 얘기했다. "스피어맨 교수님, 오늘 밤 우리와 자리를 함께 해주셔서 얼마나 기쁜지 모르겠습니다. 교수님의 얘기를 들으면 지난 몇 주 동안의 까다로운 화제에서 벗어날 수 있을 겁니다."

"그 동안 가장 뜨거웠던 화제는 무엇입니까?" 스피어맨은 비숍 칼리지의 젊은 교수에게 물었다.

"누가 하트를 대신해 학장을 맡게 되느냐는 것이었습니다." 델모어 바인이 대답했다. "그것이 지난 몇 주 동안 모든 사람들의 주된 관심사였습니다. 우리는 늘 그것을 화

311

제로 삼아 얘기하곤 했습니다. 물론 당신도 이해하실 수 있을 겁니다. 당연히 그런 얘기를 하지 않겠습니까?"

"그래요. 나도 충분히 이해합니다. 누가 학장의 자리를 맡게 되는가는 사람들의 관심사가 될 수밖에 없죠. 하지만 나는 그런 얘기에 관심이 없습니다."

"왜요? 당신도 어떤 사람이 학장이 되어야 하는지, 어떤 자질과 능력을 가진 소유자가 그 자리에 앉아야 하는지 당연히 관심이 있을 텐데요?" 델모어 바인이 다소 놀라는 표정으로 말했다.

"적어도 내게 있어서는 두 가지 사항만이 문제가 됩니다. 첫째, 학장이 될 그 사람은 나를 알고 있는가? 둘째, 그 사람은 나를 좋아하는가?"

델모어 바인은 잠시 혼자서 스피어맨이 말한 학장 자격 기준이 새로운 학장의 선출에 어떻게 적용될 수 있을지 생각해보았다. 이윽고 그는 스피어맨의 얘기에 분명한 지혜가 들어 있음을 알게 되었다. "무슨 말씀인지 이해가 갑니다." 그가 말했다.

의자들이 빙 둘러져 있는 가운데 교수들이 휴게실로 입장했다. 모두가 자리에 앉은 후에, 총무인 핀이 가벼운 음료수와 커피를 대접했다. 이로써 핀의 일과는 끝난 것이었다. 이후로는 참석자들 중에서 가장 젊은 정교수가 잔들

을 채울 것이었고, 각자가 마신 음료수는 해당 교수의 비
용으로 청구될 것이었다.

오늘 저녁에 헨리 스피어맨은 자레드 맥도널드의 초
대를 받아 만찬에 참석했다. 맥도널드가 그렇게 한 것은
비숍 칼리지의 거의 모든 교수들이 원했기 때문이었다.
헨리 스피어맨이 갑자기 인기를 얻게 된 것은 경제정책에
관한 교수들의 관점이 바뀐 것과 하등의 상관이 없었다.
그보다는 너무나도 강렬한 호기심 때문에 이념적인 차이
조차도 문제가 되지 않은 것이었다. 모두가 전날 밤에 일
어났던 스피어맨의 모험을 그에게서 직접 듣고 싶어했다.

"맥도널드 교수님, 오늘 밤 당신의 친구인 스피어맨 교
수를 만찬에 꼭 초대해주시기 바랍니다." 이 말을 한 사람
은 여러 해 동안 맥도널드를 교수로도 생각하지 않았던 사
람이었다.

"자레드, 오늘 저녁에 내가 당신의 친구인 스피어맨 씨
를 손님으로 초대할 수 있다면 정말 좋겠소. 물론 당신이
이미 그 분을 손님으로 초대하지 않았다면 말이오." 이 말
을 한 사람은 여러 해 동안 한 명의 손님도 초대하지 않았
던 사람이었다.

"맥도널드 교수님, 혹시 오늘 만찬에 스피어맨 박사님
과 함께 참석하시나요? 그렇다면 저도 오늘 저녁에는 만찬

에 참석할 것이기 때문입니다." 이 말을 한 사람은 그 모임에 거의 참석하지 않는 사람이었다.

"자레드, 당신의 친구인 스피어맨 교수는 내일이면 케임브리지를 떠나는 걸로 알고 있어요. 그러니까 오늘 저녁에는 당연히 그 분을 만찬에 초대하겠죠?" 이 말을 한 사람은 올리비아 헤일이었다!

피지 스피어맨은 그레고리 셰퍼드와 남편 사이에 앉아 있었다. 세 사람 모두 자레드 맥도널드가 초대한 손님이었고, 자레드는 그들의 왼쪽에 앉아 있었다. 자레드는 스피어맨 부부가 떠나기 전날 밤에 그들과 함께 있고 싶었다. 그리고 그레고리 셰퍼드와는 친한 사이가 아니었지만, 그 고서적 거래인도 초대하는 것이 마땅하다고 생각했다. 왜냐하면 그 사람도 헨리 스피어맨 덕분에 경찰의 의심에서 벗어났기 때문이었다. 그래서 자레드는 그 사람도 만찬에 초대했고, 그레고리 셰퍼드는 즉석에서 초대에 응했다.

그리고 덩컨 스링도 손님으로 참석했다. 그는 세인트 존스 칼리지의 교수였지만, 스피어맨이 반드시 초대해야 한다고 얘기했기 때문에 초대를 받았다. 스피어맨은 그 모든 사건의 중심에 있는 그 집의 주인인 스링을 초대하지 않을 수 없다고 생각했다. 덩컨 스링은 챈들러 헤일과 올리비아 헤일 사이에 앉아 있었다. 덩컨 스링과 올리비아 헤일은 니겔 하트와 친구 사이였다. 그들은 원을 이룬 의자 맞은편의 스피어맨 부부와 그레고리 셰퍼드와 마주보고 있었다.

마침내 아지트 찬다바카르가 목소리를 높임으로써 다른 사람들의 대화를 중단시켰다. 맬컴 달렌바흐는 이제 더 이상 어색한 분위기가 흐르지 않는 것에 안도했고 다른 사람들도 같은 기분일 것이라고 생각했다. "스피어맨," 찬다바카르가 말했다. "이 곳에 모인 다른 분들을 대신해 당신에게 정말로 고맙다는 말을 하고 싶습니다. 그리고 그 동안 당신이 겪은 정신적 고통과 불편은 물론이고 어젯밤에 당한 육체적 고통에 대해서도 유감의 뜻을 전하고 싶습니다. 당신이 한 일은 어떤 대학에, 특히 당신이 속하지 않은 대학에 당신이 의당 해야 한다고 생각하는 의무를 넘어서는 것이었습니다. 그렇지만 염치 불구하고, 마지막으로 한 번만 더 우리를 위해 수고해주실 것을 부탁드리는 바입니다. 물론 우리는 너무도 애석하게 유명을 달리한 하트 학장의 살인범이 잡힌 것은 알고 있습니다. 그리고 그 일은 당신의 수고가 아니었다면 절대로 해결이 불가능했을 것입니다. 하지만 우리는 아직도 그 사건의 세부적인 것에 대해서는 아는 바가 거의 없습니다. 경찰은 우리가 하트 학장의 죽음으로 가장 큰 충격을 받앉음에도 우리에게 정보를 제공하는 데 너무도 인색했습니다. 그래서 우리는 당신에게 몇 가지 질문을 할 수 있도록 허락해줄 것을 부탁드립니다. 그러면 우리가 궁금해하는 그 모든 것은 분명해질 것이고, 그러면 우리는 편안하게 잠을 잘 수 있을 것입니다." 찬다바카르는 그렇게 말한 다음 다시 자리에 앉았다. 주위의 동료 교수들도 동의한다는 뜻으로 고개를 끄덕였다.

스피어맨은 목청을 가다듬고나서 얘기를 시작했다.

"나는 늘 교수는 당연히 강의를 해야 한다고 믿는 사람입니다. 나는 어떤 질문에든지 기꺼이 답하도록 애를 쓰겠습니다. 하지만 먼저 얘기하고 싶은 것은, 그 모든 것이 내 공이라고만 생각할 수는 없다는 점입니다. 그렇다고 내가 겸손하기 때문에 그렇게 말하는 것은 아닙니다. 제 아내에게 물어보면 금방 알겠지만, 겸손은 제가 잘하는 것이 아닙니다. 내가 그렇게 말하는 것은 다음과 같은 믿음 때문입니다. 즉, 경제학을 진지하게 생각하는 사람이면 누구든지 내가 한 일을 할 수 있습니다. 그래서 나는 그 모든 것이 내 공이라고 얘기할 수 없습니다. 여러분이 감사해야 할 사람은 경제학의 위대한 선구자들, 애덤 스미스부터 앨프레드 마셜에 이르는 그 모든 선구자들입니다. 그들은 나에게 경제학은 하나의 사고방식이라고 가르쳤습니다. 그리고 나는 그렇지 않다고 생각할 수가 없습니다."

"우선 먼저 다음과 같은 사실을 지적하고 싶습니다. 즉, 앨프레드 마셜은 미국의 네바다 주에 간 적이 있습니다. 그때는 1875년이었는데, 그 시기는 영화에서 흔히 볼 수 있는 미국의 서부 시대였습니다. 우리는 마셜이 그 곳에서 무엇을 했는지 자세히는 모릅니다. 하지만 우리는 마셜이 버지니아 시티에 있는 은광들을 방문했음은 알고 있습니다. 마셜은 그 곳에서 '매드 해터'라고 불리는 은광의 주식을 샀습니다. 그는 나중에 그 주식들이 사실상 휴지조각에 불과하다고 믿게 되었습니다. 그래서 마셜은 그 증서들을 일종의 기념품으로 생각하게 되었습니다. 시간이 흐르고 흘러 마셜이 죽은 지 한참 지난 후에, 그 증서들은 수백만 달러의 가치를 지니게 되었습니다. 이틀 전에 킹스 칼리지의 예배당에서 저녁 예배를 보고나서, 나는 미국에 있는 내 중개인에게 전화를 걸었습니다. 그 사람은 내가 예상했던 것과 같은 대답을 했습니다. 그 은광에서 우라늄이 발견되었다는 것입니다. 1875년 마셜이 그 주식을 한 장밖에 사지 않았다 해도, 그 단 한 장의 주식은 지금의 화폐가치로 75만 달러에 달합니다. 우리는 헤스케스 교수의 딸이 여러 장의 증서를 갖고 놀았음을 알고 있습니다. 이 사실이 모리스 페인에게 의미한 바는 에덴 동산에서 아담에게 이브가 건넨 사과와 같은 것이었습니다. 그것은 거부할 수 없는 유혹이었습니다. 하지만 둘 사이에는 한 가지 큰 차이가 있습니다. 에덴에서는 이브가 아담을 유혹했지만, 케임브리지에서는 아담이 이브를 유혹했습니다."

"모리스 페인은 돌로레스 태너가 연극단원들과 함께 미국을 순회공연하고 있을 때 그녀를 알게 되었습니다. 두 사람은 시카고에서 만났습니다. 그때 페인은 태너가 어렸을 때 마셜의 미망인을 방문하는 아버지를 따라 마셜의 집에 갔었다는 사실을 알게 되었습니다. 마셜의 미망인인 메리 마셜 여사는 어린 태너를 즐겁게 해주기 위해 몇 가지 가지고 놀 물건을 주었습니다. 그리고 그 중에는 화려한 색깔의 종이도 몇 장 있었습니다. 헤스케스 교수의 딸은 그것들을 다락방의 마루 밑에 숨겼습니다. 그렇다고 그것들을 훔치려 한 것은 아니었고, 그냥 어린 소녀의 장난기가 발동했던 것입니다. 그 아이는 다시 와서 그것들을 갖고 놀겠다고 생각했죠. 그 종이들에는 유명한 이야기와 관련된 특이한 이름이 적혀 있었습니다('매드 해터'를 가리키는 것─옮긴이). 하지만 어린 태너는 그 집에 다시 가지 못했습니다."

"몇 년이 지난 후, 태너 양은 모리스 페인에게 우연히 그 얘기를 하게 되었습니다. 그리고 페인은 즉시 그 숨겨

놓은 종이들이 '매드 해터' 광산의 주식증서임을 알았습니다. 경제 전문지와 신문들을 열심히 읽었던 페인은 그것들의 가치를 깨닫고 그것들을 손에 넣기 위한 계획을 꾸몄습니다. 그는 베일리얼 크로프트를 인수하겠다는 아이디어를 생각해냈습니다. 마치 석유회사가 순진한 농부에게서 검은 노다지가 묻힌 밭을 사들이듯이 말입니다."

"그런데 니겔 하트가 그의 계획을 망쳐놓았습니다. 그래서 페인은 그를 제거하기로 결정했습니다. 페인은 태너 양으로부터 그녀가 하트에게 원한을 품고 있음을 알게 되었습니다. 하트는 케임브리지의 '사도'였고, 태너는 하트가 아버지를 죽음으로 몰고간 사람이라고 믿었습니다. 그녀의 아버지는 앤드루 헤스케스인데, 몇 년 전 케임브리지에서 유명한 경제학 교수였던 그는 '사도들'의 일원인 하트의 협박을 받고나서 스스로 목숨을 끊었습니다."

"하트가 헤스케스를 죽게 한 것인지는 여기서 중요하지 않습니다. 여기서 문제가 되는 것은 태너 양이 그의 유죄를 믿었고, 그 때문에 자신의 가족이 풍비박산이 났다고 믿었다는 것입니다. 페인은 태너 양을 설득해 케임브리지로 이사 와 하트를 죽이도록 부추겼습니다. 태너 양은 솔트마시 여사의 하숙생이 되어 자신의 진짜 목적을 숨겼습니다. 하트를 제거한 후, 페인은 다시 베일리얼 크로프트를 손에 넣을 수 있다고 생각했습니다." 헨리 스피어맨은 덩컨 스링을 보며 말했다. "페인은 그때 당신이 그 집을 자신에게 팔 것이라고 확신했습니다."

스링은 고개를 끄덕이며 얘기했다. "그-그렇소. 어쨌거나 그-그 상황에서는 페인만이 가장 좋은 대안이었소."

스피어맨은 다시 설명을 계속했다. "그래서 페인은 그 집을 손에 넣었다고 생각했습니다. 경찰은 하트의 살인범을 찾지 못했습니다. 그리고 우연히도 페인은 용의자가 아니었음은 물론 잠재적인 희생자로까지 여겨지게 되었습니다."

"왜 그가 잠재적인 희생자로 여겨졌단 말인가요?" 챈들러 헤일이 스피어맨에게 물었다.

"아, 그러니까, 여러분도 알고 있듯이, 모리스 페인은 케임브리지에 도착하자마자 아령에 맞아 죽을 뻔했습니다. 경찰은 그 사건을 조사했지만 누가 그렇게 했는지는 알아내지 못했습니다. 나는 그것이 우발적인 사고였다고 생각했습니다. 반면에 제 아내는 그렇지 않을 수도 있다고 생각했습니다. 어쨌든 나는 하트가 죽은 후에 그를 죽인 사람이 페인도 죽이려 한다는 가설을 세워보았습니다. 두 사람 모두 베일리얼 크로프트와 관련되어 있었던 거죠. 물론 그런 가설 때문에 나는 완전히 헛짚고 말았습니다. 태너 양이 하트를 죽인 범인임을 알고나서도 말입니다."

"그녀가 왜 하트를 죽였는지는 잘 알겠습니다. 하지만 당신은 어떻게 그것을 알아낼 수 있었나요?" 올리비아 헤일이 물었다. "그냥 우연히 알게 되지는 않았을 텐데요."

"그렇습니다. 하지만 누구든지 태너 양의 행동을 보았다면 알아낼 수 있었을 겁니다. 특히 이 곳에 계신 경제학자들께서는 금방 알아낼 수 있었을 겁니다."

"아내와 나는 그랜체스터를 방문할 기회를 얻었습니다. 그 곳에 사는 어느 젊은이의 초대를 받았던 것인데, 그 방문의 목적은 순수한 것이었습니다. 우리는 너벅선 사공으로 일하는 멋진 청년을 알게 되었습니다. 그 청년은 우리를 자신이 사는 그랜체스터로 초대했습니다. 그 곳의 아름다운 경치를 구경시켜주겠다고 했던 거죠. 그래서 우리는 그 곳에 가기로 했습니다. 바로 4일 전의 일이군요. 아내와 나는 그 곳에서 처음으로 태너 양을 만났습니다. 연극배우로 일하는 태너 양은 우리를 초대한 그 청년과 같은 집에서 하숙을 하고 있었습니다. 태너 양은 우리가 주차시킨 차 때문에 자신의 차가 나가지 못할까 봐 걱정했습니다. 그리고 그 때문에 우리는 태너 양의 차를 보게 되었습니다. 나는 전에 그 차를 본 적이 있었습니다. 사실 그 차는 헤일 교수 당신의 집에 갔다가 보게 된 것입니다. 그때 당신이 파티를 열었죠? 그 차는 니겔 하트의 차였습니다."

"하지만 태너 양이 하트의 차를 샀다 해서 그녀가 하트를 죽였다고 생각하지는 않았겠죠?' 올리비아 헤일이 말했다. "어쨌거나 태너 양은 그 차를 샀던 거지 훔친 것은 아니니까 말입니다."

"그렇습니다. 태너 양은 그 차를 샀습니다. 그리고 바로 그 점이 중요합니다. 만일 그녀가 차를 훔쳤다면, 나로서는 그녀를 의심하지 않았을 겁니다."

스피어맨의 강의를 듣고 있던 사람들은 다소 어리둥절한 시선을 주고받으면서 어깨를 으쓱했다.

헨리 스피어맨은 강의를 계속했다. "우리를 초대한 그 청년의 이름은 스티브 파입스인데, 그 청년은 태너 양이 어떻게 그 차를 사게 되었는지 우리에게 설명해주었습니다. 태너 양은 파입스의 친한 친구에게서 거의 비슷한 차를 거의 같은 가격에 살 수 있었음에도 그렇게 하지 않았습니다. 그 차는 파입스의 친한 친구가 몰던 차이기 때문에, 파입스는 그 차의 상태가 좋다는 것을 알았을 겁니다. 그런데 태너 양은 그 차를 거들떠보지도 않고 굳이 중고차매매소에 가서 다른 차를 샀습니다. 그러니까 바로 하트의 차를 산 것입니다."

"그때 나는 불편함을 느꼈습니다. 하지만 나는 곧 파입스의 안내로 아내와 함께 산책에 나섰기 때문에, 그 문제를 생각해볼 여유가 없었습니다. 그러다가 나중에 자레드의 집에서 또다시 그 불편함을 느끼게 되었습니다. 바로 그때 나는 그 날 있었던 일을 곰곰이 생각해보고나서, 태너가 그 차를 산 일과 장모님이 생명보험에 가입한 일을 연관시켰습니다. 그러자 모든 것이 분명해졌는데, 그 점은 여러분도 아실 겁니다."

"솔직히 나는 잘 모르겠습니다. 어쩌면 이 방에서 나만 모르는지도 모르겠습니다. 도대체 장모님이 생명보험에 가입한 것과 태너 양이 하트의 차를 구입한 것이 어떤 관계가 있단 말입니까?" 맬컴 달렌바흐는 자신들의 이해 부족을 드러내고 싶지 않은 다른 사람들을 대신해 얘기한다고 믿었다.

"경제학에서는 비대칭 정보(asymmetric information) 이론이 있습니다. 이것을 중고차에 적용시키면 이런 내용이 됩니다. 즉, 중고차 매매소에 있는 차들은 대개 '똥차'인 경우가 많습니다. 저속한 표현을 용서해주시기 바랍니다. 팔려는 차가 상태가 좋은 차의 주인들은 중고차 매매소에 자신들의 차를 내놓으려 하지 않습니다. 그들은 파는 사람보다 사는 사람이 차에 대한 정보가 부족하기 때문에 그것이 좋은 차임을 알아보지 못한다고 생각합니다. 그리고 실제로도 그렇습니다. 그래서 중고차 매매소에서는 차를 사는 사람들이 결국 '똥차'일지도 모르는 차에 높은 가격을 지불하지 않으려 합니다. 따라서 그런 곳에서는 좋은 차든 나쁜 차든 비슷한 가격에 팔립니다. 팔려는 차가 좋은 차의 주인들은 그 점을 알기 때문에 자신들의 차를 개별적으로 팔려고 합니다. 그리고 중고차 매매소에는 좋지 않은 차들만 나오는 경우가 많습니다."

"보험 시장에서도 똑같은 문제가 발생합니다. 비슷한 논리에 따라 이와 같은 비대칭 정보의 문제는 역선택(adverse selection)으로 이어지게 됩니다. 다시 말해, 위험도가 낮은 사람들은 상대적으로 높은 보험료를 내고, 위험도가 높은 사람들은 상대적으로 낮은 보험료를 내게 됩니다. 그렇기 때문에, 위험도가 낮은 사람보다 위험도가 높은 사람이 보험에 가입하는 경우가 더 많습니다. 이것이 바로 역선택입니다."

"태너 양은 이런 문제를 피해갈 기회가 있었습니다. 하지만 그녀는 그렇게 하지 않았습니다. 바로 그때 나는 그녀에게 하트의 차를 사야 할 훨씬 더 중요한 이유가 있었음을 알게 되었습니다. 하지만 그 중요한 이유는 무엇일까? 나는 그 살인 무기가 발견되지 않았음을 알고 있었습니다. 태너 양의 행동은 하트의 차에 급히 숨긴 살인 무기가 있을 때만 설명이 가능한 것이었습니다."

스피어맨이 잠시 이야기를 멈추었을 때, 그레고리 셰퍼드가 기회를 놓치지 않고 물었다. "스피어맨 교수님, 자레드 맥도널드와 나, 그리고 당신의 친구인 파입스도 당신 덕분에 의심에서 벗어날 수 있었습니다. 그 점에 대해서는 정말로 감사드리지 않을 수 없습니다. 그런데 제가 이해할 수 없는 것이 하나 있습니다. 당신은 태너 양이 범인이라고 결론 내리기 전에 내가 하트를 죽인 범인이 아니라는 것을 어떻게 알았나요? 당신이 내 가게에 온 것은 태너 양을 만나기 전이었습니다. 물론 나 자신은 내가 범인이 아님을 알고 있었습니다. 하지만 당신은 그것을 어떻게 알 수 있었나요?"

"그때도 당신에게 얘기했듯이, 당신으로서는 얻을 것이 전혀 없었습니다. 오히려 당신은 친구를 잃었습니다. 당신에게는 비용만 있었지 그것을 상쇄하는 효용은 없었습니다."

"잠깐만요, 스피어맨. 나는 셰퍼드가 무고한 것을 잘 알고 있습니다." 자레드 맥도널드가 말했다. "그렇지만 셰퍼드는 하트의 모든 장서를 입수해 즉시 팔기 시작하지 않았나요? 그리고 일부 장서는 아주 비싼 가격에 팔았죠." 그렇게 말한 다음 맥도널드는 오른쪽에 앉아 있는 셰퍼드를 쳐다보았다.

"나는 셰퍼드가 하트의 죽음에 연루되었다고 절대로 믿지 않았습니다. 나는 셰퍼드가 경찰의 의심을 받고 있다고 누군가 당신에게 알려준 다음 당신의 집에서 그런 결론을 내렸습니다. 당신은 셰퍼드가 하트의 죽음으로 덕을 보았기 때문에 큰 곤경에 처할 수도 있다고 말했습니다. 하지만 결국 셰퍼드는 하트의 죽음으로 덕을 본 것이 전혀 없었습니다."

"하지만 셰퍼드는 하트의 장서를……."

"그건 사실입니다. 하지만 시장가격으로 입수했죠. 당신도 그렇게 말하지 않았습니까? 그 책들은 가장 높은 입찰가를 부른 사람에게 경매로 넘어갔다고 말입니다. 다른 입찰자들도 그 책들이 가게에서 얼마에 팔릴지 알았을 겁니다. 그래서 그들은 경매가를 높여 최종 낙찰자인 셰퍼드가 거의 이익을 남기지 못할 정도로 만들었습니다. 나중에 내가 셰퍼드 씨의 가게를 방문했을 때, 셰퍼드 씨는 하트의 장서를 놓고 다른 입찰자들과 경쟁해야만 했다고 확인해주었습니다. 이것도 경쟁이 수익을 균형시키는 또 하나의 예일 뿐입니다. 나는 또 셰퍼드 씨가 하트의 장서를 입수한 후에 기뻐하지 않는 모습도 보았습니다. 셰퍼드 씨에게 그 책들은 재고였습니다. 그래서 투자한 돈을 회수하기 위해 빨리 팔아야만 하는 것들이었습니다."

이번에는 아지트 찬다바카르가 말했다. "스피어맨, 멋진 설명에 감사합니다. 하지만 당신에게 묻고 싶은 미묘한 질문이 있습니다. 솔직히 말해서, 내 동료들 가운데 많은 이들이… 그리고 이렇게 말해서 맥도널드에게 정말 미안한데, 나 역시도… 하트의 죽음에 정치적인 동기가 있을 수도 있다고 생각했습니다. 여기 케임브리지에서 경제학자들이 이념적인 문제로 분열되어 있음은 더 이상 비밀이 아닙니다. 사실상 니겔 하트가 그 중의 한 그룹을 대표했고, 적어도 내가 볼 때는… 어쩌면 칭찬일 수도 있는데… 맥도널드가 반대 진영을 대표했다고 할 수 있습니다. 따라서 하트가 없어지면 반대 진영의 적은 하나가 줄어들게 됩니다. 따라서 그쪽 진영의 누군가가 하트를 제거하려 했다고도 볼 수 있지 않았을까요?"

올리비아 헤일이 왼쪽에 앉아 있는 자신의 동료에게 응원을 보냈다. "찬다바카르 박사가 선수를 쳤군요. 사실은 나도 그 질문을 하고 싶었습니다."

"나도 케임브리지 대학교의 파벌주의는 익히 잘 알고 있습니다. 그리고 그것은 뿌리가 깊은 것입니다. 하지만 나는 자유시장 경제학자들이 니겔 하트의 죽음에 책임이 있다고는 생각하지 않았습니다. 그리고 나는 같은 이유로 좌파 경제학자들도 의심하지 않았습니다. 왜냐하면 그 어느쪽도 얻을 것이 전혀 없기 때문입니다. 하트의 죽음은 힘의 균형을 어느쪽으로도 기울게 하지 않았습니다." 스피어맨은 잠시 말을 멈추고 가당치도 않다는 표정을 지었다. "여러분은 이런 문제들을 분석할 때 가장 중요한 것은 동기 분석이 아님을 기억해야 합니다. 동기 분석은 경찰이 종종 저지르는 실수일 뿐입니다. 중요한 것은 이득과 손실을 분석하는 것입니다."

"벌써 많은 시간이 지났습니다. 그리고 피지와 나는 내일 아침 일찍 히스로 공항으로 가야 합니다. 하지만 여러분을 어둠 속에 두고 싶지는 않습니다. 내가 궁극적으로 모리스 페인을 의심하게 된 것은 앨프레드 마셜 때문이었습니다. 베일리얼 크로프트의 원주인이 모리스 페인의 비밀을 폭로한 것은 아이러니가 아닐 수 없습니다. 페인은 처음부터 나에게 자신이 쇠고기 사업을 한다고 말했습니다. 사실은 쇠고기와 가죽 사업입니다. 하나를 생산하면 다른 하나도 생산해야 하기 때문입니다. 그런데 내가 쇠고기 수요의 감소에 관한 가장 간단한 질문을 던졌을 때, 페인은 그것이 가죽 가격의 하락을 초래했다고 대답했습니다. 하지만 마셜의 책을 읽은 사람이라면 누구든 그것이 잘못된 것임을 알 것입니다. 마셜은 바로 그런 예를 들었습니다."

그때 맥도널드가 바로 맞은편의 올리비아 헤일을 보면서 얘기했다. "마셜은 또 밀과 밀짚의 예도 들었고 역시 같은 설명을 했습니다. 그것들도 함께 생산되는 것이기 때문이죠. 마셜은 밀짚의 수요 감소가 더 적은 밀의 생산으로 이어지고, 그에 따라 시장에서 공급되는 밀의 양도 줄어든다는 점을 지적했습니다. 그렇게 되면 밀의 가격은 올라가게 됩니다. 물론 그 결과는 가난한 사람들에게 고통스러운 것이겠죠." 자레드 맥도널드가 올리비아 헤일에게 정중하게 미소를 지어 보였다.

스피어맨은 다시 강의를 계속했다. "나는 페인의 말이 사실과 다르다는 것을 알고난 후 피지에게 그것을 알렸습니다. 그러자 아내는 내 강연이 끝난 후 헤일 부부의 파티에서 알게 된 사실을 나에게 말해주었습니다. 그 파티에 손님으로 왔던 그레이엄 칼턴이 아내에게 모리스 페인이 시카고에서 연예사업을 하고 있다고 말했던 것입니다. 그런데 태너 양이 갖고 있던 영수증들 속에 시카고에서 사용한 영수증이 있었습니다. 따라서 두 사람이 그 곳에서 만났음은 쉽게 알 수 있었습니다."

"바로 그때 나는 모리스 페인을 잡기 위한 덫을 놓기로 결심했습니다. 나는 그에게 메모를 보내면서 가짜로 작성한 또 하나의 메모를 첨부했습니다. 그 가짜로 작성한 메모는 마셜 도서관의 용지에 쓴 것인데, 일부러 메리 마셜의 필체를 흉내냈습니다. 그 메모는 마셜 여사가 마침내 주식증서들을 찾아 자기 남편이 묻힌 곳에 묻었다는 내용이었습니다. 나는 모리스 페인이 그 증서들을 찾으러 갈 것임을 전혀 의심하지 않았습니다. 살인도 마다하지 않는 사람이 무덤 파는 것을 주저할 리 없으니까요. 나는 또 페인이 어젯밤에 그렇게 할 것이라고 확신했습니다. 왜냐하면 바로 오늘 스링 씨에게 그 집의 잔금을 치러야 하니까요. 그런데 주식증서를 미리 찾아내면 계약금만 날리고 수백만 달러를 그냥 얻는 거죠. 예상했던 대로 페인은 그곳에 나타났고, 그 후에 일어난 일은 내가 감고 있는 이 붕대를 보면 짐작할 수 있을 겁니다. 만일 스티브 파입스가 도와주지 않았다면, 지금쯤 나는 아마 세인트 자일스에 묻혀 있는 케임브리지의 저명한 학자들과 같은 자리에 누워 있을 겁니다."

"이 방에서 저에게 가장 많은 빚을 진 분들은 비숍 칼리지가 아니라 세인트 존스 칼리지에서 일하는 분들일 겁니다. 덩컨 씨, 그 증서들은 아직도 당신 집의 다락방 마루 밑에 있을 겁니다. 미국에서는 흔히 이런 말을 하죠. '열 중에서 아홉은 갖는 사람이 임자다.' 영국에서도 그렇다면 당신은 이제 거부입니다."

"스-스피어맨 교수님, 아쉽게도 영국에서는 열 중에서 아홉은 세금입니다. 당신은 영-영국 정부를 조금 더 부자로 만들었습니다." 스링의 그 말에 모두가 박장대소를 하며 웃었다. 그 중에서도 특히 올리비아 헤일의 웃음소리가 가장 컸다.

헨리 스피어맨의 강의가 거의 끝나갈 때, 자레드 맥도널드가 물었다. "스피어맨, 다음에는 무엇을 할 건가요? 미국으로 돌아간 다음에 말입니다. 이렇게 신나는 일은 없을 것 같은데요?"

"아, 당신도 여행이 뭔지 잘 아실 겁니다." 스피어맨이 풀죽은 표정으로 대답했다. "다시 돌아가면 우편물은 쌓여 있고, 비서가 그 동안 걸려온 수많은 전화 메시지를 알려 주겠죠. 그리고 계속해야 할 연구 과제도 2건이나 있습니다."

"여보, 잊지 말아요." 피지가 경쾌하게 말했다. "이번 여름에 이스라엘에서 강연하기로 약속했잖아요. 그리고 8월에는 몬트리올에서 회의도 있구요. 한동안은 더 이상 일을 맡지 말아야 해요. 지금 하는 일만도 제대로 해낼 수 없을 텐데."

"하지만 피지, 산다는 게 그런 거 아닌가? 위대한 현자

께서도 이렇게 말씀하셨지. '삶이란 대개 끝나지 않는 일들로 이루어져 있도다.' 우리의 삶은 늘 미완성이니까……"

Arrow
English

애로우 잉글리시

최재봉 지음

대국전판 | 224쪽 | 값8,500원

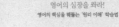

영어의 심장을 쏴라!
영어의 핵심을 꿰뚫는 '원리 이해' 학습법

**Arrow
English**

최재봉 지음

애로우 잉글리시

EYE

애로우 잉글리시가 제안하는 영어의 3법칙

- 영어의 제1법칙—주어와 가까운 것부터 사고하라
- 영어의 제2법칙—물리적, 논리적 이동 순서대로 사고하라
- 영어의 제3법칙—영어는 동영상이다

'Arrow English' 워크 북

사진기사 50개로 끝내는 영어

최재봉 지음

영자신문 사진기사를 활용한 영어학습서

관사, 전치사 하나까지도 철저히 어순대로 이해하는
진정한 직독직해로 거꾸로 해석법을 극복한다!

모든 영어학습에 우선하는 영어의 기초체력 만들기로
무한 반복과 암기학습을 극복한다!

말하기·듣기·읽기·쓰기를 한뭉에 해결하는
토탈 잉글리시로 따로국밥식 영어를 극복한다!

『내 별자리의 비밀언어』 48개 별자리로 본 나의 성격과 인간관계